文明互鉴
中国与世界

Civilization Writing
and Discourse Construction

文明书写与话语建构

重写文明史

曹顺庆　周维东／主编

四川大学出版社
SICHUAN UNIVERSITY PRESS

图书在版编目（CIP）数据

文明书写与话语建构：重写文明史 / 曹顺庆，周维
东主编 . -- 成都 ：四川大学出版社，2025. 3. --（文
明互鉴：中国与世界 / 曹顺庆总主编）. -- ISBN 978
-7-5690-7663-9

Ⅰ . K103

中国国家版本馆 CIP 数据核字第 2025HJ1425 号

书　　　名：文明书写与话语建构：重写文明史
　　　　　　Wenming Shuxie yu Huayu Jiangou：Chongxie Wenmingshi
主　　　编：曹顺庆　周维东
丛 书 名：文明互鉴：中国与世界
总 主 编：曹顺庆

出 版 人：侯宏虹
总 策 划：张宏辉
丛书策划：张宏辉　欧风偃　罗永平
选题策划：张宏辉　罗永平
责任编辑：罗永平
责任校对：毛张琳
装帧设计：何思影
责任印制：李金兰

出版发行：四川大学出版社有限责任公司
　　　　　地址：成都市一环路南一段 24 号（610065）
　　　　　电话：（028）85408311（发行部）、85400276（总编室）
　　　　　电子邮箱：scupress@vip.163.com
　　　　　网址：https://press.scu.edu.cn
印前制作：四川胜翔数码印务设计有限公司
印刷装订：四川五洲彩印有限责任公司

成品尺寸：155mm×235mm
印　　张：22
插　　页：4
字　　数：296 千字

版　　次：2025 年 5 月 第 1 版
印　　次：2025 年 5 月 第 1 次印刷
定　　价：98.00 元

扫码获取数字资源

四川大学出版社
微信公众号

"文明互鉴：中国与世界"丛书总序

曹顺庆

世界文明的历史脉络中究竟隐藏着怎样的发展规律？作为全世界数千年唯一未曾中断的中华文明，在其中究竟扮演着何种角色，贡献了怎样的智慧？多元文明的未来发展又将以何种态势趋进？这些追问与反思，催生了我们这套"文明互鉴：中国与世界"丛书的问世。

一代有一代之学问，一代亦有一代之学人。当下正值百年未有大变局之际，中国学者更应以"中国立场，世界视野"的气魄，在讲述中国当代学术话语、引领中外学术对话中，彰显中国学术在中国式现代化文明观指导下的新气象，再现中华文明在数千年的灿烂光芒。

一、 世界文明观中的 "东方主义"

中国古籍早已有"见龙在田，天下文明"（《易·乾·文言》）、"濬哲文明，温恭允塞"（《书·舜典》）等记述，然而长期以来，"文明"概念的定义、阐释、研究，文明史的书写、文明观的塑造，都牢牢把控在西方学者的手中，"文明"概念在世界的流传实际上就是欧洲中心主义。萨义德曾提出著名的"东方主义"（Orientalism），指出在西方任何教授东方、书写东方或者研究东方的人都是不可避免地带有文明偏见的"东方学家"（Orientalist），西方学界的"东方主义"并不是真正地、客观地展现东方的文明、东方的美，而是充斥着强烈的殖民主义观念和西方中心主义思想。

我们先看看西方学界的文明偏见：时任英国首相亚瑟·詹姆斯·贝尔福（Arthur James Balfour）认为，"西方民族从诞生之日起就显示出具有自我治理的能力……那些经常被人们宽泛地称作'东方'的民族的整个历史，然而你却根本找不到自我治理的痕迹"，而当时英国驻埃及代表和总领事克罗默伯爵（Evelyn Baring, 1st Earl of Cromer）直接将贝尔福所说的"东方人"贬低为"臣属民族"。① 时任法国首相弗朗索瓦·基佐（François Guizot）认为："在埃及和印度，文明原则的单一性有一个不同的效果：社会陷入一种停滞状态。单一性带来了单调。国家并没有被毁灭，社会继续存在，但一动也不动，仿佛冻僵了。"② "法国是欧洲文明的中心和焦点"③。东方文明"单一性""僵滞论"深入人心。

西方哲学界最具影响力的黑格尔（Friedrich Hegel）对东方文明的诋毁，导致中国哲学、印度哲学等在西方遭遇了长达数百年的否定。黑格尔自负学富五车，但西方中心主义却主导了他的学术判断。他说，"真正的哲学是自西方开始"④，并特别指出在东方"尚找不到哲学知识"⑤，"东方思想必须排除在哲学史以外"⑥，"东方哲学本不属于我们现在所讲的题材和范围之内；我们只是附带先提到它一下。我们所以要提到它，只是为了表明何

① 萨义德：《东方学》，王宇根译，北京：生活·读书·新知三联书店，1999年，第40、45页。
② 基佐：《欧洲文明史》，程洪逵等译，北京：商务印书馆，2005年，第3页。
③ 基佐：《欧洲文明史》，程洪逵等译，北京：商务印书馆，2005年，第3页。
④ 黑格尔：《哲学史讲演录》第1卷，贺麟、王太庆译，北京：商务印书馆，1983年，第98页。
⑤ 黑格尔：《哲学史讲演录》第1卷，贺麟、王太庆译，北京：商务印书馆，1983年，第97页。
⑥ 黑格尔：《哲学史讲演录》第1卷，贺麟、王太庆译，北京：商务印书馆，1983年，第98页。

以我们不多讲它"①。孔子是中国的圣人，但在他眼里，"孔子和他的弟子们的谈话（《论语》），里面所讲的是一种常识道德，……在哪一个民族里都找得到，……这是毫无出色之点的东西"②。至于孟子，他认为比孔子还要次要，更不值得多提。《易经》虽然涉及哲学的抽象思想和纯粹范畴方面，但是，他认为"并不深入，只停留在最浅薄的思想里面"③。黑格尔对中华文明中的汉字、圣人、经典、哲学，无一不出诋毁之语，极尽嘲讽之能，西方文明优越感、西方中心主义昭然若揭。

当代法国著名学者德里达（Jacques Derrida）在 2000 年访华时说："中国没有哲学，只有思想。"④ 他后来解释说："哲学本质上不是一般的思想，哲学与一种有限的历史相联，与一种语言、一种古希腊的发明相联：它首先是一种古希腊的发明，其次经历了拉丁语和德语'翻译'的转化等等，它是一种欧洲形态的东西。"⑤ 黑格尔与德里达否认中国哲学的根本原因，在于其根深蒂固的西方文明优越论，认为哲学是自古希腊以来的西方的独家创造。这些看法，显然是严重的偏见。世界文明史告诉我们，哲学并非古希腊才有，印度古代哲学、中国古代哲学、阿拉伯哲学以及其他非西方哲学都是客观存在的，不容个别学者抹杀。对黑格尔的这种看法，钱锺书先生提出过严厉的批评。在《管锥编》第一册第一篇文章《论易之三名》中，钱锺书先生如此写道："黑格尔尝鄙薄吾国语文，以为不宜思辩；又自夸德语能

① 黑格尔：《哲学史讲演录》第 1 卷，贺麟、王太庆译，北京：商务印书馆，1983 年，第 115 页。

② 黑格尔：《哲学史讲演录》第 1 卷，贺麟、王太庆译，北京：商务印书馆，1983 年，第 119 页。

③ 黑格尔：《哲学史讲演录》第 1 卷，贺麟、王太庆译，北京：商务印书馆，1983 年，第 120 页。

④ 王元化：《关于中西哲学与文化的对话》，《文史哲》2002 年第 2 期，第 6 页。

⑤ 德里达：《书写与差异》，张宁译，北京：生活·读书·新知三联书店，2001 年，第 9－10 页。

冥契道妙，举'奥伏赫变'（Aufheben）为例，以相反两意融会于一字（ein und dasselbe Wort für zwei entgegengesetzte Bestimmungen），拉丁文中亦无义蕴深富尔许者。其不知汉语，不必责也；无知而掉以轻心，发为高论，又老师巨子之常态惯技，无足怪也；然而遂使东西海之名理同者如南北海之马牛风，则不得不为承学之士惜之。"① 美国著名学者安乐哲（Roger T. Ames）指出："我个人觉得这是一个非常简单的问题。如果说中国没有历史，这是一个笑话。一个民族、一个文明传统都有它自己的历史。如果说中国没有文化，没有文学，这是一个笑话，因为中国有杜甫、李白，有著名的文学家。同样，如果说'中国没有哲学'是根本不通的，如果哲学是追求一种智慧，为了帮助我们生活得更好，中国当然是有哲学的。西方对'哲学'有他们自己特别的理解，他们要把这个词与他们的传统联系在一起，哲学如果不是我们的，就不是哲学了，我个人认为这是一个很偏见的想法。"②

遗憾的是，一些东方学者也罔顾人类文明发展的历史性，追随西方偏见，遵循着西方文明优越论。例如，日本"启蒙之父"福泽谕吉（Fukuzawa Yukichi）就认为："现代世界的文明情况要以欧洲各国和美国为最文明的国家，土耳其、中国、日本等亚洲国家为半开化的国家，而非洲和澳洲的国家算是野蛮的国家……文明、半开化、野蛮这些说法是世界的通论，且为世界人民所公认。"东方文明就是在这样一个一个的"黑格尔"式的诋毁与自戕中沉沦！

乃至于 21 世纪，西方国家强大的军事力量、高速的经济发

---

① 钱锺书：《管锥编》，北京：中华书局，1979 年，第 1 - 2 页。

② 普庆玲：《安乐哲：说"中国没有哲学"这是一个笑话》，凤凰网国学，2018 年 6 月 26 日，http://www.chinakongzi.org/rw/zhuanlan/201807/t20180712_179929.htm。

展、迅猛的科技进步，让"西方文明优越论"有了坚实的物质基础而进一步放肆地蔓延至全球。哈佛大学著名政治学家亨廷顿（Samuel Phillips Huntington）在其《文明的冲突》中以主人公的姿态，提出了西方21世纪最有代表性、最具影响力的文明观——"文明冲突论"，认为下一次世界大战将是文明之战，文明的冲突将左右全球政治，主导未来国际关系。他公然提出："西方是而且在未来的若干年里仍将是最强大的文明"[1]；"世界在某种意义上是一分为二的，主要的区分存在于迄今占统治地位的西方文明和其他文明之间，然而，其他文明之间没有任何共同之处。简言之，世界是划分为一个统一的西方和一个由许多部分组成的非西方。"[2]亨廷顿还宣称，"在人类生存的大部分时期，文明之间的交往是间断的或根本不存在"。这些言论基本不符合史实。

二、　世界文明史中的"东西互鉴"

世界文明发展从古至今，生生不息，得益于文明之间的交流互鉴。西方文明自古希腊时期到文艺复兴时期、启蒙运动时期，乃至在20世纪这个被称为"西方理论的世纪"，都离不开东西方的文明互鉴，得益于东方文明的助力。遗憾的是，西方学界长期否定东方影响。值此百年未有之大变局之际，中国学者乃至整个东方学者应当站出来，以文明发展的基本史实正本清源，纠正西方文明的傲慢与偏见。

1. 东方文明是古希腊文明之源

古希腊作为地中海文明交汇的中心，在古典时代之后对西方

---

[1] 塞缪尔·亨廷顿：《文明的冲突与世界秩序的重建》，周琪等译，北京：新华出版社，1998年，第8页。

[2] 塞缪尔·亨廷顿：《文明的冲突与世界秩序的重建》，周琪等译，北京：新华出版社，1998年，第18页。

文明的发展与创新确实起到了突出的作用。但是，若因此将古希腊文明奉为西方文明独立生成的来源，并不客观。20 世纪以来，基于大量的考古材料与典籍发现，古希腊文明与东方文明的渊源逐渐被一一揭示。例如，1996 年，瑞士苏黎世大学瓦尔特·伯克特（Walter Burkert）在意大利卡·弗斯卡里大学以"希腊文化的东方语境"为主题举办了四场讲座，讲座中，伯克特以大量翔实的史料对希腊建筑、巫术、医学、文学中蕴含的东方元素进行了细致的考证和比较研究。

众所周知，全世界有四大文明古国，都具有非常古老而辉煌的文明。四大文明古国是指古苏美尔－古巴比伦（美索不达米亚）、古埃及、古代中国、古印度等四个人类文明最早诞生的地区。人类今天拥有的很多哲学、科学、文字、文学艺术等方面的知识，都可以追溯到这些古老文明的贡献。古希腊文明便是吸收古苏美尔－古巴比伦、古埃及文明孕育而成的次生文明。以文字为例，古希腊文字并非古希腊人原创，而是来源于亚洲腓尼基字母，而腓尼基字母又是从古苏美尔－古巴比伦楔形文字学习过来的，是腓尼基人在古苏美尔－古巴比伦楔形字基础上，将原来的几十个简单的象形字字母化而形成，时间约在公元前 1500 年左右。公元前 8 世纪，古希腊人在学习腓尼基字母的基础上，加上元音而发展形成古希腊字母，并在古希腊字母的基础上，形成了拉丁字母。古希腊字母和拉丁字母后来成为西方国家字母的基础。古希腊的青铜器来自古苏美尔－古巴比伦，古希腊的巨石建筑是向古埃及学习的。早期埃及与早期希腊文明的交往有两个高峰期，第一次是在埃及的喜克索斯王朝时期（约公元前 1650 至前 1550 年），第二次是在埃及的新王国时期（约公元前 1550 至前 1069 年），也就是希腊的迈锡尼时期。① 希罗多德（Herodotus）曾在著作《历史》（*Histories*）一书中客观评述了东方文化对希腊的影响，他甚至认为东方是一切文化和智慧的源泉。他指出埃及的太阳历优于希腊历法，希腊的字母来自腓尼基②，希腊人使用的日晷来源于巴比伦文明，希腊神话中的名字都是从埃及引进以及阿玛西斯统治阶段埃及对于希腊人的优待，从法律到建筑无一不是希腊人向埃及人学习的成果。③ 被称为欧洲最早的古代文明、作为希腊古典文明先驱的"米诺斯文明"，也明显有埃及的影响。早期希腊文明与埃及、腓尼基的文明交流，丰富了希腊科学、语言、文学、建筑、天文等诸方面的知识，奠定了古希腊文明成为西方文明源头的基底。

2. 欧洲文艺复兴对阿拉伯文明的互鉴

不仅古希腊文明的起源是文明互鉴的成果，西方的文艺复兴亦是文明互鉴的结果。西方文明史中基本上不提西欧学习阿拉伯文明的 200 年历史，这或许是因为他们不愿意彰显他们引以为傲的伟大文艺复兴居然其源头是东方的阿拉伯文明。研治阿拉伯文学的美国学者菲利浦·希提（Philip K. Hitti）在其著作《阿拉伯通史》中指出："在 8 世纪中叶到 13 世纪初这一时期，说阿拉伯语的人民，是全世界文化和文明的火炬的主要举起者。古代科学和哲学的重新发现，修订增补，承先启后，这些工作，都要归功于他们，有了他们的努力，西欧的文艺复兴才有可能。"④

---

① 郭丹彤：《古代埃及文明与希腊文明的交流互鉴》，《光明日报》，2019 年 1 月 14 日，第 14 版。

② 希罗多德：《历史》（下册），王以铸译，北京：商务印书馆，2009 年，第 434－435 页。原文为："这些和卡得莫司一道来的腓尼基人定居在这个地方，他们把许多知识带给了希腊人，特别是我认为希腊人一直不知道的一套字母……这些字母正是腓尼基人给带到希腊来的。"

③ 希罗多德：《历史》（下册），王以铸译，北京：商务印书馆，2009 年，第 221 页。

④ 希提：《阿拉伯通史》（上册），马坚译，北京：商务印书馆，1979 年，第 664 页。

阿拉伯人保存了古希腊罗马众多珍贵文献，通过"翻译反哺"，促成了文艺复兴运动。之所以说阿拉伯文明唤醒西方，是因为如果没有阿拉伯的文明唤醒，欧洲的文艺复兴不可能产生，而如果没有文艺复兴运动，西方近现代的思想启蒙和科学文化发展以及文明进步或许根本不会发生。

众所周知，欧洲中世纪被称为黑暗的世纪，昔日璀璨的古希腊罗马文化艺术黯然跌落神坛，近乎殆灭，却是横跨欧亚非三大洲的阿拉伯帝国的辉煌时期，是阿拉伯文化大为兴盛之时。阿拉伯虚心向古希腊罗马文化学习，甚至向中国大唐文化学习。穆罕穆德发出"学问虽远在中国，亦当求之"的感叹。阿拔斯王朝（公元 750 至 1258 年）时期更是出现了"百年翻译运动"的盛况，最为著名的便是哈利发麦蒙时期的"智慧宫"，全国学者齐聚巴格达，将柏拉图、亚里士多德等人的哲学著作，托勒密、欧几里德、阿基米德的天文、数学著作，盖伦、希波克拉底的医学著作尽数翻译为阿拉伯文。例如医学家盖伦的希腊文解剖学 7 册原本早已散佚，幸而翻译为阿拉伯文才得以流传。到了 11 世纪前后，阿拉伯文明对古希腊罗马时期人文、科学文献的保存再一次反哺西方。文明互鉴大大促进了西方文明的复兴。在西班牙的托莱多，曾经翻译为阿拉伯文的古希腊哲学、医学、数学等著作被译为拉丁文引入西欧。这场"二次翻译"直接影响了西欧文艺复兴运动的兴起。

阿拉伯不仅是一间古希腊文明的"藏书阁"，其自身的文明传统亦光照了欧洲的人文、科学领域。希提认为，"意大利的诗歌、文学、音乐，在普罗旺斯和阿拉伯的影响下，开始欣欣向荣"[①]；"穆斯林的几种天文学著作，先后译成拉丁语，传入欧

---

① 希提：《阿拉伯通史》（上册），马坚译，北京：商务印书馆，1979 年，第733 页。

洲，特别是西班牙，对于基督教欧洲天文学的发展，起了决定性的作用"①，如此等等。西方文学经典如《神曲》《十日谈》《坎特伯雷故事集》皆有《一千零一夜》的影子；白塔尼的天文著作传入西欧后被奉为"权威著作"，哥白尼也受到了阿拉伯学者的启发，他在《天体运行论》一书中多处引证白塔尼的著作和观点。阿拉伯人的数学也是进一步奠定了文艺复兴时期欧洲大学的数学基础，阿尔·花剌子模（Al-Khwarizmi）以印度数学改革计算方式，成为世界"代数之父"，其著作《积分和方程计算法》长期为欧洲各大院校所用。今天人们所说的"阿拉伯数字"，实际上是印度人发明的数字，经阿拉伯人传入欧洲。文艺复兴被称为是西方从"黑暗"走向"光明"的重要阶段，对这个过程，阿拉伯文明、东方文明功甚大矣。

3. 西方现当代哲学和中国哲学的互鉴

必须承认，近代以来，西方文明功不可没，对全人类文明做出了巨大贡献。即便如此，在表面上西方文化一家独大的现象下，文明互鉴、文明交流依然是人类文明发展的主流和基本脉络。例如，当代西方哲学与文论，尤其是现象学、阐释学、解构主义，海德格尔、迦达默尔、德里达等西方哲学与文论大家，在当下中国学术界走红。不少人甚至认为，当代西方哲学与文论，就是西方文明的自成一家的独创，就是西方文明高于东方文明的标志，但实际上，如此受人崇拜的当代西方哲学与文论，依然是文明互鉴、文明交流的结果。

例如海德格尔（Martin Heidegger）作为西方 20 世纪影响力最为深远的哲学家、思想家之一，其哲学思想在中国是哲学研究的热点、焦点，但鲜为人知的事实是，中国的老子哲学催生了海

---

① 希提：《阿拉伯通史》（上册），马坚译，北京：商务印书馆，1979 年，第445 页。

德格尔关于存在问题（the Question of Being）的思考，使他成为西方形而上学的最终克服者。德国学者波格勒（O. Poggeler）说："对于海德格尔，《老子》成了一个前行路上的避难所。"①奥地利汉学家格拉姆·帕克斯（Graham Parkes）首先表明了通过亚洲思想去理解海德格尔的必要性。葛瑞汉认为，如果将海德格尔的思想带入一种与之完全相异的文化共鸣中深入考虑，那么海德格尔宣称自己是西方第一位克服形而上学传统的思想者的这一论断值得被严肃对待。② 海德格尔之所以能有如此成就，是因为他对东方思想、对中国哲学的借鉴与吸收后的学术创新。伽达默尔也曾说过，研究海德格尔必须在其作品与亚洲哲学之间进行严肃的比较。③ 众所周知，长期以来，西方的 Being，就是"存在""是""有"。但是，海德格尔提出：Being 不仅仅是"有"，而且还应当包括"无"。这是一个石破天惊的"开启"（re-open the question of Being），是对西方形而上学的最终克服。然而，是什么东西导致海德格尔认为是自己首先重新开启存在问题的？事实上，是东方思想，尤其是《老子》的有无相生的思想。2000年由克罗斯特曼出版社（Vittorio Klostermann）出版的《海德格尔全集》第 75 卷中有一篇写于 1943 年的文章，题为"诗人的独特性"，探讨荷尔德林诗作的思想意义，文中引用了《老子》第十一章论述"有无相生"观点的全文："三十辐共一毂，当其无，有车之用。埏埴以为器，当其无，有器之用。凿户牖以为室，当其无，有室之用。故有之以为利，无之以为用。"④ 这是老子"有无相生"最典型的论述。海德格尔汲取了老子的有无

① 波格勒、张祥龙：《再论海德格尔与老子》，《世界哲学》2004 年第 2 期。

② Graham Parkes, ed. *Heidegger and Asian thought*. Honolulu：University of Hawaii Press, 1987, pp. 1–2.

③ Graham Parkes, ed. *Heidegger and Asian thought*. p. 5.

④ Martin Heidegger. "Die Einzigheit des Dichters", *Gesamtausg abe*（*Zu Hoelderlin-Griechenlandreisen*）*Band* 75. Frankfurt am Main：Vittorio Klostermann, 2000, p. 43.

相生思想，创新性地提出：存在者自身的存在不"是"——存在者。① 指出虚无也是存在的特征，更明确地说："存在：虚无：同一（Being：Nothing：The Same）。"② 因此，"存在的意义"问题同时也是对无的意义的探寻。但此种虚无既非绝对的空无（empty nothing），亦非无意义的无（nugatory nothing）。在海德格尔那里，"存在：虚无：同一"之无，是"存在之无"（the Nothing of Being），无从属于存在。显然，海德格尔的思想创新汲取了《老子》有无共生、虚实相生的思想的。据相关统计，海德格尔至少在 13 个地方引用了《老子》《庄子》德文译本中的一些段落。在《思想的基本原则》中，海德格尔引用《老子》第二十八章中的"知其白，守其黑"③，希望以此探明逻辑（Logic）在道（tao）、逻各斯（logos）以及他的基本语词"事件"（Erieignis）之间的位置；在谈论技术问题时，海德格尔将荷尔德林后期的诗作《思念》中的"暗光"与《老子》第二十八章雌雄、黑白、荣辱一体的教诲结合，不主张向前现代或前技术世界的回归，而是试图将人类的这种现代世界带上一条生息之路。海德格尔探讨了时间、存在的意义和存在的真理。在海德格尔那里，时间转入永恒，而永恒不再是"永恒"（aeternitas）或"不朽"（sempiternitas），不再是永恒回归或永恒意志，而是安置于宁静的沉默之中的流变，因此他将《老子》第十五章的两句话摘录在他的工作室墙壁上作为装饰——孰能浊以静之徐清，孰能安以动之徐生。20 世纪被称为是西方批评理论的世纪，现象学、解构主义、新批评、意象派、精神分析、生态主义等成为席卷世界理论场域

---

① Martin Heidegger. *Sein und Zeit*. Tübingen：Max Niemeyer Verlag, 1967，p. 4.

② Martin Heidegger. *Four seminars*. Bloomington & Indianapolis：Indiana University Press，2012，p. 58.

③ Martin Heidegger, "Grundsätze des Denkens. Freiburger Vorträge", *Gesamtausg abe（Bremer und FreiburgerVorträge）Band* 79. Frankfurt am Main：Vittorio Klostermann, 2000，p. 93.

的弄潮儿，这些看似极具创新的西方理论都曾向中国哲学学习。

三、"文明互鉴：中国与世界" 丛书的初心愿景

自从人类文明产生以来，世界各民族、国家以其各自独特的生存环境和特定的文化传统生成了多元的文明形态。这些文明形态通过交流、融合推动人类文明的时代发展，文明之间并不是"冲突""终结"的关系，而是和合共生、紧密相连。古语曾言，"万物并育而不相害，道并行而不相悖""夫物之不齐，物之情也"。文明之间不存在阶级、民族之间的等级差异，"文明互鉴"自古至今都是人类文明发展的基本规律，这一规律虽然在现当代以来的"西方言说"下被短暂地遮蔽起来，但是在未来的文明书写、文明研究中需要世界学者远望历史长河去重新认识、探索、还原。在这一过程中，中国学者实是责无旁贷。这也正是"文明互鉴：中国与世界"丛书的初心所在。

"文明互鉴：中国与世界"丛书围绕"文明互鉴"主题，立足中国，放眼世界，依托四川大学"双一流"建设重点学科群"中国语言文学与中华文化全球传播"和国家级重点学科比较文学研究基地，以四川大学 2035 创新先导计划"文明互鉴与全球治理"项目为支撑，着力以跨文明对话及比较研究范式为主体，采取分辑分系列分批次策划出版的形式，持续汇聚国内外高等院校及研究机构广大专家学者相关领域最新成果，反映国内外比较文学研究、比较诗学建设、世界文学研究、跨文明的文化研究、中华文化的现代诠释与全球传播、海外中国学等方面前沿性问题及创新发展，致力打造成较为系统地从比较文学与世界文学学科视角研究世界文明互鉴交流及人类命运共同体的丛书，希望能对推进中国特色哲学社会科学和中国自主知识体系建设，面向世界构建中国理论与中国话语，对传承发展中华优秀传统文化，促进

中华民族现代文明建设，对推动中国立场的"世界文明史""人类文明史"构建，推进世界文明交流互鉴和人类命运共同体建设等，发挥应有的作用，做出积极的贡献。

"文明互鉴：中国与世界"系列丛书自 2022 年开始策划启动。目前，丛书第一辑 15 种已经全部完成出版，产生了良好社会反响，其中部分图书已实现版权输出到海外知名出版机构启动英文版的出版；第二辑 10 余种图书，汇聚了包括美国科学院院士、哈佛大学达姆罗什（David Damrosch）教授关注东方史诗《吉尔伽美什》的著作——《尘封的书籍：伟大史诗〈吉尔伽美什〉的遗失与重新发现》(*The Buried Book: The Loss and Rediscovery of the Great Epic of Gilgamesh*)中文版首译本——在内的国内外著名学者的著作，以及多个国家社科基金项目成果，将陆续出版。本丛书从第一辑到第二辑，无论是分析阐释中华文化人物的海外传播与书写、英语世界的中国文学与艺术研究、海外汉学研究，是梳理论述当代中国文学中的世界因素、文学与全球化、东亚文化圈的文学互动、比较文学研究范式，还是创新探讨重写文明史、文化异质的现代性与诗性阐释、语际书写中的中国形象建构，是书写人类古老史诗的跨文明传播，是开展中西传统思想汇通互释，是构建跨国诗学等，尽管话题多样，视角各异，层面有别，但这些著作皆坚持中国立场与世界视野的辩证统一、宏观立意与微观考辨的有机结合、理论创新与批判思维的相互融通，部分作品更是凸显了中国话语在世界文学中的流变谱系和价值共识，归纳了"中国故事"走向世界的方法论，补益了"中国文化走出去"的时代战略，体现了立足时代的政治自觉、学术创新的学理自觉与话语传播的实践自觉。

"文明互鉴：中国与世界"系列丛书在出版筹备的过程中，得到了国内外多位院士、著名学者的大力支持与指导，欧洲科学院院士、比利时鲁汶大学荣休教授 Theo D'haen，欧洲科学院院士、英国伦敦玛丽女王大学教授 Galin Tihanov，欧洲科学与艺术院院士、四川大学长江讲席教授 Steven Tötösy de Zepetnek，欧洲科学院院士、拉丁美洲科学院院士、上海交通大学教授王宁，北京大学陈晓明教授、复旦大学朱立元教授、北京师范大学方维规教授、南京大学周宪教授等，欣然应允担任丛书学术委员。自第二辑起，包括上述院士、著名学者在内的"文明互鉴：中国与世界"丛书学术委员会正式成立，丛书开始实现更有组织、更具学术统筹性的出版。

"文明互鉴：中国与世界"系列丛书自启动策划出版以来，包括丛书学术委员会委员在内的国内外广大比较文学学者慷慨加盟，惠赐佳作；四川大学出版社总编张宏辉、社长侯宏虹，以及出版社相关同仁为丛书的策划筹措、精心打造以及各书的编辑审校、出版发行、宣传推广等奔走辛劳；四川省新闻出版局也对此丛书的出版给以大力支持，第一辑、第二辑均被列为四川省重点出版规划项目，并获得四川省重点出版项目专项补助资金资助。在此一并致谢！

面向未来，"文明互鉴：中国与世界"系列丛书的出版将尝试探索与相关专业机构、出版平台的合作模式，将更多面向读者大众期待，不断推出精品力作。欢迎国内外专家学者和广大学术爱好者关注本丛书、加盟本丛书，围绕"文明互鉴：中国与世界"这一主题展开探讨与书写。希望在大家的关心支持下，"文明互鉴：中国与世界"系列丛书一辑比一辑涵盖更多学科论域和更宽泛、更多维的研究类型，不断涉足更多前沿理论探讨或热点话题。

文明互鉴，中国与世界，路漫漫其修远，士不可不弘毅，任重而道远！

2024 年 9 月 27 日定稿于锦丽园

前　言

周维东

党的十八大以来，习近平总书记多次就"文明互鉴"和"文明探源"发表重要讲话。在 2022 年 7 月 16 日出版的第 14 期《求是》杂志上，习近平总书记以"把中国文明历史研究引向深入，增强历史自觉坚定文化自信"为题，再次就"中国文明历史研究"需要重点抓好的工作进行了部署，在"推动文明交流互鉴，推动构建人类命运共同体"工作中，他强调："我们要坚持弘扬平等、互鉴、对话、包容的文明观，以宽广胸怀理解不同文明对价值内涵的认识，尊重不同国家人民对自身发展道路的探索，以文明交流超越文明隔阂，以文明互鉴超越文明冲突，以文明共存超越文明优越，弘扬中华文明蕴含的全人类共同价值。"2023 年开始，在四川大学杰出教授曹顺庆先生的建议下，《四川大学学报（哲学社会科学版）》开设"文明书写与文明互鉴"栏目，核心是探讨为"文明定义"提出中国方案的可能性。文明定义以及所包含的文明观，最直观的表现形式是文明史书写，世界上许多重要的思想家都参与过"世界文明史""人类文明史"的建构和书写，为人类文明的进步和认知做出了重要贡献，但同时也为文明定义和文明观留下了偏见。"重写文明史"的目的不在于短期内建构起代表中国立场的"世界文明史""人类文明史"，而是检讨已有文明史著中关于文明定义和文明观中存在的问题，以超越文明隔阂、文明冲突、文明优越为目标，邀请全世界学者共同参与，通过中外理论家的不断"对话"，实现关于

"文明观"问题的新的共识。

栏目开设以后，曹顺庆、西奥·德汉（Theo D'haen）、顾明栋、陈晓明、张法、金惠敏、刘洪涛、李思屈、大卫·达姆罗什（David Damrosch）、托马斯·比比（Thomas Oliver BeeBee）、伊普希塔·茜达（Ipshita Chanda）、王斌华、支宇、侯欣一、过常宝、刘京希、加林·提哈洛夫（Galin Tihanov）等一批学者撰稿支持，形成了全球学者共同推动重写文明史的可喜局面，充分发挥了学报作为学术共同体桥梁的功能。栏目刊载的论文也受到了学术界的广泛关注，《新华文摘》《高等学校文科学术文摘》《中国社会科学文摘》《社会科学文摘》，以及人大复印资料不同专刊都对栏目文章进行了转载，以"重写文明史"作为大会主题的学术会议，对"重写文明史"进行谈论的专题、专栏文章，屡见不鲜。

"重写文明史"是一个重大而复杂的学术问题。其中首要问题是对于"西方中心主义"的批判。"西方中心主义"是一个中外学术界都意识到的问题，学界也对之进行过反思和批判，但深入程度显然不够。在曹顺庆、刘诗诗撰写的《重写文明史》中，列举了很多文明史中的常识性偏见："黑格尔对东方哲学、特别是中国和印度哲学完全不屑一顾。他们甚至认为中国根本没有哲学，'我们在这里尚找不到哲学知识'。""在弗朗索瓦·基佐（François Guizot）的文明观里处处洋溢着'法国优越感'。"而这还只是旁枝末节，一些具有整体性、本质性的偏见在中国学者的眼里却习以为常，而这正是"重写文明史"的由来。这些偏见包括：文明发展史实不符——希腊非"源"文明；文明互鉴史实缺失——阿拉伯唤醒西方；当代社会、文明互鉴依然是人类文明发展的主流和基本脉络；文明书写歪曲贬低——种族主义优越论。因为对这些偏见重视不够，很多研究虽不直接涉及文明书写问题，却将错误的结论当成常识以讹传讹，进而将偏见渗透到各个学科之中。

对"西方中心主义"持续的反思和警醒，不仅仅是一个中国问题，在很多非西方文明区也有着重要的价值和意义。伊普希塔·茜达的《多元伦理主义下重写文学史何以可能?》表现出印度学者对于"重写文明史"的震撼和理解。在文章的篇首，茜达就表达了她的"震惊"："没有一部世界史或文明史是用梵语、巴利语或任何一种印度语写成的，而这些语言都为印度地域政治空间中宪法认可的现代语言的形成做出了贡献。"这既是一种事实，也体现出印度对于历史、文明和世界理解的传统："世界是一个由人际关系构成的世界，一个相互联系的人文世界，而不是一个地理或地缘政治的范畴。"因此，她开明宗义地陈述关于"重写文明史"的"印度观点"："要以一种关系性的而非确定性的观点来看待我们共有的这一世界。"

其次的问题，是如何与西方学者对"西方中心主义"的反思进行对话，进而建构新的文明观。在西方学者关于"重写文明史"的讨论中，我们能够感受到他们对于"西方中心主义"的反思。在德汉的《重写世界文明史/世界文学史：由编撰〈文学：世界史〉引发的思考》中，他以"世界文学史"为例，探讨了其中遭遇的文明史观"困境"：在"西方中心主义"的影响下，世界文学史形成了以欧美文学为主流、亚非拉文学为支流的写作模式；当文学史编纂者力图走出这种模式，开始重视边缘文学的独立性和重要性，又会面临"世界"如何表述、"文学史"如何有序的难题。在大卫·达姆罗什的《论文明史的书写历史》中，他追溯了在"欧洲中心主义"之外西方学者关于文明史书写的案例，让我们看到在20世纪下半叶西方世界"后欧洲中心主义"运动的源起和现状。关于"后欧洲中心主义"，达姆罗什认为"'后'的前缀表明欧洲中心主义仍然存在"，但在文明史书写实践中"不再是对'西方文明本质论'不加反思的展现"。同时，他也提出"单数文明，复数文明、文化?"的问题，认为即使"文明的概念被复数化，它往往偏向持久的延续性，通常以一些大国为中心"，因此认为"谈论单个和区域的'文化'可能比笼统的'文明'更好"。托马斯·比比的《世界史的重写：从世界文学史书写谈起》，则通过对西方学者关于世界文学史写作实践的回溯和反思，探讨文明、历史与"世界文学"的深层关联。他认为"文明"这一概念"既可以指文化成就的总和，又可以指贯穿各文化领域的某种本质特征"，这两层意义上的文明内涵都见于 18 世纪的英语材料，与"文学"一词的兴起相吻合，因此通过文学史反思文明史是可行且必须的路径。在对 19 世纪和 21 世纪的四部文学史著的评析中，我们能够看到文明史如何影响到世界文学的内容呈现和秩序建构。

西方学者对此问题的讨论，澄清了"重写文明史"可能引发的另一种偏见。一说到"西方中心主义"，就容易让国人陷入中西二元对立思维之中，认为只有处处弘扬中国文化，才是正确的文明观。这也是一种狭隘的看法。"重写文明史"所要建构的文明观，当然是带有中国文化底蕴的文明观，但它更是与世界文明互鉴交流中形成的人类文明观。西方学者反思"西方中心主义"的成果，尤其是关于文明史书写具体经验的讨论，值得中国学界重视。

最后的问题，是在批判"西方中心主义"的同时，如何正确认识西方文明、世界文明，在弘扬中华文明的同时避免故步自封。这些问题，在诸多学者的论述中均有涉及，它的核心是如何建立理解现代文明的新视野。文明交流互鉴的目的，是在一个国家或地区建构符合当地人需求的文明形态。在现代化成为世界普遍的潮流之后，这种文明形态可以概括为现代文明。文明书写和文明互鉴是个学术问题，但意义绝不拘泥于理论或学术，普通人更关注现代文明带来的福祉，其次才是文明史书写中的史实错愕。

建构现代文明，可以打开一个"重写文明史"的新视角。

近代以来，由于西方文明的全球蔓延，如何建立一种兼容中国文明与西方文明的文明观，就成为中国思想界一个母题，在此基础上，也形成了各种各样新文明观，如"中学为体，西学为用""国学""拿来主义"，皆是其中代表性观点。从这个角度来说，"重写文明史"自近代以来一直没有停歇，探讨"重写文明史"必然包含对于近代学术的重新梳理。历史看待近代以来的文明观，它们在一定时期内缓解了中西文明冲突的局面，但都没有真正实现美美与共、各美其美的目标。问题的根本，还在于始终没有解决正确理解现代文明的问题。没有一种文明，愿意始终处于其他文明的阴影之下，也没有一种文明，能够始终一成不变且永葆活力，它们构成文明互鉴交流的两极。现代的意义，在于它将"人""人类""人民"置于理解文明的主体地位，从而为文明互鉴和交流提供了更广阔的空间，这也是人类文明新形态的精髓所在。就目前的研究来说，在这个方面的研究成果还显得不够充分。

本书的编写按照文章发表在《四川大学学报（哲学社会科学版）》上的时序。这种选择不是偷懒，而是对于历史的尊重，就"重写文明史"来说，它是一个新生事物，首先发生在《四川大学学报（哲学社会科学版）》，是通过一篇篇的论文为学界所注意。学报在推出这些文章的过程中，也是一步一个脚印，从一个理念到不断丰富，因此依据时序能够反映讨论的基本思路。将这些文章结集出版，绝不意味着问题的中止，而是通过传播让问题受到更广泛的关注，产生更多更优质的成果。我们希望"重写文明史"能够成为当代文明史观讨论中的一个引子，它的影响不仅是激发学术生产，更能够为人类文明新形态建构添砖加瓦。

目　录

重写文明史[*]

曹顺庆　刘诗诗[①]

　　中国话语及自主知识体系的建构是历代学人孜孜以求的目标，而在人文社会科学研究的话语形成以及知识体系建构中，文明史的书写与文明观的确立是最根本的、最基础的，也是最重要的。话语是通过对文明史的言说、叙述和阐释而形成的，具体包括哲学史、政治史、文学史、传播史、法律史、艺术史、科学技术史等各学科史，黑格尔的《哲学史演讲录》就是在对世界哲学的叙述与阐释中建立起他的话语体系。黑格尔对东方哲学，特别是中国和印度哲学完全不屑一顾。他甚至认为中国根本没有哲学，"我们在这里尚找不到哲学知识"。他在《哲学史讲演录》中说，"我们看到孔子和他的弟子们的谈话（按即"论语"——译者），里面所讲的是一种常识道德，这种常识道德我们在哪里都找得到，在哪一个民族里都找得到，可能还要好些，这是毫无出色之点的东西。孔子只是一个实际的世间智者，在他那里思辨的哲学是一点也没有的，……我们根据他的原著可以断言：为了

　　* 基金项目：四川大学"创新 2035 先导计划－文明互鉴与全球治理研究"、国家社会科学基金重大项目"东方古代文艺理论重要范畴、话语体系研究与资料整理"（19ZDA289）
　　① 作者简介：曹顺庆，四川大学文学与新闻学院教授；刘诗诗，四川大学文学与新闻学院博士研究生。

保持孔子的名声，假使他的书从来不曾有过翻译，那倒是更好的事"。① 黑格尔这种对东方文明的贬低，形成了西方文明优越论的话语基础，在黑格尔看来，"真正的哲学是自西方开始"。

美国斯坦福大学教授弗朗西斯·福山（Francis Fukuyama）《历史的终结及最后之人》（"The End of History and the Last Man"，1989）一文所体现的西方文明优越论，就来自黑格尔。当下，为什么中国人文社会科学话语会缺失，这与文明史撰写密切相关。现有的西方学者撰写的文明史（包括各学科史），存在诸多缺失，甚至我们中国学者撰写的文明史，也存在诸多缺失，中国话语缺失、文明史实歪曲、写作盲目跟风等问题严重。文明史的书写不仅仅涉及不同文明观的交融与呈现，不同言说中话语的言说与表述，更是关乎文明史实与"文明自信"，是人文社会科学的根本性、本质性问题！如何解决这些问题？本文提出"重写文明史"这一重大命题，是期望中国学者以客观史实为基础"重写文明史"，在重写文明史中建设中国话语，在重写文明史中展开对西方错误文明观的拨乱反正，对西方文明史和中国相关文明史研究中不实的书写进行有力的纠正和批判，对本土文明的世界贡献做到充分自信和自觉。"重写文明史"是一种号召，是从文明史话语与言说这个根本来建立中国话语的一条重要路径和一个重大举措，是推进文明互鉴的时代新课题，我们期待中国学者携手国际学者，团结全世界学术界，以实事求是的作风重写文明史，重新研究文明互鉴史实，在言说与阐释中进一步确立具有中国自主知识体系的文明观，书写符合人类历史原貌的文明史，并进一步以文明史带动各个学科的文明反思与话语建构，以文明史实洞鉴国际形势百变的全球治理格局，以中国话语揭示文

① 黑格尔：《哲学史讲演录》第一卷，贺麟、王太庆译，北京：商务印书馆，1983年，第119－120页。

明互鉴演进的客观规律，建设人类命运共同体。

一、 重新探讨文明观

为什么要重新探讨文明观？因为现在的文明观基本上是西方的文明观，是西方假借"世界"之名，行西方中心之实的文明观。人类文明乃是人类历史和各个学科研究的核心问题，然而长期以来，"文明"概念的定义、文明观的全球输出以及文明史的书写都掌握在西方学者手中。

"文明"（Civilization）作为术语出现在 19 世纪 30 年代的法国，由时任法国首相弗朗索瓦·基佐（François Guizot）大力推行。[①] 基佐的文明观影响重大，他一方面提出了"欧洲文明"内部的一致性，另一方面却处处洋溢着"法国优越感"，"我想，我们可以毫不夸张地说，法国是欧洲文明的中心和焦点"。他对于东方各文明极为蔑视，毫不掩饰地认为希腊民族的进步远超东方各民族，"在大多数古代文明中是一种显著的单一性。这种单一性产生了各种不同的后果。有时候，例如在希腊，社会原则的单一性导致了一种惊人迅速的发展。从来没有一个民族的发展在如此短促的时期里带来如此辉煌的成果，……在别的地方，例如在埃及和印度，文明原则的单一性有一个不同的效果：社会陷入一种停滞状态。单一性带来了单调。国家并没有被毁灭，社会继续存在，但一动也不动，仿佛冻僵了"。[②] 而正是基佐的所谓"进步"文明史观影响了日本"启蒙之父"福泽谕吉（Fukuzawa Yukichi），他提出的"文明开化论"便源于基佐的"文明进步论"，认为"现代世界的文明情况要以欧洲各国和美国为最文明的国家，土耳其、中国、日本等亚洲国家为半开化的国家，而非

---

① 1828—1830 年基佐在索邦大学作主题为"欧洲文明""法国文明"的讲座，其代表作《欧洲文明史》《法国文明史》即由此期间的讲稿汇集出版而成。
② 基佐：《欧洲文明史》，程洪逵等译，北京：商务印书馆，2005 年，第 3 页。

洲和澳洲的国家算是野蛮的国家，……文明、半开化、野蛮这些说法是世界的通论，且为世界人民所公认"。① "文明进步论"的东传演化成了"文明等级论"，西方的"文明"与东方的"野蛮"，"开化"与"半开化""不开化"逐渐形成某些人的共识。

可见，文明概念的缘起与流传都是以西方文明为中心，近百年来，西方文明成为人类高山仰止的巅峰与标杆，成为东方走出"野蛮"、开化国民的法宝。德国著名学者诺贝特·埃利亚斯（Norbert Elias）也直指"文明"概念源于西方的主动构建，认为当下世界所热议的文明表现的却是"西方国家的自我意识，……它包括了西方社会自认为在最近两三百年内所取得的一切成就，由于这些成就，他们超越了前人或同时代尚处于'原始'阶段的人们"。这一概念无非是表现着"他们的技术水准，他们的礼仪规范，他们的科学知识和世界观的发展等等"。② 文明的标准深深印刻着西方文明"优越而高雅"的形象。

不仅基佐、黑格尔这些极端贬低东方文明的人，傲慢地宣扬西方文明优越论，即使那些表面上夸奖东方文明的人，骨子里也充溢着西方优越感，例如，被誉为"西方文明史之父"的伏尔泰就是如此。表面上看，伏尔泰堪称东方文明的知音，他极力称赞"东方是一切艺术的摇篮，东方给了西方以一切"，"世界上最古老的编年史是中国的编年史"，但是，他最后仍然以"线性－进化"史观毫不谦逊地引出希腊和罗马这两个民族多么有才智，即使"获得知识很晚，但却迅速使一切臻于完善"，③ 而早有成就的中国、印度却停滞不前，这种以东方为西方之注脚、

① 福泽谕吉：《文明论概略》，北京编译社译，北京：商务印书馆，1992 年，第9 页。

② 诺贝特·埃利亚斯：《文明的进程》第一卷，王佩莉译，北京：生活·读书·新知三联书店，1998 年，第1 页。

③ 伏尔泰：《风俗论》，梁守锵译，北京：商务印书馆，2000 年，第231、220、248 页。

认为西方后来居上的智者优越心态昭然若揭。又如，美国阿莫斯·迪恩（Amos Dean）于 1868—1869 年推出了皇皇 7 卷本《文明史》（*The History of Civilization*）。第一卷共 15 章，首先论述亚洲文明（该卷论述了中亚高原、土耳其、塞族、匈奴、蒙古、鞑靼、迦勒底、亚述、巴比伦、玛代－波斯帝国、埃及、阿拉伯半岛、巴勒斯坦、腓尼基、叙利亚、小亚细亚等文明，却唯独缺失印度文明、中国文明，这是其重大缺失）。粗略一看，好像这是最重视亚洲文明的文明史著作，然而仔细读一读，就会发现，作者并非重视亚洲文明，而是与 19 世纪西方有关东方文明的普遍认识有关。阿莫斯·迪恩意识到亚洲文明是人类历史上第一个伟大时代，然而却将亚洲文明视为人类的"幼年期"，并且重点论证了"那里的幼年期仍在继续"。[①]

西方学者有偏见或许是必然的，毕竟确有文明隔阂和差异，对此我们可以根据文明史实拨乱反正。然而，更值得我们警惕的是，有些中国学者对中国文明的不熟悉和对西方文明的盲目崇拜，直接造成了中国文明的失语。钱理群教授指出："如今学人经历了文化的断裂，与中国传统文化联系先天不足，其传统文化修养与当年留学生无法相比，由于底气不足，在强势的西方文化面前就很容易丧失文化自信与自主性，成为一代人甚至几代学人的共同隐痛。"[②] 丧失中华文化主体身份和民族文化自信，不仅是民族文化精神的危机，也是文明存在的危机以及失去学术创新、学术独立能力的根本缘由。如今中国的人文学科从教育体制、知识生产到中国学术话语无不暴露出"病态"和"失语"的弊病。[③] 人文学科普遍运用各种各样的西方理论来阐释中国学

① Amos Dean, *The History of Civilization*, Vol. 1, New York：Joel Munsell, 1868, p. 4.

② 钱理群：《中国大学教育十二问——由北大教改引发的思考》，丁东编：《大学人文》第 1 辑，桂林：广西师范大学出版社，2004 年，第 12 页。

③ 曹顺庆：《文论失语症与文化病态》，《文艺争鸣》1996 年第 2 期。

术，以现象学、阐释学、解构主义、后现代主义、女性主义、后殖民主义、新历史主义等西方理论批评阐释中国学术的现象屡见不鲜。教师在课堂上不谈论西方理论反而显得跟不上时代的潮流，没有"与国际接轨"。相较于传统的经学、国学，不少人在心理、认知、情感上都更倾向于西方理论话语，对我们自身的理论和文化反而有一种难以消泯的隔阂与疏离感，形成更难以弥合的文化断裂。对于西方类似黑格尔这种文明的傲慢和偏见，我们自有清醒的学者。例如，对黑格尔这个带着西方文明优越感的典型"中国黑"，钱锺书先生曾提出严厉批评，在《管锥编》第一册第一篇《论易之三名》中，如此写道："黑格尔尝鄙薄吾国语文，以为不宜思辩；又自夸德语能冥契道妙，举'奥伏赫变'（Aufheben）为例，以相反两意融会于一字（ein und dasselbe Wort für zwei entgegengesetzte Bestimmungen），拉丁文中亦无义蕴深富尔许者。其不知汉语，不必责也；无知而掉以轻心，发为高论，又老师巨子之常态惯技，无足怪也；然而遂使东西海之名理同者如南北海之马牛风，则不得不为承学之士惜之。"① 不过，居然也有著名学者赞同黑格尔的这种文明偏见，认为中国没有哲学。例如，朱光潜就认为：中国没有悲剧，没有哲学。他在《悲剧心理学》中指出"仅仅元代（即不到一百年的时间）就有五百多部剧作，但其中没有一部可以真正算得悲剧"。朱光潜进一步指出：为什么中国没有悲剧？因为中国没有哲学，"中国人也是一个最讲实际、最从世俗考虑问题的民族，……对他们来说，哲学就是伦理学，也仅仅是伦理学"。② 这种表述，与黑格尔的口气几乎一样。③ 叶维廉教授在《比较诗学》中指出，一些

---

① 钱钟书：《管锥编》，北京：中华书局，1979 年，第 1－2 页。

② 朱光潜：《悲剧心理学》，北京：人民文学出版社，1983 年，第 218、215 页。

③ 黑格尔：《哲学史讲演录》第一卷，第 119－120 页。

西方学者基于西方文明优越感，对中国文化与文字恣意抹黑，而我们中国学者，却曾完全认同西方学者的文明偏见："一七八八年 William Warburton 集中第三卷记载其对中文的意见，略谓中国人缺乏创造性，竟未曾将象形字简化为字母，言下之意，中国迹近野蛮。而鼎鼎大名的文学批评家撒姆尔·约翰生（Samuel Johnson）居然也说：'他们竟然没有字母，他们没有铸造别的国家已经铸造的！'好像字母才是最高的境界似的！"叶维廉教授在《比较诗学》中还进一步指出，西方的偏见，直接影响了中国的学人："年轻的傅斯年先生竟说中国象形字乃野蛮的古代的一种发明，有着根深蒂固的野蛮性，我们应该废止云云。"① 傅斯年这个看法与西方人的偏见同出一辙！不仅仅傅斯年如此说，中国相当一批学者也持类似观点。例如，语言学家钱玄同认为，"废孔学，不可不先废汉文；欲驱除一般人之幼稚的野蛮的顽固的思想，尤不可不先废汉文"，汉字"难识、难写、妨碍教育的普及、知识的传播"，"欲使中国不亡，欲使中国民族为二十世纪文明之民族，必须以废孔学，灭道教为根本之解决"。② 瞿秋白认为，"要根本废除汉字，……汉字是十分困难的符号，聪明的人都至少要十年八年的死功夫，……要写真正的白话文，就一定要废除汉字采用罗马字母"③。中国部分学者对西方文明偏见的亦步亦趋、跟风追随，不惜文明自戕，不惜对中华文明贬低，是当今重写文明史最需要直面的问题，甚至是最难解决的大难题！

如何认识并纠正中国学者对西方文明偏见的接纳与宣扬，是我们今天重写文明史更重要的一个任务。笔者近年来发表若干论

---

① 叶维廉：《比较诗学》，台北：台湾东大图书公司，1983 年，第 27、28 页。
② 钱玄同：《中国今后之文字问题附陈独秀答书及胡适跋语》，《新青年》第 4 卷第 4 号，1918 年 4 月 15 日。
③ 瞿秋白：《鬼门关以外的战争》，《乱弹及其他》，上海：霞社，1938 年，第 175－176 页。

文，指出中国现当代文学史与中国古代文学史的一个最根本的问题，就是盲目追随西方文明观，以西方理论话语为放之四海而皆准的东西，对中国文学史书写形成了一定程度的曲解和伤害。例如，中国现当代文学史，基本上不收现当代人创作的古体诗词，这是典型的文化不自信；又如，中国古代文学史，基本上是运用西方文论话语来阐释中国文学与中国文论，产生若干生硬"套用"问题；等等。① 进入 21 世纪，"文明"再不是学术之议、理论之争，而成为国际关系专家高谈阔论之地。美国《国家利益》（*The National Interest*）季刊 1989 年夏季号刊登了著名的《历史的终结及最后之人》一文，福山在文中提出了著名的"历史终结论"。福山认为苏联的垮台，不仅标志着"冷战"的结束，更表明了西方文明的高明与先进。福山将西方的自由主义思想作为历史的终结，预言人类社会的发展将不会再出现更新的文明形态。福山的"历史终结论"，以"冷战"胜利者的姿态论证了西方文明的"合理性"与"生命力"，并企图把它作为"普遍真理""终极真理"强加给人类社会。

福山的"历史终结论"为"文明冲突论"埋下了伏笔。依笔者看来，哈佛大学著名政治学家亨廷顿（Samuel Phillips Huntington）所持"文明冲突论"应是西方 21 世纪最有代表性、最具影响力的文明观。② 1993 年，美国《外交事务》夏季号刊登亨廷顿的文章——《文明的冲突?》（"The Clash of Civilizations?"），此文认为文明的冲突将左右全球政治，主导未来国际关系，下一次世界大战将是文明之战。之后，亨廷顿又在

---

① 参见曹顺庆、翟鹿：《残缺的中国古代文学史》，《社会科学研究》2022 年第 3 期；曹顺庆、高小珺：《揭开现当代文学史缺失的一角——再论旧体诗词应入中国现当代文学史》，《中国文化研究》2018 年第 2 期。

② 据谷歌学术数据统计，此篇文章目前引用量达 44365 次，已有几十种外译本，https://scholar.google.com.hk/scholar?hl=zh‐TW&as_sdt=0%2C5&q=Clash+of+Civilizations&oq=，2022 年 8 月 30 日。

同年的《外交事务》上发表《不是文明是什么?》（"If Not Civilization，What ?"），进一步阐述了"文明冲突论"。亨廷顿认为"冷战"结束后，世界冲突的根源将主要是文化的而不是意识形态的和经济的。"全球政治的主要冲突将发生在不同文化的族群之间。文明的冲突将左右全球政治，文明之间的断层线将成为未来的战斗线。"亨廷顿书中言论处处体现了西方文明优越论。他称，"西方是而且在未来的若干年里仍将是最强大的文明"，"世界在某种意义上是一分为二的，主要的区分存在于迄今占统治地位的西方文明和其他文明之间，然而，其他文明之间没有任何共同之处。简言之，世界是划分为一个统一的西方和一个由许多部分组成的非西方"。他还宣称，"在人类生存的大部分时期，文明之间的交往是间断的或根本不存在"。① 书中诸如"中国霸权""文明冲突"等错误的言论伴随此篇文章的世界性影响传播到了世界各地。杜维明先生指责亨氏的文明冲突论，是"以西方为中心的论说方式，乃构建在两极分化的思考模式上，充分暴露出维护西方霸权的心态"，其论说的最大失误在于"把文化当作静态结构，从地缘政治的角度综览全球，把全球分成西方、日本、儒家、回教、印度教、拉丁美洲等几个体系"，而实际上，"文明基本上是一个动态的发展，像是长江大河一样，各大文明之间交互影响"。② 然而就如德国学者哈拉尔德·米勒所说，"'文化的冲突'这一概念已经成为我们政治和报章语言中的常见特定词汇，这种状况着实令人担忧，……我们使用某些概念的频率越高，就越可能突然之间成为它的信徒；一个概念的传

---

① 塞缪尔·亨廷顿：《文明的冲突与世界秩序的重建》，周琪等译，北京：新华出版社，1998 年，第 8、18、5 页。

② 杜维明：《杜维明文集》第五卷，郭齐勇等编，武汉：武汉出版社，2002 年，第 474 页。

播越广，它使人盲从的危险系数就越大"①。虽然文明冲突论谬误百出，但并没有影响其成为西方国家进行文化扩张的理论依据。

无论是"文明冲突论"还是"历史终结论"，都渊源有自，没有脱离概念缘起中"西方"与"非西方"的对立二分。两种观点在 21 世纪影响甚大，但局限于冷战思维，未能拓宽理论视野，盲目捆绑了文明之间的差异性、矛盾性与冲突性。文明之间显然具有差异性，然而差异性并非必然导致矛盾与冲突，也可以"和而不同""和羹之美，在于合异"，文明可以互鉴互融，协调统和，达致和谐大同。中国古人认为，"万物并育而不相害，道并行而不相悖"②。西方文明观全然不顾文明发展的理论逻辑，妄自揣测，置"文明"于政治冲突与经济势力图圈之地，是经不起历史检验的。在这个千年未有之大变局之际，笔者认为，是时候真正站在人类文明史的高度、文明发展事实的基础、文明互鉴的学术角度、文明交流理论的视野来重写文明史，重新谈论文明观了！西方学者的文明观点影响了世界若干年，西方文明优越论、西方中心论成为今天的西方优先论的基本依据，所谓的"美国优先论"，实质上就是以西方文明高人一等的文明观为基础的。对此，东方学者、中国学者应该以文明发展的基本史实来正本清源，进而印证"文明的繁盛、人类的进步，离不开求同存异、开放包容，离不开文明交流、互学互鉴"，用文明互鉴史实，从根本上摒去西方文明的傲慢与偏见，倡导文明的互鉴共生，探讨世界文明的发展规律所具有的重要意义。

---

① 哈拉尔德·米勒：《文明的共存——对塞缪尔·亨廷顿"文明冲突论"的批判》，郦红、那滨译，北京：新华出版社，2002 年，第 11 - 12 页。

② 《礼记正义》卷五十三，阮元校刻：《十三经注疏》，上海：上海古籍出版社，2007 年，第 1634 页。

二、 文明史书写存在的几大问题

西方学者于文明史书写有开山之功，欲以"世界性"的视野俯瞰人类文明的进程，但终究让文明史书写陷入了狭隘心理，陷入了西方文明优越论的窠臼，造成了诸多史实缺漏、歪曲、贬低的现象。不仅西方学者的文明史书写存在问题，我们东方学者和中国学者自身在接受这一西方文明观念的输入时，也存在亦步亦趋、自损自抑的毛病。

（一） 文明发展史实不符——希腊非"源"文明

长期以来，西方学界一直以"两希文化"作为文化的源头，认为一切艺术来自希腊，西方文明史的开端常常以古希腊为首，形成了学术界"言必称希腊"的不正常现状。作为现代西方哲学奠基人之一的黑格尔便称，"一提到希腊这个名字，在有教养的欧洲人心中，尤其在我们德国人心中，自然会引起一种家园之感"。黑格尔甚至说，"在希腊生活的历史中，当我们进一步追溯时，以及有追溯之必要时，我们可以不必远溯到东方和埃及"。① 这种优越感已经损害了学术的严谨品格，令人觉得不可思议！对此，我们应当用文明发展的基本史实来正本清源，以文明互鉴规律，印证"文明的繁盛、人类的进步，离不开求同存异、开放包容，离不开文明交流、互学互鉴"。

众所周知，全世界有四大文明古国，都具有非常古老而辉煌的文明。人类今天所拥有的很多哲学、科学、文字、文学艺术等方面的知识，都可以追溯到这些古老文明的贡献。四大文明古国最重要的文明特征，是都创造了自己独有的文字：苏美尔创造的楔形文字是已知最古老的文字，在公元前 3400 年左右，楔形文字雏形产生，多为图像，公元前 3000 年左右，楔形文字系统成

---

① 黑格尔：《哲学史讲演录》第一卷，第 157、158 页。

熟，字形简化、抽象化。公元前 3000 年左右，古埃及出现了象形文字，即埃及文字，法老王那默尔的铠甲关节板上的文字是最早期象形刻记古埃及文字。印度的达罗毗荼（Dravidian）文字产生于公元前 2500 左右。中国的甲骨文产生于公元前 1700 年左右。这是众所周知的文明事实。总体而言，四大文明古国都是文明独立产生地，有着清楚的文明产生、发现、延续的脉络。

然而，四大文明中没有古希腊文明！为什么古希腊不属于文明古国？难道令人高山仰止的古希腊文明，是黑格尔之流所蔑视的东方文明孕育出来的？这个文明事实西方人显然不太愿意谈。这也是我们必须重写文明史的一个重要原因。

根据学术界的研究证明，古希腊文明不是原生性文明，不是原创文明，而是吸收古苏美尔－古巴比伦、古埃及文明而形成的次生文明。显然，西方文明是东方文明孕育出来的！这是人类文明最早和最典型的文明互鉴例证。以文字为例，古希腊文字并非古希腊人原创，而是来源于亚洲腓尼基字母，而腓尼基字母又是从古苏美尔－古巴比伦楔形文字学习过来的，是腓尼基人在古苏美尔－古巴比伦楔形字基础上，将原来的几十个简单的象形字字母化而形成的，时间在公元前 1500 年左右。公元前 8 世纪，古希腊人在学习腓尼基字母的基础上，加上元音发展成古希腊字母，并在此基础上形成了拉丁字母。古希腊字母和拉丁字母后来成为西方国家字母的基础，所以腓尼基字母是世界上字母之母。另外，古希腊的青铜器来自古两河文明，古希腊的巨石建筑是向古埃及学习的。从这些事实来看，西方文明本身就是向东方文明学习而形成的，是文明互鉴的成果。俗话说，"儿不嫌母丑"，古希腊文明本来就是东方文明的学生，何来傲慢之有！面对这个事实，黑格尔这个"无知而掉以轻心，发为高论"（钱锺书语），极其蔑视东方文明的大哲学家，也应无地自容。这个史实也充分昭示：不同的文明常常是相互借鉴、相互学习、相互促进的结果，从这个意义上来说，西方文明根本没有任何理由蔑视东方文明，也根本没有理由傲慢自大。

西方有没有学者认识到这个问题呢？当然有。公元前 5 世纪的古希腊作家、历史学家希罗多德把旅行中所闻所见的历史记录下来，著成《历史》（Ἱστορίαι）一书，该书成为西方文学史上第一部完整流传下来的散文作品，希罗多德也因此被尊称为"历史之父"。希罗多德在书中客观评述了东方文化对希腊的影响，他甚至认为东方是一切文化和智慧的源泉。他指出埃及的太阳历优于希腊历法，希腊的字母来自腓尼基，[①] 希腊人使用的日晷来源于巴比伦文明，希腊神话中的名字都是从埃及引进的，从法律到建筑无一不是希腊人向埃及人学习的成果。[②] 被称为欧洲最早的古代文明及希腊古典文明先驱的"米诺斯文明"也明显有埃及的影响，"种植橄榄的迹象第一次出现了，长角牛也被引进。黄金、象牙、彩陶、皂石制成的首饰和印章以及精美的石制花瓶，反映了来自埃及的影响，这种情况在早期青铜时代的第三阶段（公元前 2100—前 2000 年）日益显著"。尤其是公元前 1600—前 1400 年，克里特与埃及的交往从物质扩展为精神艺术层面，"埃及艺术常见的题材，也经常被克里特艺术家独出心裁地加以利用，例如壁画中的猴与猫、陶器图案中的纸草等"。[③] 1956 年，美索不达米亚考古专家克雷默（Samuel Noah Kramer）出版了富有挑战性的著作：《历史始于苏美尔》（*History Begins at*

---

① 希罗多德：《历史》下册，王以铸译，北京：商务印书馆，2009 年，第 434－435 页。原文为："这些和卡得莫司一道来的腓尼基人定居在这个地方，他们把许多知识带给了希腊人，特别是我认为希腊人一直不知道的一套字母，……这些字母正是腓尼基人给带到希腊来的。"
② 希罗多德：《历史》下册，第 221 页。
③ N. G. L. 哈蒙德：《希腊史》，朱龙华译，北京：商务印书馆，2016 年，第 31、37 页。

Sumer）。该书总结了苏美尔民族 27 种开创性成就①——他们创造了世界上最早的法律、学校、哲学和多种文学体裁，包括《圣经》中的"诺亚"在苏美尔文化中已有原型。《吉尔伽美什史诗》中造船救世的情节与《圣经》如出一辙，史诗中众多情节在《荷马史诗》中也有承续。亲自发掘美索不达米亚古城乌尔（Ur）的功臣伍莱（C. Leonard Woolley）也提出："以对人类历史的影响来评判，苏美尔文化的地位将会更高。它属于人类最早的文化，它的出现照亮了处于原始、野蛮状态的世界。"② 由此观之，作为西方文化之"源"的希腊乃是东方古文明之"流"。然而多少文明史的书写将此忽视，非无心，实有意为之，黑格尔大约就是如此。

当然，世界不同文明也在不断地相互追赶，互相超越。古希腊虽然是在古埃及与古两河流域两大古原生文明影响下的一个次生文明，但是通过文明互鉴，古希腊文明后来居上，产生了赫拉克利特、德谟克利特、苏格拉底、柏拉图、亚里士多德等伟大的学者，与同时期中国的老子、孔子、墨子、庄子、孟子等先秦诸子以及古印度的佛陀共同形成人类伟大的文明轴心时期，形成了人类文明的黄金时代，也奠定了西方文明的重要基础。西方文明以后的发展，也是与文明互鉴密不可分的。

（二）文明互鉴史实缺失——阿拉伯唤醒西方

不仅希腊文明的起源是文明互鉴的成果，西方的文艺复兴亦是文明互鉴的结果。西方文明史中基本不提西欧学习阿拉伯文明的两百年历史，这或许是因为他们不愿意透露他们引以为傲的伟大文艺复兴，其源头居然是东方的阿拉伯文明。研治阿拉伯文学

---

① Samuel Noah Kramer, *History Begins at Sumer: Thirty - nine Firsts in Recorded History*, Philadelphia: University of Pennsylvania Press, 1981.

② C. Leonard Woolley, *The Sumerians*, New York: W. W. Norton & Company, 1965, pp. 192 - 194.

的美国学者希提在其著作《阿拉伯通史》中指出："在 8 世纪中叶到 13 世纪初这一时期，说阿拉伯语的人民，是全世界文化和文明的火炬的主要举起者。古代科学和哲学的重新发现，修订增补，承先启后，这些工作，都要归功于他们，有了他们的努力，西欧的文艺复兴才有可能。"① 阿拉伯人保存了古希腊罗马众多珍贵文献，通过"翻译反哺"，促成了文艺复兴运动，之所以称阿拉伯文明唤醒西方，是因为如果没有阿拉伯的文明唤醒，欧洲的文艺复兴不可能产生，而如果没有文艺复兴运动，西方近现代的思想启蒙和科学文化发展乃至文明进步或许根本不会发生。

众所周知，欧洲中世纪被称为"黑暗的世纪"，昔日璀璨的古希腊罗马文化艺术黯然跌落神坛，近乎湮灭。但是此刻，却是横跨欧亚非三大洲的阿拉伯帝国的辉煌时期，是阿拉伯文化大为兴盛之时。阿拉伯帝国虚心向古希腊罗马文化学习，甚至向中国大唐文化学习。穆罕默德发出"学问虽远在中国，亦当求之"的感叹。阿拔斯王朝（750—1258）时期更是出现了"百年翻译运动"的盛况，最为著名的便是哈利发麦蒙时期的"智慧宫"，全国学者齐聚巴格达，将柏拉图、亚里士多德等人的哲学著作，托勒密、欧几里得、阿基米德的天文、数学著作，盖伦、希波克拉底的医学著作尽数翻译为阿拉伯文。例如医学家盖伦的希腊文解剖学 7 册原本早已散佚，幸而翻译为阿拉伯文才得以流传。到了 11 世纪前后，阿拉伯文明对于希腊罗马时期人文、科学文献的保存再一次反哺西方。文明互鉴大大促进了西方文明的复兴。在西班牙的托莱多，曾被翻译为阿拉伯文的古希腊哲学、医学、数学等著作被译为拉丁文引入西欧。这场"二次翻译"直接影响了西欧文艺复兴运动的兴起。

---

① 希提：《阿拉伯通史》上册，马坚译，北京：商务印书馆，1979 年，第 664 页。

中世纪时期，西欧视哲学为神学的婢女，但在阿拉伯文明中恰恰相反，"哲学受到了阿拉伯人的眷爱抚养"①。以亚里士多德为中心的古希腊哲学悉数被阿拉伯学者翻译保存。托莱多的学者不仅将这些哲学著作翻译成拉丁文，而且将阿拉伯学者的注释也一并翻译。阿拉伯学者在翻译的同时，为了透彻理解哲人的深意，往往从自身文化出发对原著进行阐释，从而形成别于"原貌"的新理解。这个过程可以称之为希腊哲学的阿拉伯化，但是又有多少文明史著作注意到这个重要现象？现在颇受推崇的亚里士多德哲学中，到底有多少阿拉伯元素呢？这种文明互鉴案例太需要学者认真关注，这一段文明史太需要重写。

阿拉伯不仅是一间古希腊文明的"藏书阁"，其自身的文明传统亦光照了欧洲的人文、科学领域。希提认为，"意大利的诗歌、文学、音乐，在普罗旺斯和阿拉伯的影响下，开始欣欣向荣"，"穆斯林的几种天文学著作，先后译成拉丁语，传入欧洲，特别是西班牙，对于基督教欧洲天文学的发展，起了决定性的作用"。② 西方文学经典如《神曲》《十日谈》《坎特伯雷故事集》，皆有《一千零一夜》的影子；白塔尼的天文著作传入西欧后被奉为"权威著作"，哥白尼也受到了阿拉伯学者的启发，他在《天体运行论》一书中多处引证白塔尼的著作和观点；阿拉伯人的数学也进一步奠定了文艺复兴时期欧洲大学的数学基础，阿尔－花剌子模（Al-Khwarizmi）以印度数学改革计算方式，成为世界"代数之父"，其著作《积分和方程计算法》长期为欧洲各大院校所用。今天人们所说的阿拉伯数字，实际上是印度人发明的数字，只不过是经过阿拉伯人传入欧洲。此外中国古代的四大发明亦是经阿拉伯帝国进入西欧，极大促进了欧洲文明的进步。

---

① 黑格尔：《哲学史讲演录》第三卷，第252页。
② 希提：《阿拉伯通史》上册，第733、445页。

这一系列的文明互鉴史实，理应载入未来的文明史编写当中。

（三）当代社会，文明互鉴依然是人类文明发展的主流和基本脉络

近代以来，西方文明功不可没，对全人类文明做出了巨大贡献。即便如此，在表面上西方文化一家独大的现象下，文明互鉴、文明交流依然是人类文明发展的主流和基本脉络。例如，当代西方哲学与文论，尤其是现象学、阐释学、解构主义，海德格尔、伽达默尔、德里达等西方哲学与文论大家，在当下中国学术界受到追捧。不少人甚至认为，当代西方哲学与文论，就是西方文明的自成一家的独创，就是西方文明高于东方文明的标志。实际上，如此受人崇拜的当代西方哲学与文论，依然是文明互鉴、文明交流的结果。文明史实中相关例子不胜枚举，兹举笔者主研比较诗学领域一例——海德格尔思想中的中国元素以证之。① 海德格尔（Martin Heidegger）能有如此成就，与他对东方思想、中国哲学的借鉴与吸收密切相关。众所周知，海德格尔认为自己最重要的哲学贡献是重新开启了（re-open）存在问题（the question of Being），是西方形而上学的最终克服者。然而，是什么东西导致了海德格尔认为自己最先重新开启了存在问题的？事实上，最先开启存在问题的是东方思想，尤其是《老子》的有无相生的思想。海德格尔提出，存在者自身的存在不"是"——存在者。虚无是存在的特征，更明确地说，"存在：虚无：同一"。因此，"存在的意义"问题同时也是对无的意义的探寻。但此种虚无既非绝对的空无（empty nothing），亦非无意义的无（nugatory nothing）。在海德格尔那里，"存在：虚无：同一"之无是"存在之无"（the Nothing of Being），无从属于存

① 参见曹顺庆、刘衍群：《比较诗学新路径：西方文论中的中国元素》，《浙江社会科学》2019 年第 1 期。

在。这明明就是汲取了《老子》有无共生（天下万物生于有，有生于无）、虚实相生的思想。华裔学者萧师毅在回忆与海德格尔的交往时谈到海德格尔与他合译《道德经》的经历，"我于1946年春天，在弗莱堡（Freiburg）的木材集市广场（Holzmarktplatz）与海德格尔的相会之中，得悉他对翻译老子《道德经》感兴趣。当时，鉴于他只在夏天才有工作假期，他建议我们在该年夏天一同在他位于托特瑙堡（Todtnauberg）的小屋里，协力把《道德经》译成德文。我深信老子的思想，将有助于灾难性的世界大战之后的德国人——事实上，是整个西方世界——的反思，于是我欣然地答允了"，"我深深感受到这项工作在海德格尔身上，产生了重大的影响"。① 战后欧洲哲学陷入荒芜的危机之中，海德格尔在老庄哲学中寻觅了一条"存在"之路的新思，衍生了关于"存在""无""澄明""道路与道说"等重要思想。

早期海德格尔从前辈胡塞尔的本质直观与时间意识中思考一种超出传统的主客体框架讨论存在问题的方式，但他发现胡塞尔的学说仍然受制于传统的主体观以致不能深入存在论的探讨，这时他所接触到的来自远东的道家哲学重新打开了他思考存在的开端，"所以，不少海德格尔的弟子和研究者认为他在30年代经历了一个剧烈的思想'转向'"②。这是有事实根据的，1930年海德格尔在不来梅（Bremen）做了题为《论真理的本性》的演讲，并在第二天的学术讨论中抛出了"一个人能否放置于他人的位置之上"这样一个关于"主体间性"的问题，海德格尔当即援引《庄子·秋水》中"庄子与惠施濠上观鱼"的典故，③

---

① 萧师毅：《海德格尔与我们〈道德经〉的翻译》，池耀兴译，《世界哲学》2002年第2期。

② 张祥龙：《海德格尔传》，北京：商务印书馆，2007年，第227－228页。

③ Graham Parkes, ed., *Heidegger and Asian Thought*, Honolulu: University of Hawaii, 1987, p. 52.

说明理解需要在语境/境域中形成，如果按照惠施的逻辑主体间的交流便是不可能的，这在一方面也突出了"'现象学境域本身的开显'（也就是'人的实际生活经验本身的形式显示'）作为一切意义源头的地位"①。

这一转向之后，海德格尔开始借助"无""空""用""道"等老庄思想来深思"艺术的本质""诗和语言的存在论含义""技术与道""物与物性"等哲学新问题。其中 2000 年出版的《海德格尔全集》第 75 卷中有一篇写于 1943 年的文章，题为《诗人的独特性》，探讨荷尔德林诗作的思想意义，文中引用了《老子》第十一章论述"有无相生"观点的全文："三十辐共一毂，当其无，有车之用。埏埴以为器，当其无，有器之用。凿户牖以为室，当其无，有室之用。故有之以为利，无之以为用。"德国著名学者君特·沃尔法特（Günter Wohlfart）对这一现象专门发文探讨。② 海德格尔此后不断地将"存在""用"与"无"关联起来，触发了其"无用之思"。例如 1945 年，海德格尔在给弟弟的书信中曾引用《庄子·杂篇·外物》中庄子与惠子的论辩，此信件以《庄了，无用的必然性》命名，这是西方思想第一次在"无用"与"必然性"之间建立了如此的联系，即"无用之用"。这种对于"无"与"用"的联系触发了他对于"物性"的本质探讨，最为著名的便是《物》这篇文章。海德格尔在文章中称任何对象化"物"的行为都无法通向"物之物性"，壶之为壶，不是因为陶匠赋予它的形状，而是"壶的虚空，壶的这种虚无（Nichts），乃是壶作为有所容纳的器皿之所是"。③ 这个空虚的容纳性便是海德格尔对于"以无为用"的思

---

① 张祥龙：《海德格尔传》，第 228 页。

② Guenter Wohlfart, "Heidegger and Laozi: Wu（Nothing）—on Chapter 11 of the Daodejing", *Journal of Chinese Philosophy*, Vol. 30, No. 1（2003），pp. 39 - 59.

③ 海德格尔：《演讲与论文集》，孙周兴译，上海：上海三联书店，2005 年，第 175、176 页。

想转化，"有"与"无"共同构成存在，这就是海德格尔重新开启了存在问题的基本路径。对于海德格尔来说，走向物性便是走向存在，唯有让物成为物，唯有通达物性，才能实现"诗意的栖居"。物性自身的通达需要依赖思考，思考依赖语言表达，而这个语言所呼唤的世界不再是此在的世界，而是"天""地""诸神""必死者"四元聚集的世界，是一个诗性化了的世界。四元之间相互"镜映""彼此互属"。这一四元观是对于"大约'逝'，逝曰'远'，远曰'反'。故道大，天大，地大，人亦大。域中有四大，而人居其一焉。人法地，地法天，天法道，道法自然"① 的创造性发挥。海德格尔一生都在否定西方形而上学的传统，对于其所受制的主体性哲学表现出不满，而从中国老庄哲学中，他汲取到一种可以弥合主客体二元对立的哲学思想，"对于物泰然处之（Gelassenheit）""向着神秘虚怀敞开（Offenheit）"等思想便是老庄哲学中最基本的"自然而然"。然而，如此重要的文明互鉴与思想交流，西方学者的文论史乃至中国学者的文论史都避而不谈，岂不怪哉！

这虽然是个案，但具有普遍性，不少当代西方重要学者都与东方文明有着文明互鉴的经历。海德格尔、叔本华、尼采、福柯、德里达、荣格等西方哲学与文论大家，都曾向中国、印度、阿拉伯、日本等东方思想文化及东方古代文论学习、汲取养分，在文明互鉴中实现学术创新。而在西方一些文学流派，如意象派、超验主义等及其代表人物的文学思想与创作中，我们也能看到东方的影响因子。从这个意义上说，从古代到中世纪乃至现当代，文明的主导是互鉴而不完全是文明隔绝与对立，更不全然是文明冲突。这也是笔者长期思考的问题。

令人不解的是，即便有若干文明互鉴史实摆在面前，却不入

---

① 老子：《老子》，饶尚宽译注，北京：中华书局，2016 年，第 66 页。

史笔，若干文明史不讲，学者们视若无睹，这是极为不正常的现象。文明交流互鉴的若干史实进不了文明史，究其原因仍在于话语权这个根本问题。目前中国学者乃至东方学者在国际上的学术话语皆处于"有理说不出，说了传不开"的窘境。想要打破这一窘境，逐步解决话语言说问题，我们便要从具体的文明史实入手，从文明互鉴问题的阐释中展开，在具体的阐释中体现出文明发展的全貌，同时，在论述中也展现我们言说的话语，从具体的论述中形成我们的话语。笔者认为，从"重写文明史"这一具体话语实践切入，从这一体认人类文明发展的核心问题入手，可以成为中国学者话语阐释和话语建构的最佳路径和开端！触类旁通，从文明史的话语言说和话语建构必将逐渐蔓延至文学史、传播史、艺术史、哲学史、经济史、法律史、科技史、天文史，等等，从各个学科史实出发，来重写文明史、重写思想史、重写文学史、重写传播史、重写艺术史、重写哲学史、重写经济史、重写法律史、重写科技史、重写天文史，以客观的史实，阐释出自己的观点，建构话语言说，我们的声音才能真正在世界上传开、传响、传深。以重写文明史打开话语建设之门，以文明史实的叙述传播中国声音，促进文明互鉴，铸就人类命运共同体意识，让世界回归和平共处之正轨，这才是当今中国学者的重要使命。

（四）文明书写歪曲贬低——种族主义优越论

"文明"一词被欧洲人发明之后，逐渐演变成文明阶级论，"文明－野蛮"的对立观造成了严重的偏见与贬低，西方以"文明"的姿态俯视着原始、野蛮的东方。"文明－野蛮"成为"西方－东方"的认知公式。黑格尔对于"东方"尤其是中国哲学、儒家思想的歪曲更是典型。他在《哲学史讲演录》中将"东方哲学"放在"导言"部分而将希腊哲学作为哲学史的开端，他称"首先要讲的是所谓东方哲学。然而东方哲学本不属于我们现在所讲的题材和范围之内；我们只是附带先提到它一下。我们所以要提到它，只是为了表明何以我们不多讲它"①，轻蔑之情溢于言表。

这种偏见与轻蔑如果只停留在纸张与讨论层面倒也留有余地，不幸的是这种观念延伸到了人与人之间、种族与种族之间的迫害。阿蒂尔·德·戈比诺（Arthur de Gobineau）提出文明与环境无关，只与人种有关，世界上人种的等级从白—黄—黑依次排列，"所有文明都源自白种人，没有白种人的帮助，就不会诞生文明"②。这一种族优越观念一时间被狭隘的种族主义者和白人至上主义者奉为真理，美国的印第安人大屠杀便是这一错误文明观的悲惨印证。但是以人权与民主指摘他国的美国，绝不会在文明历史中坦诚呈现，在"民主"的美洲大地，生长于此的印第安人几乎惨遭屠族的命运。美国斯坦福大学人类学系印第安人学者艾嘉礼（Charles Ettner）在接受中国学者访谈时称，"在哥伦布航行到达美洲大陆的时候，北美洲有 300 个以上的土著部落。而现在呢，由于白人带来的疾病、战争和饥饿，大约有一半的美洲土著部落消失了"，"而且我还应当说，今天我们所见到的大量有关（印第安人）的历史材料依然充满了白人方面的、片面的解释或观点"。③

自美国建国以来，土著居民印第安人所拥有的土地、资源在多重政策下一点一点被掠夺。印第安人在政府推行的"保留地"制度下被逼至密西西比河以西地区，艾嘉礼指出，"美国政府选择用来给予美洲土著居住、生活的地方通常是这样的一些地方：1. 白人不感兴趣的地方；2. 距离白人生活区较远的地方；3.

---

① 黑格尔：《哲学史讲演录》第一卷，第 115 页。

② 布鲁斯·马兹利什：《文明及其内涵》，汪辉译，北京：商务印书馆，2017 年，第 67 页。

③ 蓝达居：《美国的美洲土著——美国印第安人学者谈美国印第安人》，《世界民族》1996 年第 3 期。

军队容易进行控制的地方。政府通常知道这些地方是自然资源比较缺乏的地方"。恶劣的生活环境、社会政策的打压以及种族冲突，导致从 15 世纪末到 20 世纪初，生活在北美的印第安人人口从 500 万骤减到 25 万。但是为何美国文明史中不写、不谈、不议？一者树立"民主""自由""人权"之形象，二者历史的书写仍然掌握在白人手中，"院校当中的土著籍学者微乎其微，而对土著的历史观予以重视或考虑的白人学者也是微乎其微"。[①]

文明史的最终性质是历史事实，历史不是一个任人打扮的姑娘。文明史应以史为志，以史为鉴。文明史不仅要记录人类文明快速发展的重大过程，亦不能忽略这一进程中的众多"野蛮之举"，那些有意被忽略、被歪曲、被贬低的史实，更应在重写文明史的新话语中得到正名。

三、 重写文明史的几条路径思考

建立人类命运共同体，以大智慧重写文明史，并进一步延伸到各个学科史的重写与话语建设。

人类历史已经进入新的变局中，面对屡发的国际冲突，我们必须对世界格局有更加深刻、更为主动、更有分量的认识和发声，从文明层面重写历史，建立人类命运共同体，即是话语重建的先导。那么，在具体的文明史书写和研究中，为什么写？怎么写？写什么？都需要我们重点关注、重点讨论以及付诸实践，从具体的研究路径而言，我们可以从以下几个方面展开。

（一）掌握"文明史"的书写概况

文明史著作在近两个世纪数量激增，但是对于文明史书写现状的整体性研究还未出现。前人栽树，后人乘凉。只有对如今世

---

① 蓝达居：《美国的美洲土著——美国印第安人学者谈美国印第安人》，《世界民族》1996 年第 3 期。

界范围内的文明史书写做全面的梳理，有全面的认识，才能取其精华、去其糟粕。从目前的统计来看已经出现了不同语种、不同文化语境的文明史书写，如 *The History of Civilization*（Amos Dean，1869）、*The Story of Civilization*（Will Durant，Ariel Durant，1935）、*Histoire de la civilisation*（J. de Crozals，1887）、*Geschichte der Sintflut：auf den Spuren der frühen Zivilisation*（Harald Haarmann，2003）、تاريخ الحضارة（سانيويوس شارل，1908）、『国民の文明史』（中西輝政，2003）、『世界文明史：人類の誕生から産業革命まで』（下田淳，2017）、《中华文明史》（河北教育出版社，1989）、《世界文明史》（马克垚，2003），等等。① 这些文明史明显以不同的文明观念为立场在述说世界文明或本土文明的发展，最终呈现的文明史亦是各具千秋。这里面存在很多问题值得探究，各文明史书写的目的、语境如何？获得世人认可的文明史有着怎样的书写模式、书写框架、书写思想和书写缺漏？编者对史料的把握以及对于史实的呈现有何特色？对不同文明史之间进行比较研究，可以得出哪些区别以往的结论？本土文明在他者的建构中呈现怎样的形象以及他者对于本土文明所忽略的史实与现象的放大具有何种借鉴意义？整体性的文明研究梳理将会使我们破解以往个案研究隐藏的短板，从而收获创新性成果。

纵横观之，这种梳理非常有必要：一方面在文明史书写这一领域达至一种"世界对话"的空间，任何话语在此空间中都不会"一家独大"；另一方面必然带给本土书写以全面深刻的反思，形成最基本的"文明自信"，并由文明史书写延伸到各个学科史，纲举目张，建构文明互鉴的中国话语。

（二）透析"文明研究"之研究

在掌握世界文明史书写概况的同时，我们也需要关注历代学

_____

① 具体的英美文明史书写情况，请参见杨清的论文《英美"世界文明史"编撰述评》。

者对于文明的研究，即我们还要做文明研究之研究。这一研究方向其实就是不同学者对于文明的定义、文明概念的梳理乃至文明研究的二次研究。例如 1961 年德国学者乔治·迈克尔·普劳姆（Georg Michael Pflaum）的著作《"文明"概念的历史》（*Geschichte des Wortes "Zivilisation"*），美国学者布鲁斯·马兹利什（Bruce Mazlish）的著作《文明及其内涵》（*Civilization and Its Contents*，2004）皆追溯了"文明"这一概念在 18 世纪的起源及其在全球的演变。尤其是德国著名社会学家埃利亚斯在其名著《文明的进程》（*The Civilizing Process*，1939）中以日常生活的演变追溯中世纪欧洲以来的"文明表现"，因此声名大噪。但可惜的是他们笔下的"文明"概念仍局限在西方视野中，所谓的"文明"也仅仅是西方文明。

此外，对于世界文明发展的研究产生了诸多重要的概念，我们不仅要关注西方学者提出的影响重大的理论，在之后的文明史书写和研究中更要将中国学者、东方学者提出的理论纳入考量范围和对话范畴。比如基佐的文明进步论、雅斯贝尔斯（Karl Jaspers）的"轴心时代"（Axial Age）、埃利亚斯的"文明互动论"、汤因比的"文明形态观"、福山的"历史终结论"、亨廷顿的"文明冲突论"、萨义德的"东方主义"、杜维明的"文明对话"、汤一介的"新轴心时代"以及"文明交往论""文明互鉴论"，等等。对于这些大的理论问题，我们必须要勇敢对话，因为每一种概念都是基于一定的历史语境和文化传统提出的，何种是客观的，何种是主观的，何种是出于人类原则，何种是基于自我利益，各个理论具有的特色都需要得到逐一辨析。

（三）汲取"中国史观"，映照人类文明史

中国拥有世界上最早、最完善的编史传统，伏尔泰曾极力称赞"世界上最古老的编年史是中国的编年史，中国的这些编年

史连贯不断，详尽无遗，撰述严谨"①。文明史的编纂实可借鉴中国成熟完备的编史理念以及著史法式。首先对于修史之人有"史德""史才""史学"诸多标准，例如中国著史范畴中的"良史观"影响深远。孔子称良史"书法不隐"②，褒贬不偏不倚，只在片言只字。后世修史皆以"良史"为则，《春秋》为纲，班固以"文直事核"释之，刘勰更是随仲尼之言，称"奸慝惩戒，实良史之直笔，农夫见莠，其必锄也，……然史之为任，乃弥纶一代，负海内之责而赢是非之尤，……若任情失正，文其殆哉"③。良史有社会之责而必须辨是非之实，元代史家揭傒斯在答"修史以何为本"时，也直言"用人之道，又当以心术为本也"，④ 只有心术为正，才可以达到"慎辨于天人之际，尽其天而不益以人"⑤ 的境界。此外，对于著史法式，以文学史而言，近代以来众人皆遵从西方文学史书写模式，却不知中国亦有文学史话语。《文心雕龙·序志》中便总结出了一套完整的著史话语——"原始以表末，释名以章义，选文以定篇，敷理以举统"，《文心雕龙》上半部的文体论，本身便是现代意义上的分体文学史。又如《四库全书总目》往往以其文献学的工具书面目名世，众人却大大忽视了其具有的"文学史"意义。中国的史学成就知名于世界，悠久的史官文化与成熟的著史传统亟待学界的进一步挖掘与运用，相信如果能在文明史书写中融入中国史观、中国话语，世界文明史必将呈现别样的风采。

---

① 伏尔泰：《风俗论》，第 220 页。

② 《春秋左传正义》卷二十一，阮元校刻：《十三经注疏》，第 1867 页。

③ 杨明照：《增订文心雕龙校注（上）》，北京：中华书局，2012 年，第 207 页。

④ 宋濂：《元史》卷一百八十一《列传第六十八·揭傒斯》，北京：中华书局，1976 年，第 4186 页。

⑤ 章学诚：《文史通义》，刘公纯校订，上海：上海古籍出版社，1956 年，第 144 页。

（四）文明史书写实践略谈

重写文明史的同时，首先要注意呈现文明史书写的多元化。不仅要清楚梳理文明的发展进程，更是要以"文明史"的书写为核心，书写"文明互鉴史""文明比较史"等以往缺失的部分。"文明互鉴史"观照历史上因文明交往产生的特殊文化现象。历史的主流是文明交流与互鉴，文明并不是汤因比笔下各自生长的由盛而衰的有机体，而是纵横错杂的交流网，你中有我，我中有你。文明之间的交流促成了异质文明的创新发展，中国的禅宗、欧洲的文艺复兴、中国的印刷术等便是典型的例子。"文明比较史"可以从两方面入手，一方面是实证关系史，如著名学者杨宪益先生曾提出，西方的十四行诗可能来自中国唐诗，从唐诗到波斯鲁拜体，再到十四行诗，存在着一个清晰的、自前向后的时间脉络；另一方面是平行对话史，对于人类发展的共同主题，不同文明史的呈现都各不相同，这种差异性为平行比较对话提供了可能。

其次重视文明所蕴含的"世界性"，不偏狭于优越心理或本位至上主义，以往以西为主的世界史、世界文学史、世界哲学史、世界科技史等都需要在新的文明观下重新审视，重新书写。

此外重视文明所具有的"独特性"，西方考古学家以"文字、青铜器、城市和宗教礼仪建筑"四项物质标准衡量文明的起源与发达程度。文字居于首位，而中华文明能够绵延不断的重要原因就是汉字的流传。像埃及的圣书体文字、两河流域的楔形文字、印度的印章文字、克里特文明的线形文字都因文明的衰落而中断，只有汉字保留了下来，近现代学者如钱玄同等人受西方学者影响而叫喊"废除汉字"，便是没有意识到汉字对于中华文明，对于世界文明具有的特殊性。

结 语

文明的多元与独特交相辉映，文明的交流和互鉴才是文明史的历史主流，才是人类发展主流所应当书写的模样。重写文明史是当今学者的一大时代课题，也是关切人类文明的一大课题，不同文明语境、不同学科史都有难以计数的问题等待我们去挖掘、清理、解剖。习近平总书记曾指出，"中华民族具有 5000 多年连绵不断的文明历史，创造了博大精深的中华文化，为人类文明进步做出了不可磨灭的贡献"①。中华文明、东方文明在世界文明史中的书写不应寥寥几笔，为他人做"嫁衣"，做注脚！中华文明观也不应该在甚嚣尘上的冲突论、终结论中噤声，那些长期被忽视的、被歪曲的、被贬低的史实是时候在历史的回流中把握住言说的际遇，拨乱反正，澄明自身。"重写文明史"便是一次主动发声的际遇，中国学者应借此言说自身的文明观，书写自身的文明史，由此延伸到各个学科史，从文明这个根子上来突破，从各个学科来入手，建构文明新话语，献策于当下百变的文明治理格局。

原文载《四川大学学报（哲学社会科学版）》2023 年第 1 期

---

① 习近平：《在第十二届全国人民代表大会第一次会议上的讲话》，《人民日报》2013 年 3 月 18 日，第 1 版。

重写世界文明史/世界文学史： 由编撰《文学： 世界史》 引发的思考

〔比利时〕 西奥·德汉 撰 余佳临 译①

有别于世界文学史，我们所说的世界文学史流派有着悠久的历史，可以追溯到 19 世纪中期，尤其是在德国和北欧。在最近的著作中，值得提及的有赫特尔联合丹麦、瑞典和挪威为代表的北欧学界共同编纂的七卷本《世界文学史》（*Verdens litteraturhistorie*，1985—1993，赫特尔），俄罗斯的《九卷本世界文学史》（*Istorija vsemirnoj literatury v devjati tomach*，8 vols.，1983—1994，波得尼科夫），②和德国的《文学研究新手册》（*Neues Handbuch der Literaturwissenschaft*，25 vols.，1972—2008，泽）。2006 年瑞典文学学者安德斯·佩特森在强调这些作品均由优秀的专家创作，通常是极有价值的信息来源的同时，也发现它们在以下四个方面存在 "问题"。

第一，文学文化间的空间分配似乎不太公平。西方义学（即用欧洲语言写的文学）占据了总空间的80%左右，其他文学则占剩下的20%（可能还要留出一点空间用于跨文化概述等）。

---

① 作者简介：西奥·德汉（Theo D'haen），比利时鲁汶大学英语和比较文学荣誉教授、荷兰莱顿大学英语文学荣誉教授。

　　译者简介：余佳临，四川大学文学与新闻学院博士研究生。

② 该书最初编撰计划为九卷，最后刊行时只有八卷。

第二，虽然非西方的文学作品涉及许多不同的文学文明，如中国、印度、阿拉伯、非洲、西方等，但总体而言，每种文化都被描绘成一个自己的独立世界，各种文明之间的联系没有得到很好的分析。第三，不同文化的叙述都有自己的概念工具和研究角度。举个简单的例子，在涉及文本类型的描述中，不同的文化之间没有一致使用的术语。第四，尽管文学的概念对作品至关重要，但这个概念基本没有得到解释，并且在现实生活中，文学概念在不同的时代和文化背景下被赋予了不同的延伸意义。①

要理解佩特森所强调的这四个方面的含义，可以用这样一个术语来解释：大部分世界文学史都是以欧洲或西方为中心的。2009 年在布鲁塞尔举行的 ICLA 董事会会议上，佩特森和我一起做了一次演讲。随后在基于此演讲撰写的一篇文章中，我们指出世界文学史是"一种欧洲体裁，它在传统上渗透着欧洲的事物观"。例如，世界上各种文学作品在空间上的分配不平等，其中欧洲语言的文学作品总是占据着最大的份额。除此之外，这还源于该体裁的"更深层次的结构特征"。具体来说，佩特森认为，这些"文学史通常被设计为典型的西方文学史，仅附带涉及一些其他文学文化，它们通常由西方学者撰写，以西方的眼光看待世界，并依赖西方的概念体系"。② 以佩特森为代表的一群瑞典学者在西方与非西方语言和文学、比较文学和殖民/后殖民文学方面非常活跃。而正是为了纠正这种对于世界文学的片面性观

① Anders Pettersson, "Concepts of Literature and Transcultural Literary History", *Literary History: Towards a Global Perspective, Volume* 1: *Notions of Literature Across Times and Cultures*, Gunilla Lindkeg-Wada et al., eds., Berlin: Water de Gruyter, 2006, pp. 1 – 35.

② Anders Pettersson and Theo D'haen, "Towards a Non-Eurocentric History of World Literature", *Old Margins and New Centres: The European Literary Heritage in an Age of Globalization/Anciennes Marges et Nouveaux Centres: L' héritage littéraire européen dans une ère de globalisation*, Marc Maufort and Cardine De Wagter, eds., Bern: Peter Lang, pp. 43 – 56.

点，他们萌生出写作一部世界文学史的想法，以呈现一种更平衡的观点。

在布鲁塞尔发表题为《走向非欧洲中心主义的世界文学史》的演讲时，《文学：世界史》的写作也在顺利进行中。正如佩特森在布鲁塞尔所宣布的那样，该项目原定于 2013 年前完成，但即使在那时他已经对是否能如期完成表示了怀疑。现在回想起来，这些怀疑很明智，因为这四卷书直到 2022 年才最终出版。虽然力求避免早期世界文学史的欧洲/西方中心主义的坚定意愿值得称赞，但这个意愿也导致了这一延迟。当我简要回顾《文学：世界史》的组织原则时，其中一些问题很容易浮出水面。这些问题很可能同样困扰着任何试图改写文明/世界文学史的尝试。

由于《文学：世界史》的中心思想是避免欧洲中心主义或西方中心主义，欧洲文学包括欧洲文学中的欧洲形象没有得到任何优待。相反，世界被划分为六个所谓宏观区域：（1）欧洲，（2）非洲，（3）美洲，（4）东亚，（5）南亚、东南亚、大洋洲，（6）西亚、中亚。本着平等的精神，每一个区域在四卷书中占据相同的页数，共约 1500 页。每卷书都涵盖一个逐渐缩小的时间周期：从开始到公元 200 年、公元 200 年到 1500 年、1500 年到 1800 年，最后是从 1800 年迄今。其中第一卷还包含了一段介绍，用来阐释支撑整个编撰工作的方法论原则。为了保证通篇一致性，书中涵盖了关于每一种文学文化的 12 个关键点或问题。例如，特定的文化问题所属社会的一般特征，其中哪些社会特征被体现在"文学"中，文学的范围、外延和功能，作者、观众和文学机构的地位以及它与过去和现在其他文学文化的联系等。为了再次避免任何欧洲/西方中心主义的暗示，该书的撰稿人和负责专员都来自相应的宏观区域。用佩特森的话来说，其结果应该是"用英语对世界文学史进行反思和文化平衡的调查"①。"用英语"撰写这一点有时会受到质疑，甚至引发争议，但鉴于英语在当今世界作为学术通用语的地位，同时为了争取尽可能广泛的传播，我认为这是一个合乎逻辑的选择——似乎也是"世界"历史的常态。

在编撰过程中，宏观区域专员需要与负责每个章节的专员进行协调，在所涉及的文献中寻找专家撰稿人进行合作，并在必要时精简各文稿。可以预见，将相当广泛的一系列文稿结合起来并不容易，事实证明亦是如此。这也在一定程度上解释了为什么整本书的编撰完成时间被推迟了这么久。另外一部分推迟的原因则与自编撰工作启动以来在世界某些地区持续存在或新近出现的特定政治因素有关——例如我们曾称为近东或中东的地区在过去一二十年中所经历的动荡。

为了避免这些障碍，安德斯·佩特森亲自撰写了欧洲宏观地区较早的两个时期（从开始到公元200年及公元200年到1500年），而我撰写了1500年到1800年、自1800年迄今这两个时期。俗话说"智者裹足不前，愚者铤而走险"，回想起来，我不得不承认，在编写的过程中，亚历山大·蒲柏《批评论》中的这句话越来越让我印象深刻。

也许人们会认为，我的主要困难在于需要涵盖大量材料，即500年来用欧洲多种语言写成的文学作品。当然，这的确是一个很大的挑战。虽然我能阅读相当数量的欧洲语言，比如大部分罗曼语系和日耳曼语系的语言，但我对斯拉夫语系一窍不通，更不用说匈牙利语、芬兰语、阿尔巴尼亚语、巴斯克语等"异类"语言。除此之外，就算我能阅读罗曼文学和日耳曼文学，我也算

---

① Pettersson and D'haen, "Towards a Non-Eurocentric History of World Literature", pp. 43 – 56.

不上大部分欧洲文学的专家。于是，我不得不依靠艾伯特·格拉德在他 1940 年出版的《世界文学序说》中所称的"不可缺少的工具：翻译"以及弗朗科·莫雷蒂最近提出的"远读"法。

我们还应该铭记一点，那就是：《文学：世界史》的目标不是迎合专家，至少不是迎合那些希望从他们的专业领域获得文学启示的专家。恰恰相反，《文学：世界史》主要面向广大人民，方便他们寻求超出自身专业范围的文学信息。这并不是说，关于欧洲文学的部分对于研究某一特定欧洲文学的专家来说毫无用处。事实上，这些包罗了全欧洲范围的文学作品可能对他们人有益处，因为这可以让他们将自己的研究对象置于更为广阔的欧洲背景中。尽管如此，我所面临的问题仍是无法避免的，例如文学的代表性问题，即：如何给予所有欧洲文学应有的地位？坦白地说，这个问题我恐怕还没能完全解决。在某种程度上，这也与另一个难题相关：由于我必须涵盖大量的材料，所以我最初的版本每章都超过了 10 万字。但是每章 45000 字的限制意味着我必须不断地删减，再删减……

与此同时，关于筛选文学作品的质量问题也不可避免地出现了。这就是"世界文学"的两个定义（以及其他几个定义）产生碰撞甚至冲突的地方。在最常用的定义中，"质量"应作为选择的标准。然而，在我想要坚持的定义中，"公平地反映代表性"和包容性也具有相当重的分量。不过，由于需要勾勒出所涵盖的两个时期内欧洲文学的发展情况，我不得不就如何组织材料做出选择。考虑到我们公开宣称的目标是避免欧洲/西方中心主义，并寻求与其他文学文化的联系，我决定探寻欧洲与非欧洲世界在文学、政治、经济、军事等各方面的交流是如何影响欧洲文学的。我研究的例子包括 1453 年君士坦丁堡的陷落（从欧洲人的角度来看）和 1492 年格拉纳达的征服（还是从欧洲人的角度来看），同时值得一提的是，哥伦布也于 1492 年到达美洲。然而我发现，尽管这种组织材料的方式很有趣，也暗示出一些欧洲文学发展中隐藏的"诱因"，但它并没有提供一个坚固框架，让我们得以攀登整座欧洲文学的宏伟大厦。具有讽刺意味的是，我后来觉得，这与其说是由于材料供过于求，不如说是由于最初的宏观区域安排使我不得不把自己局限在欧洲文学内所造成的限制。在实践中，我开始更保守地研究流派、主题和风格是如何产生和传播的。就我所研究的两个时期（1500 年到 1800 年以及 1800 年至今）而言，在第一个时期，人们的注意力从意大利文学转向西班牙文学，再转向法国和英国文学。紧接着在第二个时期，转向德国、俄罗斯和斯堪的纳维亚文学，接着再次转向法国和英国文学。同时我也一直关注其他欧洲文学的发展，对不同时期可能被认为是欧洲大陆"领先"文学文化的发展做出回应。为此，我从这些文学作品中引用突出的作品并举例，说明没有任何一个单一的欧洲文学是独立的。在某种程度上，所有作品或多或少相互依存。在此过程中，我也尽可能多地保留了之前试图追溯欧洲文学与外部世界接触的内容。但由于字数限制，仍不得不做出一些艰难的选择，这也解释了为什么有些"伟大的作品"被遗漏。

那么这一切是如何实现的呢？首先，我决定在开头两章介绍这一时期的社会、历史背景。第一章中，我会首先讨论从开始（1500 年）到结束（1800 年），欧洲国家巨大的人口变化，同时着眼于世界其他地区和国家。然后我将继续讨论欧洲不断变化的边界、军事力量的变动、宗教问题和欧洲"现代性"的曙光，并简要描述文艺复兴、巴洛克和新古典主义作为欧洲艺术（包括文学）中一系列先后占据主导地位的运动。接下来还有印刷和出版、拉丁语和方言的兴起、人文主义和对古代文本的研究、书院和现代科学的诞生。最后我将通过对作者社会地位变化的讨论，结束占整个章节近 1/4 的总体背景部分。

至于文学本身，我遵循经典的诗歌、散文和戏剧三分法。其中在诗歌的范畴内，首先追溯了史诗的命运，从维吉尔《埃涅伊德》与后来荷马《伊利亚特》和《奥德赛》的众多译本，到其与博亚尔多、阿里奥斯托和塔索浪漫史诗中骑士传奇主义以及它们在欧洲各地译本之间的关系；从龙萨、埃西拉、卡蒙斯和斯宾塞的国家建设史诗或英雄主义诗歌，到杜·巴尔塔斯、弥尔顿和克罗卜史托克的圣经史诗。同时我也注意到匈牙利的《塞格德堡之危》（1651）和希腊的《埃罗托克里托斯》（约1600）两部作品。此外，我对持异议者创作的史诗进行了研究，如费奈隆的说教散文史诗《特勒马科斯纪》（1699）和蒲伯的讽刺史诗《夺发记》（1714）。在这一部分结尾，我还将简要介绍史诗在后期的应用，特别是在东欧和东南欧地区。简单总结过后，我将继续介绍其他古典诗歌体裁的应用，以抒情诗歌为主，如赞美诗、颂歌、挽歌、田园诗等。与我对史诗的研究类似，我在这里也详细介绍韵律、节段形式等与古典形式的比较以及它们如何传播，如何丰富欧洲文学的多样性。接下来，我将讨论十四行诗在该时期的流行及其所采用的各种写作形式。十四行诗对我们来说可能有意想不到的用途，比如激进的宗教狂热在洛佩·德·维加的《神圣诗韵集》和多恩的《圣十四行诗》中得到了体现。尽管它们来自不同的宗教派别，但就像多恩的诗中所说，我们需要反思新的科学知识如何改变人类对宇宙的看法。最后，我将讨论风景诗、哲学诗和寓言的流行，它们复兴了古典流派，并涉及民谣和饮酒歌曲的流行——这些都建立在中世纪的先例之上。

在戏剧方面，以15世纪末期的西班牙戏剧《塞莱斯蒂娜》为开端，中经16世纪晚期的意大利音乐剧《忠实的牧羊人》，到即兴喜剧的出现，与西班牙黄金戏剧时代的洛佩·德·维加、蒂尔索·德·莫利纳和卡尔德隆·德·拉·巴尔卡以及伊丽莎白时期克里斯托弗·马洛和莎士比亚的戏剧，还有本·琼森的幽默喜剧，再到 17 世纪后期莫里哀、高乃依和拉辛的新古典主义悲剧。接下来 17 世纪晚期，英国出现了复辟戏剧，而法国兴起了伤感喜剧。从荷兰约斯特·范登·冯德尔的圣经/爱国主义戏剧、意大利卡洛·戈尔多尼的喜剧以及挪威－丹麦人霍尔堡的作品中，我也关注到这些文学文艺作品是如何在欧洲传播开来。与此同时，资产阶级悲剧在德国兴起，其中最著名的例子就是席勒的《阴谋与爱情》（1784）。

在散文方面，小说在 16 世纪就已经取得了卓越的地位。由《托梅斯的导盲犬》开创的西班牙流浪汉小说，因《古斯曼·德·阿尔法拉切》而普及开，并在整个欧洲范围内被多次翻译、模仿和转化。《堂吉诃德》的出现，无论是从其所产生和描绘的社会角度来看，还是从欧洲文学的角度来看，因其将流浪汉小说元素与对中世纪晚期骑士文学的模仿结合在一起的写作方式，在结束一个时代的同时，也为另一个时代的开启铺平了道路。在17、18 世纪，另一种流派出现并开始参与现代小说创作，即书信体小说，随即在塞缪尔·理查森的作品和让·雅克·卢梭的《新爱洛伊斯》中达到顶峰。其中，后者也借鉴了我们现在所说的心理小说的传统，如《克莱芙王妃》（1678）。先有卢梭在自传《忏悔录》（1782 和 1789）中宣扬的对真实和自我启示的追求，加上劳伦斯·斯特恩《一缕芳魂》（1768）的灵感，我们就看到了歌德的《少年维特的烦恼》（1775）。被视为成长小说巅峰之作的《威廉·迈斯特的学习时代》和歌德主要戏剧作品《浮士德》的创作跨越了 18 世纪到 19 世纪的转折，将我们过渡到下一个时期，即浪漫主义时期。

贯穿全文，我探讨了在具体作品中体现的各种体裁、形式、风格与社会、经济和政治条件之间的关系。以《塞莱斯蒂娜》和《堂吉诃德》为例，我回顾了这两部作品是如何标志着西班牙作为欧洲霸主的兴衰史以及从中世纪晚期到现代的过渡；就风景诗而言，我反对亚历山大·蒲柏和詹姆斯·汤姆森等保守派诗人的田园诗风格，也反对哥尔德斯密斯这种更为激进的批评风格。为了留存我早期想将欧洲文学与外部世界联系起来的雄心壮志，我详细描述了欧洲与奥斯曼帝国的敌对关系、欧洲对东方尤其是远东的迷恋以及发现之旅和随之而来的殖民事业是如何与许多文学作品相吻合的。可以这样说，卡蒙斯的《卢济塔尼亚人之歌》、17 世纪在阿姆斯特丹上演的"摩尔人"戏剧、伏尔泰和约翰逊博士的东方故事都出于哲学目的而使用了这种体例。同时，伏尔泰还以散文式的方式开创了我们可以称之为专业撰史学的摇篮，就像爱德华·吉木的《罗马帝国衰亡史》（1766—1789）一样。同样在 18 世纪，专业批评和文学撰史学也开始兴起。

在 1800 年至今的这一章中，如何选择和排除文学作品的困境变得更严峻，由于可涵盖的材料过度丰富，我需要谨慎区分哪些文学元素能最终留存下来。因此，请允许我简要地总结一下本章的要点。本章的总体背景遵循了前一章的范式，包括 19 世纪和 20 世纪的特定事件和具体情况，如帝国主义和非殖民化、两次世界大战、政治和经济构成的变化、工作场所、教育、作家和一般文学地位的变化。接下来我将依次讨论浪漫主义、现实主义、自然主义、现代主义以及后现代主义；其中，我把后现代主义看作一个时期，而不是一种文学思潮。在每一种情况下，我将依次讨论叙事诗、抒情诗、散文和戏剧，并将流派、形式、主题、风格与政治、经济和社会发展联系起来。一个明显的例子是历史小说《斯科特》，它为整个欧洲的国家建设提供了基础。拜伦的诗歌也致力于建立不同的国家形态并展现了类似抱负，尽管他是站在少数民族和革命者的角度。另一个例子是"新女性"问题在现实主义和自然主义戏剧中的重要性。在 20 世纪，与两次世界大战和大屠杀有关的大量著作占据了突出地位。通俗文学的兴起也值得在此讨论。同时我也注意到欧洲文学通过东方主义和异国情调，与欧洲外部和内部"他者"的接触，以及殖民主义、后殖民主义和多元文化小说。我提出了一个实际上一直萦绕在"欧洲"文学写作事业上空的问题：如何划定这种文学的边界？希腊人真的是欧洲人吗，还是我们只是在回顾历史时才让他们成为欧洲人，并服务于我们自己的特定文化甚至种族偏好或偏见，就像马丁·贝尔纳在《黑色雅典娜》中所说的那样？从 8 世纪到 15 世纪多语言和真正意义上多文化的西班牙文学作品，在多大程度上符合欧洲的标准？除了最严格的地理意义，西班牙文学是否也不符合北非人的标准？从另一个角度来看，举个例子，著名作家阿西娅·杰巴尔和塔哈尔·本·杰伦分别出生于阿尔及利亚和摩洛哥，但他们大部分时间都生活在巴黎，那么他们的作品在多大程度上可以被认为是北非国家的？因此，根据《文学：世界史》的地理逻辑，他们的作品就不可以被算作欧洲的吗？在第二章的结尾部分，我通过强调萨尔曼·鲁西迪的小说《摩尔人的最后叹息》（1995）和奥尔罕·帕慕克的《伊斯坦布尔》（2003），明确地回答了这些问题。这两部作品分别反映了西班牙在欧洲大陆的一个角落铲除了穆斯林统治的最后残余以及奥斯曼人征服欧洲大陆的另一个角落。然而这两部作品都不属于我们这部书中所定义的欧洲文学范畴，鲁西迪通常被归类为后殖民时代的印度人（南亚人），帕慕克通常被归类为土耳其人（中亚和西亚人）。事实上，这个问题甚至可以进一步扩展，这些作家除了"同样"是欧洲作家外，是否也能被视为"同样"是美国作家？因为鲁西迪到目前为止已经在纽约生活了大约 20 年，帕慕克在近 20 年里也在纽约度过了他的大部分时间。或者像丽贝卡·沃尔科维茨所说，他们应被认为是"天生的译者"或"全球"作家？正如你们所看到的，尽管我诚心诚意地完成了《文学：世界史》的一部分编撰工作，但正是在编撰的过程中，我开始对这些预设产生怀疑。从这个意义上说，我花了两年左右时间积极地撰写这漫长的两章，至少对我自己来说是具有教育意义和启发性的！在撰写的时候，我真切地感觉到，自己在为世界文学史做出贡献的同时，通过书写文学也在真正地"书写"属于我自己的欧洲文明。此外，作为《文学：世界史》一书的作者，我认为，这些问题将会出现在我们的历史预设过程及任何类似的工作中。现在书的编撰已经完成，回顾整个过程，我开始思考，如果再编一次，我们可能会做得与这次有所不同。

当然，我不想贬低《文学：世界史》的成就，用佩特森的话说，它是文学学者和外行人都能获得的有价值的信息来源。我赞同消除任何欧洲/西方中心主义的暗示，也开始质疑这种宏观区域的安排划分。正如我在文章开头所提到的，我们在 15 年前就开始了《文学：世界史》的写作。尽管如此，不可避免地，我们受到了当时日益突出的地缘政治发展的影响：中国在经济和政治上的崛起以及紧随其后的印度等国的崛起，还有日本作为主要经济体的早期崛起。与此同时，也伴随着当时研究比较文学和世界文学的学者的普遍愿景：更公平地对待世界文学。同样，后殖民主义和多元文化主义也发挥了作用。公平地说，我要在此指出，佩特森从一开始就强调，《文学：世界史》"不会提供世界文学史的唯一真实图景"，而且"历史背后一群人的信念，这样的图景并不存在：世界文学史的许多不同的表述可以从不同的起点构建，这些表述事实上都是正确的，并且都是在文学－历史现实中站得住脚的解释"。① 然而，即使本书有效地消除了欧洲中心主义，但当涉及消除各个宏观区域之间的藩篱时，它似乎并不太成功，我有时甚至担心宏观区域内的各种文献之间的藩篱。我

① Pettersson and D'haen. "Towards a Non-Eurocentric History of World Literature", pp. 43 – 56.

认为，一定程度上正是因为文献中的专家同时也是合作的撰稿人，这将协调和横向化的负担转移到了宏观区域协调专员身上。在我看来，对地理层面上宏观区域的选择，在摒弃切割世界文学空间的传统方式的同时，也建立了新的边界，而这些边界可能会像旧的边界一样僵化，最终还是不会令人满意。

那么，我看到解决方案了吗？在撰写《文学：世界史》的过程中，我认真思考了这个问题。我一度认为，在 20 世纪八九十年代流行起来的一种文学史研究方法或许可以提供一条出路。具体来说，我研究了丹尼斯·霍勒在 1989 年的《新编法国文学史》中开创的文学撰史学以及之后的《新编德国文学史》（1998，Wellbery et al.）①与《新美国文学史》（2009，Greil & Sollors），② 还有最近的《新编中国现代文学史》 （2017，Wang）。③ 所有这些书籍都是由各种各样投稿者的短文合集组成，按时间顺序排列，并以特定的日期标记。例如，重要作品的出现、重要作家的出生或死亡日期，或影响文学变迁的重要事件。以德语卷为例，即使涵盖范围跨越了好几个国家，其中所有提到的作品都集中于一个国家或同一种语言的文学作品。虽然需要大量的努力来征集和协调所需的数百份稿件，但我认为这是在编撰世界文学史中不可避免的工作。比如，一个明显的例子是在 1492 年第一部致力于方言的作品——安东尼奥·德·内布里哈《西班牙语语法》的出版。而同在 1832 年，沃尔特·斯科特和约翰·沃尔夫冈·歌德去世，亚历山大·普希金的《尤金·奥涅金》出版，卡尔·克劳塞维茨的《战争论》出版，弗朗西

---

① David E. Wellbery and Judith Ryan, eds., *A New History of German Literature*, Cambridge：The Belknap Press of Harvard University Press, 1998.

② Greil Marcus and Werner Sollors, eds., *A New Literary History of America*, Cambridge：The Belknap Press of Havard University Press, 2009.

③ David Der-Wei Wang, ed., *A New Literary History of Modern China*, Cambridge：The Belknap Press of Havard University Press, 2017.

斯·特罗洛普的《美国人的教养》出版，霍雷肖·阿尔杰、路易莎·梅·奥尔科特和比昂斯滕·比昂松出生。虽然，由于我自己在语言等方面的局限性，我只能追溯发生在欧洲的历史事件，但我相信，在世界其他地区也可以用相似或不同的形式建立有趣和富有启发性的联系。例如，从中国的角度看，1919 年的五四运动和鲁迅在新文化运动中扮演的角色可能就是一个恰当的选择。同年在西方，马塞尔·普鲁斯特、舍伍德·安德森、安德烈·纪德、弗吉尼亚·伍尔夫和约翰·梅纳德·凯恩斯都出版了重要作品，后者的《和平的经济后果》严厉批评了 1919 年巴黎和会造成的结果。当然，简单地列出日期、事件、文学作品或其他作品是不够的：重要的是在简单的事实之间建立联系以及将它们绑定到有生产意义的叙述上。我的观点是，这种方法似乎提供了一种更有效的方式"连接文学文化"——这是《文学：世界史》公开宣称的目标，也是所有撰稿人在编撰时都被要求考虑的 12 个关键点中的最后一点。事实上，我不明白为什么这样一部"世界文学史新编"不应该成为《文学：世界史》的一个受欢迎的补充元素。

然而就在最近，我开始思考，鉴于全球性甚至星球性的自然问题正在凸显，我们或许不应该彻底放弃按照地理界线来构建文明/文学史的想法。自 2019 年开始的新冠病毒大流行使全人类付出了昂贵又痛苦的代价，并让我们意识到，这种流行病带来的健康问题不局限于一个国家、一个大陆。它们同时也是全球化在各个领域、各个层面的症状、结果和原因。同样的道理也适用于地球的生态环境，特别是气候变化。凯伦·索恩伯的《全球健康》(2020)、马丁·普克纳的《气候变化文学》（2022）、塞缪尔·韦伯的《既存条件》（2022）等作品都通过对世界文学的研究强调了这些问题。诸如此类的作品真正改写了我们整个人类的文明史，而不是将人类划分为不同"文明"的文明史。与之同理，为了我们的时代，我认为，作为人类共同文明的文学，不应该被划分为不同的文学和专属于某个文明的文学。

原文载《四川大学学报（哲学社会科学版）》2023 年第 1 期

英美 "世界文明史" 编撰述评[*]

杨　清①

　　国内研究大多探讨文明观与文明史的编撰方法，或直接取径西方进行文明史编撰，偶有研究密切追踪西方，②评述西方最新出版的文明史著作，但无一研究系统总结和评述西方文明史的编撰情况和存在问题。当前，国内学界面临着"有理说不出、说了传不开"的话语困境。为此，国内学界积极构建学术话语，一边厘清渗透在学科理论中的西方话语，一边阐释本土话语，并为全球问题提供"中国视野""中国方案"。随着文明互鉴理念的深入阐发与实践，学界积极倡导以"文明互鉴论"破解西方建立在"社会科学知识生产领域中产生的话语的'文化霸权'"

　　*　基金项目：国家社会科学基金重大项目"东方古代文艺理论重要范畴、话语体系研究与资料整理"（19ZDA289）

　　①　作者简介：杨清，四川大学文学与新闻学院助理研究员。

　　②　如东北师范大学教授赵轶峰翻译出版了美国乔治梅森大学历史学教授皮特·N. 斯特恩斯（Peter N. Stearns）等主编的《世界文明：全球经验》（*World Civilizations: The Global Experience*，2001）第三版，且围绕此版世界文明史进行评析，在《〈全球文明史〉的独特视角》一文中分析此版世界文明史具备的独特价值，并在《〈全球文明史〉与"世界史"概念的再思考》一文中分析此版世界文明史的编撰观念与方法，重新审视世界史的含义。此外，一些学者立足西方历史教材谈文明史问题，尤以美国为中心，如施诚的《美国的世界历史教学与全球史的兴起》一文指出全球史的兴起对美国的世界史教学产生了重要影响，"世界历史上的跨文化交流"变成了教材的核心主题。参见赵轶峰：《〈全球文明史〉的独特视角》，《史学理论研究》2006 年第 3 期；赵轶峰：《〈全球文明史〉与"世界史"概念的再思考》，《东北师大学报》2006 年第 5 期；施诚：《美国的世界历史教学与全球史的兴起》，《史学理论研究》2010 年第 4 期。

之上的"文明冲突论"和"文明优越论",① 重新审视甚至改变西方文明观。文明成为当前我国讨论的核心问题,重写文明史势在必行。重写文明史的首要任务,即要清晰把握以英美为代表的西方文明史的编撰概况和存在问题,如此才能"对症下药",阐释新时代中国的文明观,传播中国的话语理论,助力呈现多元共生、美美与共的世界文明。

一、 "世界文明史" "全球文明史" 抑或 "人类文明史"？

意欲勾勒英美"世界文明史"的编撰情况,首先就要清晰认识研究对象"世界文明史"。学界对整体文明史的称谓并不统一,从英美出版的文明史著作标题可窥见一二。本文以"world""global""human/mankind/people""civilization""history"为关键词进行检索,剔除区域文明史、国别文明史和断代史检索结果,共检索出 72 部整体文明史著作。其中,采用"world"一词为标题的文明史著作 24 部,采用"global"一词为标题的文明史著作 6 部,采用"human/mankind/people"三词为标题的文明史著作 3 部,采用"civilization"一词为标题的文明史 38 部,另外还有直接以"history"一词表述文明史的著作。

问题是,究竟应将整体文明史称为"世界文明史"还是"全球文明史"？二者是否等同？既然文明史研究的对象是人类物质、制度、精神生产的总和,其主体是人类,是否还可称为"人类文明史"？国内外学界尚无定论。赵轶峰教授将全球性概念融合进世界史观,认为"所谓全球视野是一种整体性的世界

---

① 张恒军：《在文明交流互鉴中构建中华文化国际传播新格局》,《对外传播》2022 年第 9 期。

历史观"①。刘新成教授则站在文明互动的角度，认为"全球史是当代西方史学的一个分支，以宏观视野为特色"②。已故全球史学家、《世界历史杂志》（*Journal of World History*）主编杰瑞·H. 本特利（Jerry H. Bentley）教授则指出，"世界史一词从来都不是一个具有稳定指称的明确能指。它与几种替代方法共享语义和分析领域，……包括普遍史、比较史、全球史、大历史、跨国史、关联史、连结的历史、共同史等"③。但无论是"世界文明史"还是"全球文明史"，两者均有一个共同的特征，即整体性。这就区别于区域文明史、国别文明史或断代史，亦非三者的简单叠加，而是站在整体人类文明发展历程和互动关系的高度，以宏观视野梳理、勾勒、总结人类文明。

"世界文明史"与"全球文明史"之争，类似于国际比较文学界近年因重写世界文学史而引发的"世界文学"与"全球文学"之争。诱发这一类争论的根本原因就在于，随着非西方国家在国际上的经济、政治、文化地位日渐凸显，国际学界开始将眼光转向非西方，加之西方后现代主义思潮引发了学界对传统、经典、权威的质疑与解构，国际学界逐步意识到，过去西方用以表述知识的词汇或命名背后，可能存在某种"文化霸权"的意识形态。赵轶峰教授曾一针见血地指出"世界史"的本质，认为"世界史"源自欧洲文化并延展至世界其他文化系统中；这种世界史观最突出的特点即是"民族国家中心主义和西方中心主义，世界历史的普遍联系是以西方现代发展的经历为尺度建构

---

① 赵轶峰：《〈全球文明史〉与"世界史"概念的再思考》，《东北师大学报》2006 年第 5 期。

② 刘新成：《文明互动：从文明史到全球史》，《历史研究》2013 年第 1 期。

③ Jerry H. Bentley, *The Oxford Handbook of World History*, New York：Oxford University Press, 2011, p. 1.

起来的，并被纳入到一个进化的逻辑架构中"①。这一逻辑中的"世界史"等同于"西方史"。

比较文学界同样对标榜"世界"的文学研究、文学史书写产生质疑。西方比较文学界书写的"世界文学"往往只讲西方文学，缺乏对非西方文学的关注。结果，"世界文学"几乎等同于"西方文学"，文学的世界性意义被消解。比利时鲁汶大学荣休教授西奥·德汉（Theo D'haen）曾提出，以"全球文学"（global literature）一词对抗带有浓烈欧洲中心主义色彩的"世界文学"（world literature）概念，倡导重估世界文学，尤其重视西方之外的世界。② 美国学者克里希纳斯瓦米（Revathi Krishnaswamy）认为"世界文学理论"这一称谓乃是一个具有浓厚欧洲中心主义色彩的命名，要求摒弃这一称谓，重新命名为"世界文学知识"（world literary knowledges），用"知识"（knowledge）一词替代原来的"理论"（theory）、"诗学"（poetics）等发源于欧洲的词汇。③

尽管如此，本文采用"世界文明史"而非"全球文明史"一词来描绘整体文明史。首先遵从词语本身的含义。"world"一词首要含义是"the earth, with all its countries, peoples and natural features"，即用以表述"地球及其所有国家、人民和自然特征"，相对客观中立；而"global"一词首要含义乃"covering or affecting the whole world"，即"覆盖或影响整个世界"，④ 倾向于人为因素对世界的影响。另一重要原因在于避免再次落入欧洲

---

① 赵轶峰：《〈全球文明史〉与"世界史"概念的再思考》，《东北师大学报》2006 年第 5 期。

② 何成洲、李淑玲：《世界文学还是全球文学：西奥多·德汉教授访谈录（英文）》，《外国文学研究》2017 年第 4 期。

③ Revathi Krishnaswamy, "Toward World Literary Knowledges: Theory in the Age of Globalization", *Comparative Literature*, Vol. 62, No. 4 (2010), pp. 400 – 401.

④ A. S. Hornby, *Oxford Advanced Learner's English-Chinese Dictionary* (8th *Edition*), trans. Zhao Cuilian et al., Hong Kong: Oxford University Press, 2013, pp. 2403, 891.

中心主义的陷阱。倡导"全球"原本旨在对抗以往渗透在"世界史""世界文学""世界文学理论"这类冠之以"世界"的欧洲中心主义,意欲以"全球"一词重新表述"世界"。然而,诸多打着"全球"旗号书写出来的"全球史""全球文学""全球文学理论"却仍然以西方为主,缺失非西方元素,传递出一种狭隘的信息:"西方史"等于"全球史","西方文学"等于"全球文学"。比如,加拿大温哥华岛大学理查德·J. 莱恩(Richard J. Lane)教授主编的《全球文学理论选集》虽自称为"全球文学理论选集",但仍然以欧美主流文学理论为主,非西方文论元素仅仅分散于少许几篇出自华裔美国学者之手的文章。① 如此"全球"无非是换了一种说法的"西方",同时还可能裹挟着西方"资本全球化"的意味。相较之下,尽管"世界史""世界文学"这样的称谓同样遭学界质疑,但质疑的根本乃是该称谓背后可能存在的欧洲中心主义而非"世界"这一概念本身,相较于随着西方资本全球化兴起的"全球"概念显得更为中立。因此,本文采用"世界文明史"一词表述人类整体文明史。

二、 20 世纪前的文明史书写: 狭隘的民族中心主义

较早问世的文明史著作当属美国爱荷华大学首任校长阿莫斯·迪恩(Amos Dean)于 1868—1869 年推出的 7 卷本《文明史》(*The History of Civilization*)。该文明史第一卷 15 章主要聚焦亚洲文明,相继描绘了中亚高原、土耳其、塞族、匈奴、蒙古、鞑靼、迦勒底、亚述、巴比伦、玛代 - 波斯帝国、埃及、阿拉伯

① 参见 Richard J. Lane, ed., *Global Literary Theory: An Anthology*, London and New York: Routledge, 2013.

半岛、巴勒斯坦、腓尼基、叙利亚、小亚细亚等文明，却唯独缺失印度文明和中国文明。之所以选择在皇皇7卷文明史中首先谈亚洲文明，其原因并非作者重视亚洲文明，而是与19世纪西方关于东方文明的普遍认识有关。阿莫斯·迪恩认为，亚洲文明是人类历史上第一个伟大时代，同时却将亚洲文明视为人类的"幼年期"，并且认为"那里的幼年期仍在继续"。①

这一观点与黑格尔的认识如出一辙。黑格尔在《历史哲学》中指出："世界历史从'东方'到'西方'，因为欧洲绝对地是历史的终点，亚洲是起点。……那个外界的物质的太阳便在这里（东方）升起，而在西方沉没那个自觉的太阳也是在这里升起，散播一种更为高贵的光明。"黑格尔首先指出东方是太阳升起的地方，看似褒扬东方，然其笔锋一转，短短几句话便将东方贬为"散播一种更为高贵的光明"的西方的参照物，甚至是历史的"幼年时期"。② 东方要么被忽视，要么成为衬托西方文明优越性的他者。

更有甚者，东方一度遭到贬低。尽管阿莫斯·迪恩用了整整一卷的篇幅描绘亚洲文明，然其认识却十分狭隘。在阿莫斯·迪恩看来，亚洲文明"停滞不前"，甚至"一无是处"，既"没有表现出明显的精神或道德进步的迹象"，亦"未为我们留下任何科学或艺术上的重大发现"，甚至"没有将他战胜大自然的战利品传给我们"。③ 若非受外来因素影响，亚洲就会"一成不变"。荒谬的是，事实却正好相反。且不论任何一种文明皆为人类文明不可或缺的一部分，更何况东方文明产生诸多辉煌成果，怎能被忽视？仅以阿莫斯·迪恩尤为"嗤之以鼻"的印度文明为例，

---

① Amos Dean, *The History of Civilization*, Vol. 1, New York: Joel Munsell, 1868, p. 4.

② 黑格尔：《历史哲学》，王时造译，上海：上海书店出版社，2001年，第106-111页。

③ Dean, *The History of Civilization*, Vol. 1, p. 6.

诞生于印度的佛教难道不是世界宗教上的重大发展？印度史诗《摩诃婆罗多》《罗摩衍那》难道不是世界文学艺术的重大成果？

而阿莫斯·迪恩评判的标准却是令人百思不得其解的"智力方向"（the direction of the intellectual powers）。在阿莫斯·迪恩看来，亚洲文明中的工业、宗教、政府、社会、哲学、艺术等人类元素乃是一个混合体。这些元素没有彼此分离的根本原因就在于"智力方向"的缺乏，以致亚洲文明"没有达到分离和发展人类要素或促进文明的重大利益的性质"。从亚洲文明的"混沌"，到希腊罗马文明哲学、艺术、社会元素的相继独立自主，最终形成秩序于现代欧洲文明，阿莫斯·迪恩以三个阶段勾勒出人类文明发展史。而7卷《文明史》的编排顺序也是遵循此观点：第1卷描写亚洲文明，第2卷描写希腊文明，第3卷描写罗马文明，第4—7卷则分门别类描写现代欧洲文明，所占比重最大。在三个阶段中，亚洲文明被阿莫斯·迪恩视为人类文明进程中"不必考虑"的一环，如其所言，"在完成这项任务时，不必考虑东方民族——印度文明和中国文明，不仅因为这些元素处于封闭状态，而且还因为它们并非源头，也从未对我们自己的文明作出过任何重大贡献"。[①] 这也就是为何整整一卷共计698页的《文明史》聚焦亚洲文明，却并未单独描绘印度文明、中国文明。这一结论有诸多史实错误：其一，东方文明原本就是"欧洲文明和语言之源，是欧洲文化的竞争者"[②]，并非阿莫斯·迪恩所说的"并非源头"；其二，东方创造了辉煌的文明，并为全人类做出贡献，并非阿莫斯·迪恩所说的"从未对我们自己的文明做出过任何重大贡献"。

阿莫斯·迪恩的文明观渗透着一种东方主义式的霸权逻辑。

---

① Dean, *The History of Civilization*, Vol. 1, pp. 7, 15.

② 爱德华·W. 萨义德：《东方学》，王宇根译，北京：生活·读书·新知三联书店，1999年，第2页。

也恰恰是这一逻辑才导致如此歪曲且荒诞的结论的产生。这个逻辑便是：正是因为亚洲文明"停滞不前"，东方民族缺乏"智力方向"，所以需要外来因素的影响。反之，正是因为有了外来因素的影响，亚洲文明的礼仪、习俗、法律或制度才会发生变化，才会产生西方所说的"文明"。于是，东方无法言说东方，只能由他者（西方）进行言说。这就为西方殖民东方提供了充分的理由，甚至抽象为一种无可辩驳的形而上论，如萨义德所言，"表述的外在性总是为某种似是而非的真理所控制：如果东方能够表述自己，它一定会表述自己；既然它不能，就必须由别人担负起这一职责，为了西方，也为了可怜的东方"①。

无独有偶，美国学者威廉·斯文顿（William Swinton）编撰出版的《世界历史纲要：古代、中古、近现代，与文明史和人类进步相关》（*Outlines of the World's History, Ancient, Mediæval, and Modern, with Special Relation to the History of Civilization and the Progress of Mankind*, 1874）同样忽视中国文明。该文明史的编排方式与阿莫斯·迪恩《文明史》的编排方式相近，均先用一章的篇幅论述古代亚洲文明，随后辟专章相继描绘希腊史、罗马史、中世纪史、现代史。尽管该文明史关注到东方文明，但东方文明只能归属于人类文明的古典形态，不会出现在现代史中。第一部分"古代东方君主制"描写了埃及、亚述、巴比伦、希伯来、腓尼基、印度、波斯等文明，唯独缺失中国文明。并且，威廉·斯文顿描写古代东方文明的根本原因是他将这类古代国家的民族归属于高加索人或白种人。自然，中国人不在其内，于是对中国文明只字不提。如此编撰乃基于威廉·斯文顿极其狭隘甚至带有种族歧视的文明观，如其所言，"历史本身只关注一种高度发展的人类；因为尽管在有记录的时期内，全球绝大多数人口

---

① 爱德华·W. 萨义德：《东方学》，第28页。

都有历史，但高加索人是唯一真正具有历史意义的种族。因此，我们可以说文明是这个种族大脑的产物"①。

总体而言，20 世纪前的文明史书写存在极其狭隘的民族中心主义甚至种族主义思维。东方要么被忽略，要么被贬低，要么成为西方发现和殖民的对象，要么成为衬托西方文明优越性的他者。

三、 20 世纪初至二战前的文明史书写： 欧洲中心论与世界史观并存

进入 20 世纪，西方文明史编撰逐渐从狭隘的民族中心主义的桎梏中走向世界，形成世界史观，如美国史学家皮特·N. 斯特恩斯所言，"直到 20 世纪，随着国际接触的增强和关于主要社会历史模式的知识的大大扩展，一个整体的世界历史才成为可能"②，但其中仍存在明显的欧洲中心论思维。

1920 年，英国著名小说家、历史学家赫伯特·乔治·威尔斯（Herbert George Wells）推出《世界史纲》（*The Outline of History: Being a Plain History of Life and Mankind*），至今颇具影响力。该书在国内已有多个中译本，③ 最早的译本当属 1927 年商务印书馆出版的由梁思成等人译述、梁启超等人校订的《世界史纲》，后多次再版，影响力可见一斑。产生如此影响的一个重要原因如王云五先生在译者序中所言，"韦尔斯本主张人类大同

① William Swinton, *Outlines of the World's History*, *Ancient*, *Mediæval*, *and Modern*, *with Special Relation to the History of Civilization and the Progress of Mankind*, New York and Chicago: Ivison, Blakeman, Taylor, & Co., 1874, p. 2.
② 皮特·N. 斯特恩斯等：《全球文明史》上册，赵轶峰等译，北京：中华书局，2006 年，第 1 页。
③ 比如 H. G. 韦尔斯：《世界史纲》，梁思成等译，上海：上海人民出版社，2005 年；H. G. 韦尔斯：《世界史纲》，曼叶平、李敏译，西安：陕西师范大学出版社，2007 年。

之有力者"①。这与我国一直以来主张的文明平等对话与互鉴理念相契合。韦尔斯的"人类大同"思想在《世界史纲》中体现得淋漓尽致，不仅突破了 19 世纪普遍遵循的"早期文明（亚洲文明）—希腊文明—罗马文明—现代欧洲文明"四段式划分的文明史编写固有模式，转而以人类文明构成要素和人类文明史上发生的重要事件为线索进行编撰，更是打破西方与非西方之间的壁垒，以整体文明史观看待人类文明所产生的种种结果。韦尔斯不仅谈及亚述文明、古埃及文明，还描写了苏美尔文明、印度古代文明、中国古代文明。值得注意的是，过去的文明史即便提及东方文明，东方也只是以其古典形态出现在文明史中，对现代东方只字不提。但韦尔斯论及中国的改革、日本史，更新了世界对东方的认识。韦尔斯的文明史观打开了世界文明史的书写视野，正如其所认识到的那般，过去所谓的"世界史"其实就是西方史，"如果一个英国人发现英国史足以让其拥有同化的能力，那么指望他的儿女掌握世界史似乎是没有希望，而所谓世界史无非是英国史加上法国史，加上德国史，再加上俄罗斯史，等等"②。

尽管如此，韦尔斯的文明史同样存在史实错误或偏见。韦尔斯单列一节"中国智慧的束缚"，讲述包括哲学、宗教、思想、文化、艺术在内的中国智慧，但其理解是狭隘的。韦尔斯不断反问：唐、宋、明的中国文艺发展在同时期诸国之上，何以不能更进一步发展？中国航海业如此发达甚至开辟了海上贸易，何以不能发现美洲或澳洲？中国早在 6 世纪就发明了火药，且在物质生产方面有诸多先于欧洲的创造，何以未能诞生现代科学？中国古代士人彬彬有礼，何以智慧教育未能普及大众？即便是处于唐、宋、明这样的盛世，何以中国未能产生分析哲学？且不论韦尔斯

---

① 王云五：《译者序》，H. G. 韦尔斯：《世界史纲》，第 1 页。

② Herbert George Wells, *The Outline of History: Being a Plain History of Life and Mankind*, Third edition, New York：The Macmillan Company, 1920, p. v.

始终以西方文明发展形态来度量中国文明的发展，以西方文明的“有”攻讦中国文明的“无”，其给出的缘由也值得商榷。韦尔斯认为，造成中国文明诸多缺失或停滞的原因，倘若不在于中国人与西方人种族的差异，或者是中国人生性顽固而西方人生而富有进取心，那就在于中国语言文字的复杂性，以致全国上下都在费力学习语言文字以及背后的思想。将一个民族智慧发展前进或滞后的原因归咎于语言文字的简易或复杂程度，实在荒谬。韦尔斯对于中国文明的看法与阿莫斯·迪恩的看法如出一辙，两者均将中国文明视为一种停滞不前的文明，认为“中国文明十七世纪达到顶峰，其鼎盛时期乃唐朝。尽管中国文明继续缓慢而稳定地传播到安南、柬埔寨、暹罗、西藏、尼泊尔、朝鲜、蒙古和满洲，但自此以后的这一千年历史中，记录它的只有这样的疆域进步而已”。[①] 以上还仅仅是考察了韦尔斯关于中国文明描绘中的谬误。

这一时期另一令人瞩目的文明史著作乃美国学者威尔·杜兰特（Will Durant）于 1935 年出版的《世界文明史》（*The Story of Civilization*）第一卷《东方的遗产》（*Our Oriental Heritage*）。杜兰特的文明观突破了以往文明史书写中普遍存在的民族中心主义思维，认为文明并无种族限制；文明并非由伟大的种族创造，反而是伟大的文明创造了民族。如果说过去的文明史还只是对东方文明进行只言片语地描绘，杜兰特则以一卷的体量，专门描写东方文明，单列“中国与远东”一节详细阐述中国文明中的哲学、诗歌、戏剧、散文、绘画、瓷器、政体、语言等内容，并附上中国历史大事年表。之所以从东方文明开始世界文明史的书写，是因为杜兰特认识到了以往文明史均未认识到的问题，即“亚洲的文明形成希腊与罗马文化的背景与基石”，而非以往史学家所

[①] Wells, *The Outline of History*, pp. 555 – 558, 561.

认为的"古希腊罗马文化乃是现代文明之源"。①

尽管杜兰特极力摆脱欧洲中心论，如季羡林先生所评，"一般的西方学者在写历史时总是受欧洲中心论的影响，而杜兰不仅未受欧洲中心论的影响反而从根本上否定了欧洲中心论"②。然其东方史研究同样存在谬误。单就中国文明而言，第一点即为史实错误。杜兰特高度评价唐太宗时期的城市建设，认为远自印度和欧洲的游客慕名而来，印度佛教自此传入中国。然而，史实却是印度佛教早在西汉就传入中国而并非唐朝。再者，杜兰特将苏轼赞王维诗画的"诗中有画，画中有诗"直接归于王维所言。二是对中国历史的掌握缺乏正史的严肃性。杜兰特将秦始皇视为如俾斯麦般暴虐无道的帝王，将唐明皇王位的断送完全归咎于杨贵妃。三是以西方文明形态来评判中国文明。杜兰特认为在清朝以前中国几乎没有小说，但其实在魏晋南北朝时期就出现了志怪小说，唐朝出现唐传奇，宋代出现话本小说，到了明清时期中国古典小说达到顶峰。杜兰特还认为在中国鲜少有像《卡拉马佐夫兄弟》《战争与和平》等高水准的小说，甚至惊愕于汉字的"奇特"："没有字母，不要拼字，没有文法，也没有词类；这个世界最古老、最优秀、人口最众多的国家，竟然没有这些困扰西方年轻人学习语文的麻烦东西，这实在令人惊奇。"③ 凡此种种完全以西方文明形态来度量、评判中国文明，再次落入了西方中心主义窠臼。

四、 二战后至 20 世纪末的文明史书写： 全球史观的逐渐形成

第二次世界大战后，随着西方民权运动的开展、欧美殖民国

---

① 杜兰特：《世界文明史——东方的遗产》，台湾幼狮文化译，北京：华夏出版社，2010 年，第 4、3 页。

② 季羡林：《季羡林先生谈〈世界文明史〉》，《博览群书》1999 年第 1 期。

③ 杜兰特：《世界文明史——东方的遗产》，第 516、563 页。

家相继宣布独立，加之科学技术及经济发展的突飞猛进，全球互动愈加频繁，相互之间的依赖日渐明显，"西方价值的绝对性信念从根本上发生动摇"，西方不再是衡量"进步"和"发展"的尺度，学界开始意识到世界文化的多元、非西方文明的重要意义，"具有明确全球整体观念的世界历史观"[①] 逐步形成。这一"全球整体观念的世界历史观"在文明史编写中的直接体现即为非西方元素所占比重增加，并受到应有的重视，且西方开始有意识地探讨"世界文明史"这一概念。

1963 年，美国史学家威廉·麦克尼尔（William H. McNeill）出版《西方的兴起：人类共同体史》 （*The Rise of the West: A History of the Human Community*） 一书，成为"当代史学家撰写全球史的一个重要开端"[②]。全书以全球史观的视野，视人类历史发展为一个整体，并将人类文明分为三个部分：中东统治时代（至公元前 500 年）、欧亚文化的均势（公元前 500 年至公元 1500 年）、西方统治时代（公元 1500 年至今）。世界各文明发展进程中的重要事件和取得的重要成果均穿插于这三个部分中，体现了文明史的全球性。

尽管如此，此文明史仍然存在明显的欧洲中心主义甚至是帝国主义思维。一是"欧亚文化的均势（公元前 500 年至公元 1500 年）"部分专门论述了希腊、印度、中东、草原征服者及欧洲远西文化，却唯独遗漏了欧亚文化中的重要一环——中国文

---

① 赵轶峰：《〈全球文明史〉与"世界史"概念的再思考》，《东北师大学报》2006 年第 5 期。
② 郭方：《评麦克尼尔的〈西方的兴起〉及全球史研究》，《全球史评论》第 1 辑，北京：商务印书馆，2008 年，第 63 页。

化。① 二是将人类历史公元 1500 年至今的时代统称为"西方统治时代"，将促进历史重大社会变革的主要因素归结于与拥有新技术的外来者的接触（主要是指与掌握新技术的西方接触），极力突显西方霸权和西方文明的优越性。凡此种种仍然是欧洲中心主义思维作祟的结果，正如郭方教授所言，"《西方的兴起》仍然没有摆脱欧洲中心主义的影响，甚至被批评带有某种形式的文化帝国主义色彩，以文化渗透的概念理解世界历史，反映了当时美国的自信及扩张主义"②。三是未能正视历史的真相，将欧洲的海外扩张和殖民视为一场"非凡革命"，并强调其带来的"世界性影响"，对欧洲对外扩张和殖民活动给美洲印第安民族造成的毁灭性影响轻描淡写，仅仅提及"墨西哥和秘鲁的美洲印第安人文明是新的世界均势最明显的牺牲品，在领导阶层被西班牙毁灭或破坏后，突然下降到相对简朴的乡村水准"，甚至认为"伴随着西方文明在整个 18 世纪和 19 世纪早期多个边界地区的迅速扩张，美洲印第安人和澳大利亚部落社会的最终覆灭显然只是个时间问题"。四是将"文明"视为"野蛮"的对立面，二元对立思想严重，且透出强烈的西方文明优越感。尤其是在谈及欧洲海外扩张时，麦克尼尔将南北美洲和大洋洲的生活方式归为"原始野蛮的"，而随着"文明——尤其是西方文明——的迅速扩张同时意味着较为原始社会地域上的缩减和政治影响的衰落"。这里面隐藏着一个逻辑，即西方是文明的，而 19 世纪以前的南北美洲和大洋洲是原始野蛮的。西方文明的扩张积极改变

---

① 麦克尼尔后来意识到了这一缺憾，认为这是此书的"主要失误"，并承认了自己的"无知"和"残留的欧洲中心论"，与此同时也给出了解释，认为"我的错误完全是情有可原的，对大草原地带的征服者们和中世纪欧洲的兴起如此强调，反映了我所受教育的偏颇。这一章纯粹是从西方的观点来看欧洲大陆的"。参见威廉·麦克尼尔：《二十五年后再评〈西方的兴起〉》，《西方的兴起：人类共同体史》，孙岳等译，北京：中信出版社，2018 年，第 xx - xxi 页。

② 郭方：《推荐序》，威廉·麦克尼尔：《西方的兴起：人类共同体史》，第 viii - ix 页。

了这些原始野蛮的地域。这一逻辑为西方殖民美洲、澳洲提供了"合法"依据。五是将 19 世纪西方文明对中国、印度、日本、伊斯兰这四大亚洲文明的挑战视为世界四大文明发达区的最终衰败，而取代这四大文明的是"全球性的世界"，① 企图以西方主导的"全球性"概念遮蔽甚至抹杀非西方文明的独特性。然而，事实却是，这四大文明不仅没有衰败，反而在继承与革新的基础上，在当今世界熠熠生辉，构成了多元共生、美美与共的世界文明之一隅。

这一时期与麦克尼尔的《西方的兴起：人类共同体史》齐名的世界文明史著作当属美国史学家皮特·N. 斯特恩斯等编撰的《世界文明：全球经验》。该文明史编撰的初衷即"形成一部在方法论和内容方面都真正具有全球视野，同时又分量适中且方便大学学生使用的世界历史教材"，主要特点即"全球取向和注重分析的方法"，定位为"一部真正意义上的世界历史教科书"。② 斯特恩斯等人的全球文明史观主要体现为两方面：一是以平行比较的视野考察同一时期不同文明的发展，注重文明的全球接触和互动；二是有意识地突破西方中心论和西方民族优越感的局限，对全球主要文明的描绘不偏不倚。

尽管该文明史的站位极高，并标榜自身为"真正具有全球视野""真正意义上的世界历史教科书"，以区别于过去西方出版的带有欧洲中心主义、西方文明优越性色彩的文明史著作，但依然存在一些理解偏差，甚至再次透露出民族优越感和霸权思维。一是以西方文明形态衡量东方文明。作者笼统地将唐宋时期的山水画视为西方"象征主义"风格，认为艺术家"不关注准确地刻画自然而是追求创作某种对自然美的高度个人化的视觉，

---

① 以上引文参见威廉·麦克尼尔：《西方的兴起：人类共同体史》，第 574、740、744 页。

② 皮特·N. 斯特恩斯等：《全球文明史·前言》上册，第 1 页。

其极致在精微处和意境"。不可否认的是，中国山水画的确讲究"意境"，其特征是"虚实相生"并强调超越形式之上的意蕴，即如顾恺之所言之"以形写神"。但无论是"传神"还是"写神"，首先要有外在的"形"才会产生超越"形"之上的"神"，并非完全等同于西方绘画"象征主义"所呈现的否定真实而强调直觉和幻想。并且，相较于唐朝山水画，宋代山水画其实更倾向于写实，要求刻画严谨。更何况，"象征主义"一词并非中国艺术风格所有，乃西方艺术风格，如此"生搬硬套"实为不当。二是大肆为西方海外扩张与殖民给全球带来的负面影响正名，极力渲染其积极作用，忽视非西方文明在西方急剧扩张中的种种不幸遭遇。作者不仅以整整七章的篇幅描绘西方海外扩张与殖民活动，更详细分析了为何中国拥有海外扩张的能力却让欧洲最终取得了海外扩张的主动权，如其所问"为什么令人震惊的郑和远征无疾而终，而哥伦布和达·迦马的相对较差的探险却成了持续 500 年的欧洲海外扩张和全球统治的开端呢"？作者给出的理由更是证实了西方这种民族优越感和成就感，认为"中国人被引向内部，沉溺于内部的斗争和应付来自中亚的威胁"，而"欧洲各王国在动员它们的有效资源方面却变得愈来愈比中国有效率"。①

这样的民族优越感无时无刻不在呈现。作者将 19 世纪定位为西方主导地位和各文明的衰落时期，甚至认为"到了 19 世纪末，内部的瓦解和外部的压力把有将近 4000 年发展历史的中国文明的基础扫荡一空"②。显然，这是一种狭隘的文明观，如此评价"缺乏长时段历史感"③。更为甚者，在谈及欧洲文明对美

① 以上引文参见皮特·N. 斯特恩斯等：《全球文明史》上册，第 413、626 - 627 页。

② 皮特·N. 斯特恩斯等：《全球文明史》上册，第 718 页。

③ 赵轶峰：《〈全球文明史〉的独特视角》，《史学理论研究》2006 年第 3 期。

洲印第安文明所造成的毁灭性破坏时，避重就轻，抹掉印第安民族灭族遭遇的史实，甚至贬低印第安文明来衬托欧洲文明的强大，认为"此前处于与世隔绝状态的美洲印第安社会和他们对欧洲疾病、武器、植物和生活用品的不适应使他们比欧洲人在海外遭遇到的绝大多数其他人民还要柔弱"①。言下之意，美洲印第安民族遭到毁灭性破坏而致种族灭绝，其原因竟然在于其自身无法适应欧洲文明而不在于欧洲的大肆奴役和屠杀。显然，自诩为"一部真正意义上的世界历史教科书"的《全球文明史》却大量渗透着西方霸权思维。

五、21 世纪的文明史书写：全球视野与新视角

21 世纪的文明史书写主要呈现三个特征。一是再版 21 世纪以前出版的经典文明史著作。比如，斯特恩斯的《世界文明：全球经验》一书至 2010 年已再版六次。二是以全球视野书写文明史。本文统计的以"global"一词作为标题的文明史著作共有 6 部，5 部出现在 21 世纪。② 三是突破传统文明史书写模式，寻求全新视角。比如，美国学者威廉·麦克高希（William McGaughey）在《五个文明时代：五个文明中出现的世界历史》（*Five Epochs of Civilization: World History as Emerging in Five Civilizations*，2000）中，创造性提出了"文化技术"概念以及"世界五大文明"（表意文字、字母文字、印刷术、电子通信技

① 皮特·N. 斯特恩斯等：《全球文明史》上册，第 720 页。

② 参见 Fethullah Gülen, *Toward a Global Civilization of Love and Tolerance*, Clifton：Tughra Books, 2015；Parag Khanna, *Connectography: Mapping the Future of Global Civilization*, New York：Random House, 2016；Andrew S. Targowski, *Global Civilization in the 21st Century*, Hauppauge：Nova Science Publishers, Inc. , 2014；Majid Tehranian and Daisaku Ikeda, *Global Civilization: A Buddhist-Islamic Dialogue*, London and New York：I. B. Tauris, 2003；Majid Tehranian and Daisaku Ikeda, *Reflections on the Global Civilization: A Dialogue*, London and New York：I. B. Tauris, 2016.

术、计算机技术），以全新的视角描绘世界文明史。①

全球化时代的文明产生了新的形态，"冷战后，全球化成为世界政治的主要现象。曾经以地理为基础的文明，如今随着人们和思想的迁移加速，从固定空间中解放出来"②。重新审视"文明"成为全球化时代世界文明史书写的首要任务。尤其近年来，全球自然资源匮乏愈加突出，高温等极端天气频频出现，种种问题，无不牵动着全球各民族的心弦。全球互动与相互依存愈加明显，"人类共同体"价值取向日渐深入人心，引发了国际学界对"全球""世界""文明""人类"等关键词及其未来走向的重新思考。夏威夷大学国际传播教授、1983 年联合国和平奖获得者马吉德·特拉尼安（Majid Tehranian）在《重新思考文明：解决人类家庭的冲突》（*Rethinking Civilization: Resolving Conflict in the Human Family*，2007）中，重新定义深深根植于西方霸权思维中的"文明"概念，力图将其"重建为一个旨在以和平方法解决人类冲突的规范性概念"③。

乘着这股反思之风，包括文学界、史学界在内的国际学界试图打破种种人为划分的边界和壁垒，关注人类文明的多样性，重新思考人类的未来与世界秩序，开始寻求一种"全球书写"。国际政治学者罗伯特·W. 考克斯（Robert W. Cox）即从理论层面分析 21 世纪的文明问题，提出"多元文明共存""文明互解""世界治理""多元世界"等重要概念，认为"对文明的关注隐含着两个命题：人类的未来有其他选择；如果多元文明共存，相

---

① 参见 William McGaughey, *Five Epochs of Civilization: World History as Emerging in Five Civilizations*, Minneapolis：Thistlerose Publications, 2000. 该书中译本已于 2003 年由新华出版社出版。

② Robert W. Cox, "Civilizations and the Twenty-first Century：Some Theoretical Considerations", *International Relations of the Asia-Pacific*, Vol. 1, No. 1 （2001）, p. 105.

③ Majid Tehranian, *Rethinking Civilization: Resolving Conflict in the Human Family*, London and New York：Routledge, 2007, p. 8.

互理解的问题对维护世界秩序至关重要"。① 考克斯在世纪之初
便为 21 世纪文明与国际关系研究指出了一条明路,即回归多元
文明本身,审视文明在全球化时代的新形态。

同样身处世纪之初的马吉德·特拉尼安与 1983 年联合国和
平奖获得者池田大作(Daisaku Ikeda)则以"文明对话"为主
题进行交流,早在 2000 年便集结成对话集《对话:关于全球文
明的思考》(*Reflections on the Global Civilization: A Dialogue*),后
于 2016 年再版。这本对话集的产生源于"迈向 21 世纪大门的
2001 年,被美国指定为'不同文明对话年'",旨在"助力于建
设一条新的丝绸之路——这条丝绸之路将人类精神延伸到地球的
每一个角落——使人们更加紧密地团结在一起,为在互容和和谐
的基础上建设一个新的全球文明提供一些富有成效的视角"。特
拉尼安认识到全球化时代东西方交流的隔阂以及全球治理问题,
认为随着全球化而来的全球交流并未带来更好的全球理解,反而
是"西方对东方的浪漫——那种在十八世纪和十九世纪因对异
国情调的热爱而滋生的浪漫——现在已被恐惧和厌恶所取代。相
应地,东方对西方科技奇迹的迷恋让位于对西方物质主义、傲慢
和军国主义的恐惧和厌恶。有时,全球恐怖主义不幸地取代了全
球对话"。② 而解决一系列文明问题的关键就在于"对话"。不同
于同类以"全球"冠名的世界文明史书写模式,该对话集主要
从佛教与伊斯兰教之间的碰撞与对话开启。这与对话人本身的东
西文化背景不无关系。池田人作来自东方,并长期活跃在国际舞
台;特拉尼安乃伊朗裔,在哈佛大学学习时师从著名神学家田立
克(Paul Tillich),多年从事文化传播与世界宗教研究,既对东
方文化有着深刻的认识,又深受西方教育影响。杂糅的东西文化

---

① Cox,"Civilizations and the Twenty-first Century",p. 105.

② Tehranian and Ikeda,*Reflections on the Global Civilization: A Dialogue*,London
and New York:I. B. Tauris,2016,pp. ix,x,xii.

背景使得对话人能够融合东方智慧与西方思想，以全新视角审视世界文明问题。因此，该对话集得以以佛教和伊斯兰教在丝绸之路上的广泛交流为起点，以史明鉴，贯古通今，反思文明，倡导以"对话"解决文明发展历程中所遇到的问题。

　　然而，部分西方学者并未按照考克斯、特拉尼安、池田大作等学者在世纪之初提出来的文明研究思路走下去，反而借着"全球化""世界治理""世界秩序"等新兴概念，粉饰其思想背后的欧洲中心主义。美国西密歇根大学教授、前国际文明比较研究学会会长安德鲁·塔戈夫斯基（Andrew Targowski）在《21世纪的全球文明》（*Global Civilization in the 21st Century*，2014）中聚焦"21世纪新世界秩序（New World Order）究竟意味着什么"这一问题，但其分析的视角全然不顾人类文明多元共存这一事实，将全球文明的发展进程完全置于全球化浪潮视野下进行梳理。[①] 尽管塔戈夫斯基以全新的视角来看待人类文明，但将人类文明从古至今的发展进程统统视为全球化浪潮的一部分，未免有失偏颇。且不论"全球化"这一概念本身是在西方资本全球裹挟下的现代产物，从一开始便打上了西方霸权的烙印，更何况将这一带有西方霸权意味的概念用以概括人类从古至今的文明史，即是将整个人类文明置于西方霸权之下，实为一种新型的欧洲中心论。

　　与此同时，世界文明史中的"西方/非西方"二元对立思维始终未能消解，更有甚者，萦绕在国际关系之上的"中国威胁论"愈演愈烈。英国历史学家尼尔·弗格森（Niall Ferguson）在《文明：西方与非西方》（*Civilization: The West and the Rest*，2011）中，着眼于中国的崛起，试图阐明为何历史上的西方远远不如中国、印度和伊斯兰那般发达却能够在近现代主宰世界，

---

① 参见 Targowski, *Global Civilization in the 21st Century*.

不仅将"西方"与"非西方"对立起来，甚至将中国等非西方国家的崛起视为对西方的威胁。① 弗格森这种带有浓烈西方霸权主义色彩的观点并未遭到西方学者的批判，反而受到追捧。普林斯顿政治系教授、美国战略理论界领军人物约翰·伊肯伯里（G. John Ikenberry）就对弗格森的观点高度评价："这本书着眼于中国的崛起，并给读者留下了一个至关重要的问题：西方文明的思想和制度是否真的变得普遍，或者说非西方国家的崛起是否会带来现代化和进步的替代途径？"② 于是，中国等非西方国家再次成为西方言说的"他者"。西方在早期忽视、贬低东方，21世纪反而聚焦东方，表面上呈现"向东看"的视野转向，实则还是以非西方的存在书写西方的霸权。与21世纪以前的文明史有所不同的是，21世纪西方眼中的非西方摆脱了"野蛮""古老""停滞""衰败"等西方强加在其身上的标签，却又再次成为"威胁"西方的"他者"。

英美世界文明史编撰从19世纪狭隘的民族中心主义思维模式，到20世纪初力求突破欧洲中心论的局限走向世界，再到二战后逐步形成全球文明史观，发展到21世纪在全球化浪潮的推进下寻求文明史的全球性书写，取得了系列成果，然其世界文明史的编撰思路始终未能跳出西方话语模式，甚至出现新型欧洲中心论。尽管像杜兰特、斯特恩斯等西方历史学家意识到欧洲中心论对文明史编写的消极影响，并力图在其著作中摆脱欧洲中心论，但最终他们不可避免地仍然以西方文明形态衡量非西方文明，甚至从过去忽视、贬低非西方文明的研究，转向持非西方文明"威胁论"这一错误观点。其结果就是，英美学界编撰的世

---

① 参见 Niall Ferguson，*Civilization: The West and the Rest*，London：Penguin，2011.

② G. John Ikenberry，"*Civilization: The West and the Rest* by Niall Ferguson"，*Foreign Affairs*，Vol. 90，No. 6（2011），p. 177.

界文明史存在诸多史实错误、歪曲、贬低，甚至是有意忽略和掩盖历史真相。这是我们重写文明史需要警惕和补足之处。

原文载《四川大学学报（哲学社会科学版）》2023 年第 1 期

构建中国话语体系的一条可行路径

顾明栋①

《四川大学学报》2023 年第 1 期刊发的文章《重写文明史》，有别于以前阅读过的宣言式文章，它不仅从中国和第三世界的立场出发，批判了迄今为止世界文明史书写方面存在的严重的西方中心主义倾向，以及对包括中国文明在内的第三世界文明的偏见、歪曲和贬低，而且更难能可贵的是对文明史的重新书写提出了很有见地的构想性思考，并对世界文明史如何重写提出了几条可行的路径。某种意义上说，该文为重写世界文明史描绘了一幅可以付诸实施的简略蓝图，并为构建中国话语体系提出了令人深省的看法。

一

首先，笔者认为，文章的成就之一是对为什么要重写文明史做出了实事求是的回答，即现存的世界文明史是建立在西方的文明观之上而书写的，本质上是西方中心主义的世界文明史。文章直言不讳地指出："现有的西方学者撰写的'文明史'（包括各学科史），存在诸多缺失"，甚至是中国学者撰写的世界文明史，也存在诸多问题，包括歪曲中国和第三世界文明史实、中国话语

① 作者简介：顾明栋，美国达拉斯德州大学人文艺术学院凯萨琳·西塞尔讲座教授，上海交通大学文学院访问讲席教授。

缺失、写作路径唯西方马首是瞻等问题。作者的目的并不局限于批评中外现有的文明史的缺失，而是把文明史的书写上升到增强第三世界文化自信，建立中国话语体系和知识体系，揭示文明互鉴演进的客观规律，建设人类命运共同体的高度："'文明史'（包括各学科史）的书写不仅仅涉及不同文明观的交融与呈现，不同言说中话语的言说与表述，更是关乎文明史实与'文明自信'，是人文社会科学的根本性、本质性问题！"①

其二，文章不仅发出重写文明史的号召，而且强调要以"重写文明史"作为一个可行的契入点进入一个包括社会发展史、政治法律史、思想宗教史、文学艺术史、科学技术史等涵盖人类历史的总体知识领域，实实在在地建立一个非西方中心的、反映中国特色的中国话语及知识体系。诚如作者所言，从"'重写文明史'这一具体话语实践切入，从这一体认人类文明发展的核心问题入手，可以成为中国学者话语阐释和话语建构的最佳路径和开端！"作者以黑格尔哲学对东方哲学，特别是对中国和印度哲学的贬低为案例，说明西方哲人正是通过贬低东方文明而形成了西方文明优越论的话语基础。因此，以文明史的重写为契入点，不仅具有宏大开阔的视野，而且也可避免流于大而空的体系构建的泛泛而谈。

其三，文章以翔实的史料和文本证据批判了西方文明史书写中的种种问题，如种族主义和西方文明优越论对中国和第三世界文明的贬低、歪曲和无视，并同样以翔实的史料证明文明的发展是不同文明相互交流、碰撞、融汇、创生的结果。其中，文章对希腊罗马与阿拉伯文化的交流写得十分精彩，国内由于西方中心主义的影响，对人类这一段历史极少提到，关注的学者也非常

---

① 曹顺庆：《重写文明史》，《四川大学学报（哲学社会科学版）》2023 年第 1 期。以下引述本文不再加注。

少。这是一个十分有价值的富矿，希望有更多精通阿拉伯语与文化的学者予以挖掘开发。笔者以前研究过海德格尔受中国哲学思想影响进而颠覆西方形而上学，因此对文章中分析海德格尔受老庄思想影响而构想其存在论的叙述十分有兴趣，觉得这更有助于提高中国人的文化自信。笔者在有关海德格尔的划时代贡献的文章中，曾说过，海德格尔颠覆自亚里士多德以降的西方形而上学的灵感直接来自中国古典哲学,① 文章的分析进一步佐证了笔者的观点。

其四，文章重点关注话语体系的问题，正确地强调了话语对重写文明史、构建知识体系的建构作用，在文明史话语与言说这个根本问题上思考重写文明史的重大意义。作者提出一个发人深省的问题："为什么中国人文社会科学话语会缺失?"文章认为这与文明史的撰写密切相关："文明史"（包括各学科史）的书写不仅仅涉及不同文明观的交融与呈现，不同言说中话语的言说与表述，更是关乎文明史实与"'文明自信'，是人文社会科学的根本性、本质性问题!"这一表述清楚地说明了文明史与语言和话语的内在联系，把握住了中国学界创建知识体系的一个关键问题，即在从事反映中国文化特色的知识生产领域存在的一个几乎被忽视的隐形问题，那就是中国的知识体系构建缺乏自己的话语体系。

其五，文章抓住了文明史书写的一个核心问题，即关于"文明"的定义："现在的文明观基本上是西方的文明观，是西方假借'世界'之名，行西方中心之实的文明观。人类文明乃是人类历史和各个学科研究的核心问题，然而长期以来，'文

---

① 顾明栋:《论跨文化思想交流的终极平等——从海德格尔等西方思想家与东方思想的相遇谈起》，《中山大学学报》2015 年第 5 期; Ming Dong Gu, "Can East Meet West as Intellectual Equals? Insights from Some Western Thinkers' Encounter with Eastern Thought", *Philosophy East and West*, Vol. 71, No. 2 (2021), pp. 326–347.

明'概念的定义、文明观的全球输出以及文明史的书写都掌握在西方学者手中。"的确，就像在国际贸易交往中货物定价权一样，对"文明"的定义权一直掌握在西方学者手中，西方所谓的文明三大要素并不能准确定义文明的发生和发展，以三大要素的"文字"为例，中国的考古发掘出大量距今5000年到10000年的考古证据，但由于西方掌握了文字定义权，西方学界就武断地下结论说那些考古结果算不上文明。即使是像安徽蚌埠出土的7000多年前的双墩刻符，多达630个刻画符号，并已在一定范围内流传，中国学者认为其已处于文字起源发展的语段文字阶段，具备了原始文字的性质，但西方学者以表音文字的理论衡量表意文字，认为它们仍然不是文字。相反，印度古代文明的印章符号也是一个个刻画符号，不成体系，却因为印度语言属于印欧语系的一支而被不少西方学者认为是一种文字。这就是文字定义权和文明定义权的要害所在。

其六，文章在宏观审视世界文明的基础上，反思不同文明如何进行文化交流和文明互鉴，从中获得启发。在反思的基础上，文章思考建立有别于西方文明史话语体系的路径，对书写符合人类历史原貌的文明史提出了一些切实可行的书写举措：掌握"文明史"的书写概况；透析"文明研究"之研究；汲取"中国史观"，映照人类文明史；文明史书写实践。其中"文明史书写实践"具体涉及重写世纪文明史的若干具体问题，为有志于立足中国和第三世界立场的学者重写世界文明史提供了具体的方向和范围。

最后一点，文章正确指出了重写文明史对提高文化自信的作用。近代以来，中国人的文化自信呈现下滑的趋势，在某种意义上，中国现当代文化自信的不足跟文明史有一定关联，深受西方中心主义的文明观影响的中国人自五四运动以来越来越疏离本土悠久的文化传统，面对西方文明丧失了对本土文化的自信。重写文明史不仅可以纠正西方中心主义的文明史对其他文明的贬低、歪曲，或对第三世界辉煌的文明成就避而不谈的弊病，恢复世界文明较为真实的面貌，而且可以让第三世界的人民熟悉本土的文明史，以本土文明的辉煌而自豪，从而强化本土文化主体身份，增强本民族的文化自信，进而创造出更为辉煌的文明成就。

二

在简要点评文章的要点以后，笔者将就文章提到的几个关键问题发表一点自己的看法。第一点是文章作者指出的一个令人不解的学术现象，即在若干文明互鉴史实面前，国内外学者对第三世界文明的成就往往视而不见："不入史笔，若干文明史不讲，学者们视若无睹，这是极为不正常的现象。"文章对这一奇怪现象进行分析得出的理由是："文明交流互鉴的若干史实进不了文明史，究其原因仍在于话语权这个根本问题。"对此分析，笔者当然同意。但是，笔者认为话语权是一个决定性的因素，在此表象之下还有一更深层次的原因，即中外文明书写者心中的文化无意识所导致的文化自信问题。近代以来，中国人的文化自信总体上呈现下滑的趋势，新中国的建立阻止了这一颓势，但改革开放以后，文化自信又出现下滑的趋势，直到世纪之交才有所回升。有人认为，文化自信的丧失是帝国主义列强船坚炮利、强势物质文明的结果。这只看到其中的一个方面，在某种意义上，中国现当代文化自信的丧失跟文明史有一定关联。由于文明史的书写被掌握在西方人的手中，他们高举启蒙理性和现代性的大旗，把第三世界国家的历史描绘成野蛮或半开化的历史，即使像中国和印度这样历史悠久的文明也被书写成缺少现代文明要素的落后传统。自鸦片战争以来，中国文化自信缺失逐渐沉淀至民族的文化无意识之中。笔者曾考察跨文化的文化无意识，发现近现代世界范围内的文化无意识的核心是殖民无意识，其内在逻辑可以用两个情结予以概括：西方世界的优越情结和东方的自卑情结。前者导致西方人的盲目自大和对第三世界文明有意无意地贬低、歪曲，甚至不屑一顾，而后者导致第三世界的民众在西方文化面前自惭形秽，唯西方马首是瞻，甚至自轻自贱。① 文化无意识是个人和族群文化的深层组成部分，其内涵非短时间积淀而成，去除西方人无意识的优越情结和东方人的自卑情结也不是一代人所能办成的，文化无意识是文化自信的底气，来自千年的文化传统的积淀。北大钱理群教授曾一针见血地指出："如今学人经历了文化的断裂，与中国传统文化联系先天不足，其传统文化修养与当年留学生无法相比，由于底气不足，在强势的西方文化面前就很容易丧失文化自信与自主性，成为一代人甚至几代学人的共同隐痛。"② 的确，在中华民族风雨飘摇的 20 世纪初期，像梁启超这样的思想家和学者仍然对中华文明充满自信，正是因为他们具有中华文化传统的深厚学养，并已渗透到无意识层面，不会因为历史长河中中华文明的近代低谷而丧失文化自信。

文章强调话语建构与重写文明史的关联，这一点已经为话语理论所证明。话语是特定的主体在特定语境下，秉承特定的意识形态，对特定的聆听者使用特定语言而采用的特定的语言形式，而语言先于主体而存在，左右着人的思维和认识。海德格尔曾说过，不是人在言说语言，而是语言在言说人。拉康也认为人在某种意义上是语言的奴隶，更是话语的奴隶。③ 福柯甚至认为话语可以构建真理、现实、知识等。这些有关语言的理论不无道理，因为话语的确在人类文明发展过程中起到了不可或缺的作用，甚至奠定了某一文化的基本要素。但是，由于过于强调话语的构建

---

① 顾明栋：《文化无意识：跨文化的深层意识形态机制》，《厦门大学学报（哲学社会科学版）》2013 年第 4 期。

② 钱理群：《中国大学教育十二问——由北大教改引发的思考》，丁东编：《大学人文》第 1 辑，桂林：广西师范大学出版社，2004 年，第 12 页。

③ Jacques Lacan, *Écrits: A Selection*, New York：Norton, 1977, p. 148.

作用，这些理论忽视了使用语言、制造话语的人的能动作用，几乎把主体缩简为"语言的玩物"（plaything of language）。文章认为，中国学者撰写的文明史存在诸多缺失的原因在于中国话语的缺失。笔者认为，这一观点虽然不存在问题，但似乎应有所修正，因为中国学界不是没有话语，而是其话语自19世纪末以来一直为西方的话语所左右，从"言必称希腊"到中国学界以西方的理论为准绳而批评中国传统不成体系，都受西方话语影响，因而可以说中国当下存在着一种以西方话语为内核的"伪中式话语"。文章特别提到，目前中国学者乃至第三世界学者在国际学术交流中仍处于"有理说不出，说了传不开"的窘境，认为要破除这一窘境，必须逐步解决话语言说问题。作者进而提出通过重写文明史，在具体的论述中形成中国和第三世界的话语。这是一段颇有见地的看法，涉及如何讲好中国的故事，发出中国乃至第三世界文明的声音的具体的行动问题。但是，笔者认为这涉及孰先孰后的问题，"有理说不出"就是曹顺庆教授指出的中国学者的"失语症"问题。① 笔者认为，中国学者的"失语症"有两层意思，既有比喻意义，又有字面意义。比喻意义的"失语症"是指中国学者虽然写出大量的文章，但所用的话语体系基本上是西方中心主义的，并不是中国的话语，这一问题假以时日，通过提升文化自信，并对西方中心主义话语的祛魅，可以逐渐解决。字面意义的"失语症"是向世界讲好中国故事的外语工具问题，这样的"病症"短期内不可治愈，因为这种"失语症"是真的结结巴巴、言不达意，甚至是地地道道的"哑巴"，简而言之，就是由于"言之无外语"，因而"有理说不出"，即使是用低水平的外语勉强说出，也是言之无文，"说了传不开"。

字面意义的"失语症"涉及语言霸权（linguistic hegemony），

---

① 曹顺庆：《文论失语症与文化病态》，《文艺争鸣》1996年第2期。

中国话语体系的缺失来自西方语言的强势地位，特别是英语的统治地位。纵观国内外语教育现状，全国有几亿人学习英语，但改革开放四十多年来，英语的工具性目的达到了吗？全国有多少人能够用英语向世界讲好中国的故事，介绍中国五千年的文明呢？目前国内高校都有庞大的外国语学院，其教学人员的数量甚至超过人文学院，但据笔者了解，除了十来所一流大学的外语学院有听说读写译能力达到讲好中国故事的人才，大部分高校的外语人才担当不起向世界讲述中国文明的重任。以国内体量巨大的翻译专业为例，绝大多数人从事外译汉，只有少数人能从事汉译外，而且，外译汉的工作也不甚成功，国内学界对翻译质量差的批评，在此无须重复。试想，以现有的外语能力能够从事文明史的重写吗？笔者以前在南京大学读书时，笔者的老师之一陈嘉先生曾用英语撰写了皇皇四大本《英国文学史》，现在还有人能写出类似的英语文学史或文明史吗？就笔者所知，至今尚未有国内学者写出英文的中国通史、文学史、思想史或文明史。有人会说，用中文写然后翻译成英文效果也一样。这仍然涉及一个语言问题。笔者曾应邀给西方出版社评审中国学者翻译的中国文论和美学文章，发现译文完全达不到发表的标准。不久前在"两会"上有代表提出取消英语主课地位的提议，"一石激起千层浪"，引起了激烈的争论。反对者多为从事英语教学的人，但是，笔者发觉，他们都没有看到外语教学不重视外语能力、片面追求中文学术文章发表而导致的种种问题。由于偏离外语教育的初衷，国内很多外语专业的博士论文竟然可以不用外语写作，甚至连北京外国语大学和南京大学这样的外语专业重镇都可以让学生自选用中文或英文撰写博士论文，有人要取消英语的主课地位也就不奇怪了！同意取消英语主课地位的人只看到英语对大多数人来说没有多大用处，但没有看到目前的外语能力远远无法满足讲好中国故事的要求，更无法写出中国特色的通史或文明史。马克思曾说过，外国语是人生斗争的一种武器，在中华文明复兴的道路上，英语已成为讲好中国的故事，向世界传播中华文明的战略工具。从这个意义上来说，英语教育非但不能降格，而且必须提高，致力于培养真正胜任某一专业的外语人才。遗憾的是，现在外语教学极大地偏离了外语学科的初衷，忽视了外语的基本能力的培养，根本不能满足破除西方文化霸权和话语霸权的需要，更承担不起重写世界文明史的重任。

最后，笔者想指出的一点是，文章在批判西方文化霸权的同时也许在不经意之间落入西方话语霸权的陷阱。比如，作者通过分析阿拉伯向古希腊罗马、中国人唐文化学习，以及中世纪阿拉伯文明对于古希腊罗马时期人文、科学文献的保存反哺西方的文化交流现象指出，阿拉伯学者在翻译古希腊罗马哲学的过程中出现了哲学视域的融合，产生了新思想、新科技，阿拉伯学者"从自身文化的视域出发对原著进行阐释，从而形成别于'原貌'的新理解。这个过程可以称之为希腊哲学的阿拉伯化"。作者进一步发问："现在颇受推崇的亚里士多德哲学中，到底有多少阿拉伯元素呢？这种文明互鉴案例太需要学者认真关注，这一段文明史太需要重写。"作者的反思很有意义，但文章似乎没有注意到，西方学者不是没有对古希腊文明的质疑，也有学者以翔实系统的研究证明阿拉伯"百年翻译运动"是欧洲人虚构的神话，目的是推行另一场"翻译运动"，即所谓"古希腊文献"通过"阿拉伯译本"重新翻译成了传世至今的"拉丁文译本"，从而促成了西方对古希腊罗马文明的文艺复兴。① 这样的研究对反思欧洲历史，解构几百年来的"欧洲中心论"，重写世界文明史具有重要的意义。在"言必称希腊"的大历史背景下，这样的

---

① 董并生：《虚构的古希腊文明——欧洲古典历史辨伪》，太原：山西人民出版社，2015 年；黄河清：《欧洲文明史察疑》，北京：中国大百科出版社，2021 年。

质疑并未得到学界足够的重视，还引起了对质疑的贬低和激烈的抨击。作为学术争论，质疑与反质疑都无可厚非，真相会越辩越明。笔者在这方面所知甚少，但想谈一点常识性感受，面对古希腊浩如烟海的哲学和科学著作时，笔者曾为一个实际的问题所困惑：中国先秦时期的文献惜字如金，因为只有甲骨、石器、铜器和竹帛作为载体，而古希腊在没有纸张的远古时代，几千万字巨著是以什么为载体呢？泥板、石头、羊皮还是纸莎草？这个问题难道不应该得到学界的深入研究吗？中国古史研究曾出现过声势浩大的"疑古"运动，对西方古史的真伪就不能提出质疑吗？

原文载《四川大学学报（哲学社会科学版）》2023 年第3 期

关于 "重写文明史" 的思考

陈晓明[①]

曹顺庆教授提出要"重写文明史",要为中国文明正名,其志可嘉矣!当然也正当其时。今天各方面都在讲要建立中国话语体系,那么曹顺庆教授提出"重写文明史"就是"踏石有印,抓铁留痕"的举动。只有建立正确的文明史观,才能够真正建构中国的话语体系及自主的知识体系,这当然是非常有见地、非常有价值的观点,值得我们认真讨论。我们应该进一步探讨厘清那些复杂纠缠的问题,特别是如何校正那些根深蒂固的观念。在此,笔者谈几点简要看法,以求教于顺庆教授和同行方家。

其一,关于文明史与历史观的区别。"文明史"是一个相当复杂的概念,文明史和历史观相关,二者既有重合,又有区别。历史观是看待历史的方法角度和认知方式;文明史观是对待整个文明的概述和评价,包括对待整个文明的认识,在很大程度上已然包含一种价值观。文明史或文明史观比历史观的概念更大,更复杂。历史观会随着不同时代变化,如克罗齐(Benedetto Croce)所言:所有的历史书写都是当代史,亦即投射出当代人对历史的理解和评价以及愿望。文明史或文明史观则要稳定得多,它是在漫长的历史演进中积累起来的成就之总和,它在相当

---

① 作者简介:陈晓明,北京大学中文系教授。

程度上是物质性的，是物化的历史。例如，器物、科学、技术、生产方式、生产关系，这些都只有在史实的基础上才能加以概括，才能给出评价。在某种意义上说，关于"文明"的讨论是现代的问题，只有在现代的观念下，才会审视自身的文明和他者文明的关系以及评价本民族的文明和其他文明。文明史称之为"史"，它就是一项历史研究，只是它偏向于物质文明成果，在试图把这些文明成果构成"史"时，其实更为困难。以文明作为历史研究单位的阿诺德·汤因比（Arnold Toynbee）就曾说过："历史的连续性是一个被人接受的用语，但这种连续性并不像个人生命所表现的那样，它毋宁说是由连续的若干代人的生命构成的连续性。"① 文明史要建构起"史"的连续性可能更难。比如，一种科学技术、一种器物、一种文明习惯的传承和演变，其考辨的难度肯定会更加困难。在概括的意义上谈论"文明史"并不难，具体到写"史"，则有更为艰巨的工作要做。

其二，"重写文明史"是倡导一种价值理念，还难以作为一个写史工程来投入运作。文明史就其历史状况、文明程度、文明现状以及文明成果，都是以物化形式存在于世。我们现在对一种文明的认识，在很大程度上，或者说在主导的意识体验意义上，是对其留存的和取得的文明成就的物化形式的感知。例如，考古挖掘的器物会对一种文明的历史存在产生新的认识，甚至会颠覆其原有的历史叙事和历史评价。但对一种文明的理解和认识，记忆和评价，则是主观的认知。这些认知产生于后世的各种文献记载和叙述以及这种文明所辐射出的历史和现实的文化霸权。

显然，"重写文明史"并非集众多历史学家、考古学家、文学家合著一部卷帙浩繁的《中华文明史》之类的大部头著作就

---

① 阿诺德·汤因比：《历史研究（缩略本）》上卷，郭小凌等译，上海：上海人民出版社，2016年，第13页。

能解决问题——当然，这无疑是"重写文明史"的奠基性工作，是一项必不可少的基础工作，是厘清认识、正本清源的出发点。但对"文明史"的真正的认识，广泛地存在于人们的各种认识和体验中，存在于人们写作的各种著作中，存在于人们在各种场合的言说中，这些表述和认知透示出人们对一种文明的理解、尊崇、批判或贬抑。如果需要改变、校正人们对一种文明的态度和认知，就需要漫长的时间，需要强有力的物质成果的证明。比如，对于中国古代文明的再认识，需要考古学的更多的器物证明；对于现代以来的中国文明的评价，需要现代社会风尚、社会制度、科学技术成果、文化成就来体现，并加以充分阐释。由一种文明认识建构起来的文化自信，固然需要文化阐释的力量（这里面就包含着一种话语权力），但是，也必然需要获得一种物质性的证明基础。因而，在倡导"重写文明史"的精神感召下，需要中华民族脚踏实地、实事求是、披荆斩棘、坚忍不拔地推进社会改革、完善现代法治建设和国家制度建设，推进科技创新、教育革新、文化创造、思想创新。"文明史"写在一个民族的大地上，也写在社会的方方面面，写在每个社会成员的行为行动和言语中，写在这个民族以及认识这个民族的人们的心灵中。

其三，"世界文明史"与"中华文明史"的关系。"中华文明史"不可避免地需要在"世界文明史"中立论：在源流意义上，梳理原创文明和转承文明的关系，梳理其与其他文明的辐射关系；在发展进程中，厘清其对其他文明的借鉴和转化的关系。例如，中华文明与印度文明的佛教就有极其密切的关系。中华文明本身是多民族文化融合生成的结果，在其发展进程中，评价和阐释这些融合也并非易事。进入现代，中华文明受到西方文明挑战，欧美历史学家对"挑战－应战"模式亦有不同的看法。"挑战－应战"模式最早来自费正清（John K. Fairbank）的观点，费正清同时代及稍后的学者也都持这样一种看法，例如，史华兹

（Benjamin I. Schwartz）和列文森（Joseph R. Levenson）都认同这样的观点，也是从这一观点出发阐释中国进入现代的过程。如果说"挑战－应战"模式没有西方中心主义也不尽然，但是否历史确实如此呢？另外一种现代性理论来自华伦斯坦（Albrecht Wallenstein）的"中心－边缘"结构模式，他认为现代化以欧洲为中心向周边（边缘）逐步扩散。在这种理论阐释中，中国当然处于边缘的边缘。比他们晚一辈的研究中国的学者，例如柯文（Paul A. Cohen）就不认同"挑战－应战"模式，他认为中国自晚明就有自发的现代因素。哈佛大学东亚系王德威教授近十年来组织大队人马，重写中国现代文学史，他把中国现代文学的缘起推至晚明 1635 年。2017 年，哈佛大学出版公司推出由王德威先生主编的英文版《新编中国现代文学史》，他在导言里写道："《哈佛新编中国现代文学史》起自 1635 年晚明文人杨廷筠（1562—1627）、耶稣会教士艾儒略（Giulio Aleni，1582—1649）等的'文学'新诠，止于当代作家韩松（1965—）所幻想的2066 年'火星照耀美国'。在这'漫长的现代'过程里，中国文学经历剧烈文化及政教变动，发展出极为丰富的内容与形式。借此，我们期望向（英语）世界读者呈现中国文学现代性之一端，同时反思目前文学史书写、阅读、教学的局限与可能。"[①]很显然，王德威教授也是以"世界性"这一特征来确立中国文学的现代缘起的。具有世界性，与世界发生关联，这是中国现代发生的一个指标。因为只有进入现代，世界才逐渐生成一个整体，文明/文化不再是孤立自足发展的，而是具有世界交流并相互影响的特征。但如何看待与世界的关系，确实也很复杂。何以中国文学与佛教文化发生关联不算"现代"，只有和基督教文化

---

① 王德威：《哈佛新编中国现代文学史（上）》，成都：四川人民出版社，2022年，第 2 页。

发生关联才算呢？似乎佛教永远停留在古代，而基督教文明才发展出现代。就与中国文明的关系而言，此一问题还有待探讨。

其四，中华文明史树立正确的有民族文化自信的文明观，需要讲好中国故事，需要大量的中国文学艺术作品走向世界，让世界了解。"重写文明史"不只是让中国人树立正确的文明观和增强文化自信，也是让中国人更充分、更真实、更深刻地认识自己，同时让世界更了解中国。这需要大量优秀的文学艺术作品讲述中国故事，讲好中国文明故事。显然，"讲好"并非一味自我标榜，给自己打扮得光鲜亮丽——这只是一个部分。讲好中国故事，是为了让人民更正确地认识我们民族走过的历程、经受的考验以及我们民族所具有的坚强韧性和伟大精神。"重写文明史"的意义也同样在此。一个民族、一种文明令人尊重，能够屹立于世，显然不是靠它写在纸上的文字如何言说，而是真实地把它的伟大创造精神、源远流长的文明脉络呈现出来，而这其中，透示出这种文明的强大的凝聚力和勇往直前的内在精神。

当然，文学作品对一个民族的文明、历史及其生活的表现是无限丰富多样的，这种丰富性构成文明的内在质地。对古代文明的记载只有依赖现存的文献和出土的文物；对近现代文明的表现就有更加丰富的文学艺术作品。"四大名著"当然是中华文明创造的优秀文学艺术作品，但一些不被列入经典代表的作品，实际上也表现了这种文明中人们的生活的另一侧面。例如，《金瓶梅》这种作品，因其情色成分，经常被文学史回避，或轻描淡写。实际上，《金瓶梅》在表现晚明生活的广阔性，对官府和市民生活的深入方面，是其他名著所不可比拟的。对文明书写而言，其意义不可忽视。笔者曾撰文《是否有一种关于文明的叙事？》（《文艺争鸣》2021 年第 8 期），对中国一批描写现代化进程的长篇小说进行了分析，认为这些作品表现了中华民族进入现代所经历的剧烈创痛和顽强不屈的民族精神。例如陈忠实的

《白鹿原》、莫言的《丰乳肥臀》、贾平凹的《山本》等作品。文学作品对一个民族生活的表现必然是复杂、丰富甚至是矛盾的。文学作品不可能先摆出一个要表现文明的正面形象的姿态，再展开叙述，但真正优秀的作家是能写出一个民族历经千辛万苦战胜磨难的那种勇气和精神的；写出无论多么悲苦，都不可动摇这个民族生活下去，并且进一步创造自己未来生活的决心和意志，这才是成就伟大作品的品格。

其五，文明的"进步"与"野蛮"的文明史观需要解构，但是否还存在文明进步的基本尺度？众所周知，正如曹顺庆教授在文中所阐明的那样，"文明"一词在近世的运用还包含着对"进步"与"落后"、"开化"与"野蛮"、"启蒙"与"蒙昧"的区别，这些区别当然包含着西方中心主义确立的价值观起到的主导作用。但毕竟百年中国进入现代，激进的变革也是朝着这样的"进步"前行，甚至不惜一切代价摆脱"落后"。今天是不是全部"觉今是而昨非"呢？固然，我们曾经不无"矫枉过正"，但"拨乱反正"后还能保留几分？今天如何评价五四新文化运动？如何评价现代以来的"启蒙"与"革命"？这都是"重写文明史"必然会牵涉的问题。在文化的多样性、差异性的观念引导下，文化的所谓"进步""先进"如何理解？"文明程度更高"这种表述是否还能成立？

其六，重写文明史是否依然包含对人类文明，尤其是对本民族文明的批判与反思？在整个20世纪中国社会进入现代的剧烈变革进程中，确实存在对民族传统的"批判"与"反思"。现代变革的那些闯将非常激进，如陈独秀、钱玄同，甚至鲁迅都有过激的言论。历史此一时彼一时，矫枉必须过正。前贤们的过激言论为中国进入现代经受的屈辱所苦，为彼时中国的"落后"痛心，故有惊人之论，甚至对中国文化产生奇思怪想。当时若没有如此激烈的言论，恐不足以惊醒世人对自身文化及其历史处境的认知。所谓"启蒙"何尝不需要"棒喝"呢！但中国现代变革之激进是毋庸置疑的，20世纪国人求变心切而让"激进主义"主导社会变革，这也是不争的事实。从更长的时段来看，会看到历史走的弯路——弯道超车，欲速而不达。但是，五四时期梁启超、陈独秀、鲁迅等人对国民性的批判，对传统文化的剖析，不能不说有振聋发聩的作用。直至今日，其意义也并未消失。一个民族所确立的文化自信，必然包含着有自信对自身进行反思和批判，有自信容纳不同的观念和见解。"重写文明史"也理应包含对历史上中华文明存在过的诸多问题进行揭示、梳理和反思。一种文明的延续和生长的生命力恰恰体现在它能不断地自我检讨、自我反思、自我纠错，从而达到不断地自我更新。

其七，对于中国文明历经的大的整合和重构，对于中国文明的丰富性和复杂性，亦有必要给予充分的关注。中华文明在历史上就是不断历经冲突乃至于艰苦卓绝的战争考验，才一次又一次地浴火重生、凤凰涅槃。"重写文明史"亦要写出文明内部的冲突，写出一种文明历经的生死考验。在这方面，文明书写与历史书写几乎重合了。"重写文明史"是否需要与历史书写区别？区别在哪里？前者更重物质性，关注生产方式和生产关系的变动吗？或者后者更重社会性，关注社会的制度、文化的创造吗？在这些大的历史变动过程中，"历史"的概念似乎比"文明"的概念更广泛。汤因比的《历史研究》以文明为单位，其历史观念及其历史叙事包裹了文明或者说呈现了文明的传承、变异、生死和终结。

其八，对于当今时代国际学界兴盛的"后人类"文明观念，"重写文明史"是否也需要同时兼顾？确实，"后人类"文明观念是对传统文明观念的挑战，其基础不只是观念性的，不只是文化方面的激进变革，重要的是它受经济基础影响，亦即由电子产业革命引发的人类生存观念的变革。数字化生存、奇点临近、人工智能和机器人诞生等，直到现今 ChatGPT4 横空出世。这并非只是说"后文明""后人类"这些概念会动摇"重写文明史"的根基，而是需要我们去正视"重写文明史"的当代建基基础，思考"重写"在一种文明面对当代性时的回应和对话能力。

其九，书写历史是为了回答现实的需要。今天重写文明史，建构中国话语体系，树立文化自信，并非罗列我们过往的文明成就、铺陈我们当代所取得的科学技术成就就能完成。对于人文科学来说，可能依然有一个向世界优秀文化成果学习的过程，只有站在世界优秀文化成果的基础上，我们构建的知识话语体系才能真正站立于世界文明/文化之林，得到世界心悦诚服的承认，获得充分的文化自信。

其十，"重写文明史"是为了改写历史和现实吗？人类文明发展至今，在每个世纪的关头，或者新世纪到来之际都有新的展望。21 世纪已经过去 20 余年，世界却陷入前所未有的动荡，地缘冲突、大国博弈、军备竞赛、科技竞争、环境毁坏、人工智能和机器人诞生等，世界未来的不确定性和人类面临的威胁都使人类文明陷入危险境地。在这个动荡的世界格局中，中华文明的价值在多大程度上能够为世界所接受？按汤因比的理想，21 世纪应该由东方的价值观（尤其是中国的）来引领——那是遵循和平与善行的价值观。然而，此愿只是学者的构想，而且是汤因比这种西方世界里非主流的历史学家大半个世纪前的想象。历史是由政治家操控的，斯宾格勒（Osward Spengler）在《西方的没落》最后一句话说：有力量的领着命运走，没有力量的被命运拖着走。世界历史的话语权的改写将以何种有力的方式进行？国际政治以军事、经济和科技实力来展开霸权，世界的发展形势无疑是沿着其既有的惯性展开的，某些偶发的事件会导致其发展方向的严重偏离，或者因此付出惨重代价。但历史之必然性是如何形成，又如何改道的呢？一直要用头去撞历史之"必然性"这堵墙的俄国思想家列夫·舍斯托夫（Lev Shestov）在近百年前写下了《雅典与耶路撒冷》（1938），他曾有一段话耐人寻味："整个哲学界，直至我们这个时代，为什么始终都在小心翼翼、关怀备至地守卫着康德在自己和中世纪及古代哲学之间划定的那条疆界呢？他的'批判'并未动摇欧洲人类警觉的思维所赖以建基的那一基础。永恒真理在康德之前和之后，都如不动的星座一般悬在我们头顶的星空，持续不断地温暖着我们，而那些被抛入无底的时空中去的、软弱的凡人们，就是根据它们来辨别方位的。它们的不变性赋予它们以一种强制性力量，不但如此——如果莱布尼茨的话可信的话——除强制性力量外，不变性还赋予他们以说服、处置和吸引力，无论它们为我们预示了什么，也无论它们向我们要求什么。而经验真理总是在激怒我们，无论它们能给我们带来什么，就如最高存在物（此即解围之神）使我们激怒一样，甚至在它向我们心中英明地植入有关存在和非存在的永恒真理时也一样。"① 这位相信"爱才是生活的法则"的哲学家，远离故土，过着颠沛流离的生活，却终生要用头去撞"必然性"这堵墙。写完这本书不久舍斯托夫就撒手人寰，世界历史究竟是被"必然性"一如既往支配还是被偶然性不断颠覆，哲学家依然莫衷一是，但信奉"必然性"的无疑是绝大多数。什么是今天世界历史的"必然性"？什么是中华文明及其面向未来的"必然性"？却是我们要去琢磨的难题。

原文载《四川大学学报（哲学社会科学版）》2023 年第3 期

---

① 列夫·舍斯托夫：《雅典与耶路撒冷》，张冰译，上海：上海人民出版社，2004 年，第 7 - 8 页。

文明史书写： 总体结构与中国视角

张　法①

当今世界，无论就世界历史而言，还是就中国历史而言，正进入多元文化大变局的关节点，或如奥斯特哈默（Jürgen Osterhammel）所称的"复数的全球史"②演进的关键期。对于中国学人而言，如何从整体上认识世界和认识中国，特别是将中国学人对中国和世界的认知带入世界学界的总体话语之中，并给寓中国的大变局于其中的世界大变局带去一种新的思考？当此之时，曹顺庆、刘诗诗的《重写文明史》，给当今应有的新思考，以禅宗型的棒喝方式，注入了一种活力。众所周知，人类由分散的世界史进入统一世界史以来，对世界史的书写主要有四大名称：人类史、世界史、全球史、文明史。就实际而言，可归为两大名称，一是世界史，一是文明史。就名称而论，前一名称强调客观呈现，后一名称强调价值评判。《重写文明史》不讲重写世界史，也不讲重写全球史（世界史学科在 20 世纪 90 年代以来常用的新名称），而标出重写文明史，突出的正是文中要强调的大主题：人类史－世界史－全球史－文明史书写中的总体结构和中国视角。

①　作者简介：张法，四川大学文学与新闻学院教授。

②　于尔根·奥斯特哈默：《全球史讲稿》，陈浩译，北京：商务印书馆，2021年，第 9－26 页。

世界史－全球史－文明史的总体结构，如何回应时代的需要而怎样重写，世界学人都在思考，如何在总体结构的书写中突显中国视角，这是中国学人应当做且只有中国学人方能做好的工作。如何以文明史的整体结构突显中国视角，进而以中国视角改变总体结构，构成了《重写文明史》的核心问题。其既潜藏着巨大的拓展空间，同时也留有较多的空白，会带来较大的争议。所谓优在于斯，弱亦在于斯。笔者以为，文中空白之选择，在于突出中国视角，选择最能突出中国视角的材料类型，在达到这一目的的同时，会招致对何以如此选择材料的尖锐提问。然而。此文的诡谲在于，因材料选择而突显的中国视角，本身又为回应提问埋下了应对的深奥曲径，而通向并促成着对总体结构的重写。

一、 为中国视角而对文明史的类型选择

世界进入现代化进程之前，人类的各文化虽有远距离交流和互动，但历史的书写主要聚焦各大文化自身的历史，中国是以《春秋》《国语》以来的正史为主的历史书写，西方是以希罗多德的《历史》、塔西陀《编年史》、圣奥尔本斯修道院的编年史为主的历史书写。世界进入现代化进程之后，分散的世界史进入统一的世界史，引领着世界现代史进程的西方文化，就开始了关于世界史的新型宏大叙事。如果说，现代化之前的世界，各大文化，特别是进入轴心时代之后的理性文化，各有自己的辉煌，那么，进入现代化之初，西方人以文艺复兴、科学革命、启蒙运动、宗教改革、全球殖民、工业革命，把西方文化与非西方文化的距离迅速拉大。统一世界史的书写正是在这样的氛围中开始的。现代化的西方随着殖民开拓进入尚未现代化的非西方，一种文化差距以文明差距的方式显出对照中的巨大区别，如西班牙人加西亚（Gregorio Garcia）的《新世界印第安人的起源》（*Origen de los Indios del Nuevo Mundo*，1607），德国人基歇尔（Athanasius

Kircher）的《中国图说》（*China Illustrata*，1667），法国人贝尔尼埃（François Bernier）的《大莫卧儿帝国游记》（*Voyage dans les Etats du Grand Mogol*，四卷本，1670—1671），这类书写以眼见耳闻的方式，强化着西方人的普遍感受，形成了西方进入现代化之初的基本感知：西方是文明的、科学的、理性的、先进的，非西方是野蛮的、愚昧的、迷信的、落后的。这一观念反映到世界史的书写上，就是以西方文明为中心和以西方文明演进为标准，把整个世界历史串联起来，其典型写作方式体现在从阿莫斯·迪恩（Amos Dean）《文明史》（*The History of Civilization*，七卷本，1868—1869）以来的一系列著作。这一方式构成了西方世界史－文明史的主流。

西方现代以来的思想又是不断演进的，大致可分为三段，近代（the early modern，从文艺复兴到 19 世纪末）、现代（the modern，从 20 世纪初到 60 年代）、后现代（the postmodern，60 年代至今）。近代思想，以培根、笛卡尔、黑格尔、基督教的上帝为基础，具体为本质与现象、中心与边缘两大结构，西方是与本质合一的现象，居于中心，非西方是远离本质的现象，处在边缘。体现在世界史－文明史的写作上，是西方中心论的。现代西方思想，在科学与哲学的升级中，有了本质性的变化。在科学上，由实体的原子世界进入到虚实合一的粒子世界，在这里，非西方思想，特别是中国和印度的思想特质得到突显；在哲学上，体现为与本质－现象论不同的表层－深层论，体现为存在主义的存在者与存在，精神分析的意识与无意识，结构主义的言语与语言，新神学的隐匿上帝与各种教会。在这样的结构中，实体性的本质之有转为深层的存在，无意识、隐匿上帝的本体，由有转向了无，这与中国形上之道的"无"和印度形上之梵的"空"，有了一种契合。在现代思想家中，法国的柏格森、英国的怀特海、德国的海德格尔、瑞士的荣格，都有对中国和印度思想的赞扬和运用，列维－斯特劳斯抬高了各原始文化在本体上的地位。不过，虽然各文化在深层本体上是平等的，但在表层现象上，是西方引领和占有了世界现代化以来的优势（尽管各非西方文化的地位有了根本性的提高）。西方后现代思想萌发于电话、电报、电影、广播的普及，在电视普及和电脑诞生之际产生，在电脑普及和手机普及中完成，科学上相对论的时空合一和质能一体、量子论的虚实结构及相互转化，在电信技术的高速发展中得到突显。如卡普拉（Fritjof Capra）在《物理学之道：现代物理学与东方神秘主义的平行探索》（1975）中论述的，现代物理学与中国和印度思想在宇宙基本结构的话语上，有高度的契合。在哲学上，后期维特根斯坦的分析哲学、德里达的解构主义、阿多诺的反总体思想、加达默尔的新解释学都论述着：存在者后面没有存在，意识下面没有无意识，言语的深层没有语言，文本并无固定的原意。各后现代思想对本体的否定，使得西方与非西方在本体论层面处在平等地位。在这些思想家中，中国思想与印度思想不时涌出，作为自己思想的例证，如维特根斯坦对禅宗的欣赏，德里达与印度思想的契合，利奥塔对犹太教堂和日本书法的赞扬，拉康对庄子的引用。总之，西方思想从近代到现代再到后现代，有一系列的根本变化，这一变化与文本相关的，就是西方思想在宇宙的物理范型和哲学范型上，不断修正和变化西方中心论的过程。体现在世界史－全球史－文明史的写作上，当西方思想由近代转向现代时，产生了斯宾格列（Oswald Spengler）《西方的没落》（1918—1922）和汤因比（Arnold Joseph Toynbee）《历史研究》（1934—1961）这样的著作，其已经开始离开西方中心论，而用非西方中心论的方式去讲述世界史－全球史－文明史。比如汤因比的著作，呈现 26 个文明，用一种统一理论框架去讨论各文明的产生、演进，或停滞、衰落、死亡。然而，这类著作，虽然竭力避免西方中心论，还是以个体文明为研究对象。由于西方文明是现代性的发动者和引领者，因此西方文明的重要性会自然而然地突显，因此，《历史研究》在最后总结之前，把"西方文明的前景"放在内容的最后一部。进入后现代之后，60年代世界史学会成立，联合国教科文组织于20世纪60年代编写了六卷本的《人类史》，90年代《世界历史杂志》（*Journal of World History*）出版，全球史的名称开始与世界史并行。最主要是，各种新型的世界史－全球史－文明史的书写开始出现，斯塔夫里阿诺斯（Leften Stavros Stavrianos）《全球通史》（1970—1971）和布罗代尔（Fernand Braudel）《文明史》（1987）代表新的反思与转变，麦克高希（William McGaaghey）《世界文明史》（2000）、斯波德克（Howard Spoodek）《全球通史》（2006）、阿迈斯托（Felipe Fernández-Armesto）《世界：一种历史》（2007）、本特利（Jerry Bentley）等的《简明新全球史》（2008）等，代表一种新的书写模式的形成。这一新模式的主要特点是：（1）不以单个文明为单位和主线，而以各文明间的关联和互动为主线；（2）以人类产生和演进的关键项为演进大线，把各文明在此中形成的普遍形态（技术，技术、社会、帝国、观念等）关联起来，呈现世界史－全球史－文明史的实际。

简而言之，关于世界史－文明史的书写，主要有三种模式：近代的西方中心主义模式，现代的转型模式，后现代的去西方中心模式。《重写文明史》主要是对近代模式进行批判，之所以如此，第一，应是考虑到近代模式的巨大影响。当西方文化从近代进入现代时期之后，西方中心的写作仍然强劲，可以韦尔斯（Herbert George wells）《世界史纲》（1918—1919）为例；当进入后现代时期之后，西方中心观的写作，依然存在，可以麦克尼尔（William McNeill）《西方的兴起：人类共同体史》（1963）为例。而且从文艺复兴到19世纪西方把全球瓜分完毕的数百年再到二战后西方率先升级到发达国家的历史来看，西方中心观在西方民众与世界大众中的影响仍是巨大的，面对如斯的现实，这一选择可以理解。第二，应是考虑到突显中国视角。近代模式以文明个体为单位，且重西方文明轻非西方文明，选择此一类型作为批判对象，能使中国视角得到最好的突显。而对于中国学人的重写文明史来讲，如何突显中国视角成为一个最为重要的主题。

二、 有中国视角而对文明史书写的画龙点睛

《重写文明史》诵过选取世界史－文明史的近代模式，很好地突显了中国视角。但人们也许会因主题应有内容，而进行至少如下的两大点的追问：

第一，在文明史书写的西方三种模式中，基本上只选近代模式，是否具有学术的客观性？这里，如果就自近代以来至今的文明史书写的全面性而言，只选近代模式，诚然相对于文明史书写的总貌有所偏离，但《重写文明史》，其主要目的，显然不是客观地、全面地反映和思考世界史－全球史－文明史的书写，不是怎样开始、怎样演进、怎样进行多样化的展开和整体上的提升，而是聚焦于迄今为止的世界史－全球史－文明史的书写在总体上有什么样的不足，特别是这些不足中，中国视角没有得到应有的突显。以此为主题进行展开，中国视角被极大地忽视，当然起因于西方近代关于世界史－文明史的书写模式，尽管随着世界史－全球史－义明史的书写模式从近代到现代再到后现代的演进，中国视角以及各非西方文化的视角有了不断的提升，但并没有达到中国视角在世界史－全球史－文明史中本有的客观存在的高度。作为中国学人，当然会把焦点放在对中国视角的关注上。为了把中国视角的问题作为一个大问题提出来，必然要选择能最好地突显中国视角的方式；体现在对世界史－全球史－文明史书写的选择上，必然是首先集中在近代模式上，然后再推及其他模式。由

于聚焦近代模式，通过对西方中心论的猛烈批判，突出中国视角的被忽视或被轻视，其隆隆炮火产生的余烟，也必然弥漫在文章所引的现代模式和后现代模式的文献之中，以致给人的感觉是：好像整个世界史－全球史－文明史的书写，都有一个西方中心论的红线贯串其中。现象中的诡谲之处又在于，正因为有了这一印象，中国视角的被忽略、被轻视，得到了最好的突显。极大地突显中国视角在世界史－全球史－文明史书写中的被忽视和被轻视，又正是《重写文明史》要达到的目标。虽然，《重写文明史》肯定会因这样的择选方略，而在呈现世界史－全球史－文明史书写的客观性上受到质疑，但只有在承受质疑中，其突显中国视角的目的方可得到最好的实现。如果引起质疑，无论是在作者预期之中，还是在想象之外，也不过是一种"求仁得仁"的结果罢了。

第二，突显中国视角，对世界史－全球史－文明史书写本身，究竟有多大的意义？世界史－全球史－文明史的书写，在从近代到现代再到后现代的演进中，不以单个文明为单位，而以一个时代中各文明的关联互动为中轴，且以本特利等《简明新全球史》为例，该书由七大时代构成：（1）早期复杂社会（前3500—前500）；（2）古典社会组织（前500—500）；（3）后古典时代（500—1000）；（4）跨文化互动的时代（1000—1500）；（5）全球一体化的缘起（1500—1800）；（6）革命、工业和帝国时代（1750—1914）；（7）现代全球重组（1914年至今）。每一时代都突出各文明单位的特性、互动与整体关联。且以第二部分为例，该部分由五章构成：（1）波斯帝国；（2）中国的统一；（3）印度的国家、社会和对救赎的探求；（4）地中海社会：希腊人与罗马人；（5）丝绸之路上的多种文化交流。① 这两层目录，并未体现出西方中心观，而是突出各文明单位的特点及其整体的关联和互动。在这样的写作模式中，作者本身就避免西方中心主义，而以新的全球史观兼顾各文明单位的世界史－全球史－文明史的书写。突显中国视角有无必要呢？有必要。通过对各文明的等同重视而呈现世界史－全球史－文明史总体演进结构，在表层现象上形成结构，相对容易；在深层内容上形成逻辑，甚为困难。一个文明中的学人要弄懂另一个文明的特质，需要经过艰苦努力。世界史－全球史－文明史为什么会以如是的方式形成和演进？各文明为什么在如是的演进中恰恰呈现为这一现象？这些问题，需要对各文明特质的深入研究，方能理解。只有突显各文明的特质，世界史－全球史－文明史的书写才能由表层进入到深层。就这方面而言，《重写文明史》大力提倡的中国视角，有助于在新型世界史－全球史－文明史的书写中，突显中国文明的特质。而这一突显，相应地会带动其他非西方文明，如印度文明、伊斯兰文明、东正教文明、拉美文明的学人，各自把自身文明的特质突显出来，进而融入世界史－全球史－文明史的书写之中。可以说，文明特质的突显，在世界史－全球史－文明史的提升中有画龙点睛的作用。文明特质的书写越早出现和越多深入，世界史－全球史－文明史的写作在世界各文明的互动合作中就越能得到本质上的提升。从这一角度来讲，《重写文明史》对中国视角的突显，其影响范围不仅是中国的，而且是世界的。世界史－全球史－文明史的写作，不仅在西方书写的多元互动中，而且在文明互鉴的全球互动中正开启着新的提升进程。在这一意义上，尽管对《重写文明史》可以从不同角度进行质疑，但其对中国视角的突

---

① 杰里·本特利、赫伯特·齐格勒、希瑟·斯特里兹：《简明新全球史》，魏凤莲译，北京：北京大学出版社，2009 年，"目录"。

显，在对世界史－全球史－文明史书写的新型提升上，或可具有这样的效果："小荷才露尖尖角，早有蜻蜓立上头。"

原文载《四川大学学报（哲学社会科学版）》2023 年第 3 期

"重写文明史" 必将是 "共写文明史"

金惠敏[①]

　　鸦片战争以来，中国的首要问题是中西之间的不平等关系问题。强势的西方在包括政治、经济、军事和文化等各个方面对弱势的中国形成侵凌、压迫、控制和殖民。然而，哪里有压迫，哪里就有反抗。作为文化抗争或文化自信的一种表现形式，晚清有沈毓桂、张之洞等人"中学为体，西学为用"的主张；[②] 20 世纪 30 年代有萨孟武等十位教授联署"中国本位"文化建设之宣言；再有 50 年代唐君毅等新儒家在香港发表"中国文化宣言"，宣告中国文化之为"民族之客观的精神生命之表现"，其之于"世界的重要性"，其之于"人类文化"的"贡献"，其之于中华民族和当代世界之"活的"价值，[③] 等等。中国人的文化抗争和自信，其道路曲折而又绵延不绝。此所举数端，仅其荦荦之至大者也。

　　放置于中国文化自信之路的历史语境，曹顺庆教授新近领衔

---

　　① 作者简介：金惠敏，四川大学文学与新闻学院研究员。

　　② 参见易惠莉《"中学为体，西学为用"的本意及其演变》（《河北学刊》1993 年第 1 期）对此口号之来龙去脉的考据。

　　③ 参见唐君毅等：《为中国文化敬告世界人士宣言——我们对中国学术研究及中国文化与世界文化前途之共同认识》，《唐君毅全集》第九卷，《中国文化与世界》，北京：九州出版社，2016 年，第 3 页以后。

发表的重磅论文《重写文明史》，① 既是对全球文明书写史上的西方霸权进行讨伐的檄文，又是对如何在全球文化舆论场中提振中国话语的一种行动指南。如果说之前曹顺庆教授对中国文论"失语症"的指认重在对"文化病态"的"诊断"，② 那么现在对于"重写文明史"的倡导则可谓是"治沉疴而下猛药"了。而且尤令人振奋的是，如果说此前百折不挠、屡仆屡起的各种文化自信呼声多表现为一种"内向性""防御性"的抵抗，面对西方文化霸权总流露出多多少少的无奈和不甘，总不是那么理直气壮，那么今度"重写文明史"之号召则显然是"外向性""进攻性"的"问鼎"了，它是对话语制高点的争夺，是向着文化上"全球治理"的高歌猛进，是"中国智慧"和"中国方案"代表性的最强音之一，这无论于作者本人抑或整个中国思想文化界都堪称新时代全球化的一大飞跃。

必须承认，自始以来世界文明史就一直是西方世界一家的历史、故事和叙述，或明目张胆地宣示或委婉含蓄地表达着某种程度的西方中心主义和文化帝国主义的情结，充斥着西方对东方和中国的"东方主义"的傲慢与偏见，后者不是被无意地误读，就是被蓄意地歪曲和贬低。曹文无情揭露了西方学者和文人如基佐、埃里亚斯、黑格尔、伏尔泰、阿莫斯·迪恩（Amos Dean）、塞缪尔·约翰生、亨廷顿、福山等对西方文明的自夸和对东方文明的轻蔑，更尖锐批评了中国文化和学术界长期流行的对中华文明的自轻自贱与对西方文明的顶礼膜拜，特别是其中那些举足轻

---

① 曹顺庆、刘诗诗：《重写文明史》，《四川大学学报（哲学社会科学版）》2023 年第 1 期。以下简称"曹文"。

② 参见曹顺庆：《文论失语症和文化病态》，《文艺争鸣》1996 年第 2 期。作者将此文定位于"诊断"，而"疗救"则是之后的事情："当然，重建中国文论话语，殊非易事，也不是一朝一夕之功。但首先必须认识到'文论失语症'这一文化病态，才可能引起疗救的注意，也才可能真正认识重建中国文论话语这一跨世纪的重大命题，并着手寻求重建文论话语的具体路径，以及通过具体的实践来证实其方法的可操作性。"（第 57－58 页）

重的大人物如傅斯年、钱玄同、瞿秋白、朱光潜等的极端言辞，貌似在这些人看来，中华文明不死，中国便永无获得新生之可能。

诚如土耳其裔美国批评家和汉学家阿里夫·德里克所发现的那样，受西方殖民主义者之"东方主义"的威势和挟裹，或者说，拜其强大的"感召力"所赐，在被殖民者内心深处同样会自然而然地滋长出与之相呼应的"东方主义"。简单说，西方人有"东方主义"，东方人照样有"东方主义"。两种版本的"东方主义"同样重要，虽则西方人发明了"东方主义"，但是倘使没有东方人的"东方主义"予以在地化，即对本土历史和现实的"东方主义"阐释，那么"东方主义"至多只是限制在西方范围内的一种主观幻象。①

然而问题在于：被殖民者何以能够心悦诚服地接受殖民者之"东方主义"意识形态叙事？对于这一问题，马克思曾有暗示："统治阶级的思想在每一时代都是占统治地位的思想。这就是说，一个阶级是社会上占统治地位的物质力量，同时也是社会上占统治地位的精神力量。"②马克思这里所指涉的是前全球化时期的意识形态状况，而今当西方人通过其所主导的全球化将世界上所有国家都连接起来，并将其压缩为一个"村"或一个"社会"时，那么其本属一时一地的意识形态便成为"全球村"或"全球社会"的意识形态。德里克看到，"那些渗透着文化偏见

---

① 参见阿里夫·德里克：《中国历史与东方主义问题》，王琦译，载其《后革命氛围》，王宁等译，北京：中国社会科学出版社，1999 年，第 273 - 303 页。在此文中，德里克批评赛义德的"东方主义"忽略了东方人在其建构过程中的贡献："我以为，赛义德所说的东方主义的欠缺在于他忽略了东方人在这一有关东方的话语的展开中的参与。"（第 290 页）他建议："我们不把东方主义看作是欧洲近代社会的本土产物，那么将之当作欧洲人与非欧洲人相遇的'接触区'的产物，倒更有些道理。"（第 291 页）

② 《马克思恩格斯选集》第一卷，北京：人民出版社，2012 年，第 178 页。

的价值观在欧美霸权之下已经是全球性的"①。

这就是其所谓之"全球现代性"的首要意指，或者说，一种"全球东方主义"，即那"渗透着文化偏见"的"东方主义"已经被全球化、普遍化与合法化了。且更为严重的是，它已经深深地植根于被殖民者的无意识心理结构而无须经由任何反思和审查：似乎"欧洲现代性"天经地义地、不言而喻地就是"全球现代性"，就是全人类或所有国家的必由之路和共同选择。但尽管有此现象及其诱导，德里克仍是坚持不放："欧洲现代性实际上是伪装成普遍主义的种族中心主义！"德里克并不就此停步，他甚至认为，"文明概念本身从其假设上来说就是一个殖民的概念，和文明有关的规范提供了一种方法，它们在抹消其他规范和生活方式的过程中改变文明的他者，改变'野蛮人'"②。当"东方主义"已然根深蒂固地成为东方人、中国人的"东方主义"之时，当中国学者只能操持西方话语、运用西方标准，对中国历史、文化、思想进行剪裁、评判和图绘之时，曹顺庆教授对"文论失语症"的忧虑，对"重写文明史"的呼吁，便赫然显露出其深刻的学术洞识和在文化政治上的使命担当了。也许能够说，中国学人无论在哪个意义上都难逃脱"后殖民主义"的标签：我们早已深深地陷在与西方相遭遇的缠结之中，无论是乐在其中抑或努力从中挣脱，都存在着与它的一种关系。我们无法摆脱这一关系。我们唯一能做的事只是调整这种关系。在这一点上，可能令我们惊恐不安的是，德里克指认了一种无可回避的事实，即"欧美现代性话语竟然包括殖民主义和反现代主义的合法化"，而这将导致"不管多少文化研究学者（或民族主义者）会进行驳斥和解构欧/美所主张和创造的现代性——即一种殖民

① 阿里夫·德里克：《全球现代性之窗：社会科学文集》，连煦等译，北京：知识产权出版社，2013年，第11页。
② 阿里夫·德里克：《全球现代性之窗：社会科学文集》，第10、52-53页。

的现代性——都是当代全球生存方式的一部分和条件之一"。德里克因此提醒我们："忘记这种欧洲现代性的全球影响所产生的物质和意识形态后果是一种非历史的做法，而且也没有必要为了消除史学中的欧洲中心主义而这样做。"我们不能否认"欧美现代性话语是全球现代性话语的一部分"。① 如果我们接受德里克的观察，即欧美现代性话语及其在全球范围内之无远弗届的影响和播撒，那么对于我们来说，这首先意味着在中国客观上存在着一种无孔不入、无所不在的西方现代性，因为即使那些反现代性话语也是对于现代性话语整体的一个差异性补充、丰富或修订，这也进一步意味着在我们意识深处清除西方中心主义的难度，因为它已经进入和构成了我们自身的肌体。但是，然后呢？我们应该如何面对和应对"全球现代性"的复杂和悖论？具体于全球文明史书写，德里克留给我们的问题是：在发现其中的西方中心主义之后，我们应该怎样"重写文明史"？

后殖民学者如德里克、赛义德等人的非西方族裔身份，赋予他们对于现代性话语的西方中心主义或"东方主义"属性和特征以高度的敏感和警惕。这样说也许存在偏颇，因为即使西方主流学者和哲学家，除非那些冥顽不灵的殖民主义者，对于包括全球文明史书写在内的哲学史观和总体世界观之西方中心主义或自恋情结，也是有省察、有揭露，且试图予以纠正的。例如尽管不算彻底，亦未必为其他学者所完全认可，胡塞尔还是主动地将其"主体性"修正为"主体间性"，海德格尔还是愿意将人类的"此在"规定为"共在"，哈贝马斯还是将绝对"纯粹理性"改写为"交往理性"，列维纳斯更是设定一个"绝对他者"的存在，等等。可以说，绝对的"自我"，绝对的"主体"，绝对的

---

① 阿里夫·德里克：《当代视野中的现代性批判》，《南京大学学报（哲学社会科学版）》2007 年第 6 期。

"作者"，绝对的"无意识"，绝对的"西方"，等等，凡从前被称为"绝对"的东西，在 20 世纪 60 年代以来的西方哲学、心理学、语言学、社会学、文学理论和文化理论中已不复存在。各种理论无不想方设法将他者纳入自我的视域和本己构成。这种理论新浪潮从一个否定的方面证实了在哲学和文化意义上西方主体性或西方主体主义以及一个文明书写史方面的西方中心主义的存在。这些新理论绝非无的放矢。

在对于中国的图绘上，西方中心主义是一种知识顽疾。这里之所以称之为"顽疾"，乃是因为我们发现，那些对西方中心主义的严肃批评乃至颠覆最终仍可归为另一种形式的西方中心主义，尽管其非常隐晦，甚而深藏不露。以福柯和德里达为例，确定的是，他们的理论均给予美国后殖民批评以基础性的支持，也就是说，他们的理论均可转用于对于东方主义或西方中心主义的揭露和批判，但通常影影绰绰的，亦即学界难以捕捉的，是其理论所包含的西方中心主义的前提。倘若失去这一前提，其后的论述将凌乱不堪。我们来分析一下福柯在其《词与物：人文科学考古学》"前言"对博尔赫斯所虚构的中国百科全书之动物分类的引述和解读。据博尔赫斯所称，中国有部百科全书将动物划分为如下类别：专属于皇帝的、散发着香气的、驯服的、乳猪、鳗螈、传说中的、流浪狗、性情狂躁的、不可胜数的、用驼毛笔图画出来的、刚刚打破水罐的、远观其状若苍蝇的，等等。这种怪诞不经的分类学令福柯哑然失笑，然而这笑声却开启了他对西方人类学主体主义的批判之旅。福柯认为这种分类动摇了西方千百年来对事物进行分类和控制的尺度，亦即那些进行"同"（le Même）"异"（l'Autre）之辨所依据的法则。无论在表面上抑或在其内心深处，福柯大约都没有厚此薄彼，而是将它们作为两套不同的思维体系。如果我们觉得中国分类学这一套匪夷所思，那是因为它超过了我们思想的限度或"套路"。福柯的诀窍或对策正是在一个"异托邦"或异质文化空间中安放这样令人不安的畸形分类，就其所属之文化而言，它是合情合理的，尽管与另外一种文化相悖相离："在我们所居住的地球的另一极，可能存在着一种文化，它全然倾力于对周遭环境的秩序化，但是，它并不将纷纭万象的存在物分配给使我们有可能命名、言说和思考的任何范畴。"这种文化的特点，福柯将其描述为"没有空间的思想"，"缺乏人间烟火（feu）和处所的语词和范畴"，而如果说它仍有空间的话，否则将无处安放这些存在物，那么其空间乃是"笼罩四野的天穹"（un espace solennel），其中因而可以塞进任何"复杂的图形、紊乱的路径、怪异的处所、秘密的小径和不期然而然的相遇"，等等。① 如果我们联想到康德之赋予"空间"以知性范畴的含义，那么中国思想和文化中的"空间"则是与其截然对立的"非空间"，因为中国人所理解的"空间"无边无际、无可规范。打个比方说，西方人的空间是建筑物所包裹进来或切割出来的空间，而中国的空间则是建筑物之外的、可无限扩展的空间。福柯显然是从康德所定义的理性"空间"出发去迎接中国人非理性的"空间"，因此也可以说他对中国文化进行评论的出发点其实是一个西方视点，而若是称此视点为"西方中心主义"，当无任何不妥。这种在观察中国时所凭借的西方视点，与在中国探险猎奇的汉学家谢阁兰，以及与一定要将中国和古希腊或西方作为两个毫不相关的文化，要在二者之间拉开"间距"从而创造"之间"的汉学哲学家朱利安并无二致。这是一种潜在的、连作者也不曾意识到的、在伽达默尔解释学看来也是无法轻易祛除的"前有""前见""前摄"，即先在立场。

我们再来看中国文化在德里达解构论中的位置和作用。德里

---

① Michel Foucault, *Les mots et les choses: Unearchéologie des sciences humaines*, Paris：Gallimard, 1966, pp. 10 - 11.

达的论敌是"在场形而上学"，① 也就是相信真理之无处不在，其基础是真理符合论。对"在场形而上学"的揭露和拒斥不止有德里达一家，这是法国后结构主义的基本立场和取向。但德里达有所不同的是，他从西方语言学抽绎一个"语音中心主义"，并从中指认一个"逻各斯中心主义"的存在。根据他的描述和界定，所谓"语音中心主义"指的是以西方表音文字为代表的语言系统，在这一系统中，文字记录语音，而语音表达思想，从思想到言语再到文字形成一个内在的、自然的、完满再现的循环。西方文字也可能偏离思想，但由于其拼音性质，即完好地记录言语，因而其对思想的损耗便可以忽略不计。而若是从语音中心主义出发，那么如汉字这种表意文字，其对言语，更严重的是对于思想，就是一种"外在"、从而"暴力"了，即是说，外在于表达过程而对表达构成偏离和歪曲。汉字虽有象形和表音的成分，但显然是以表意为中心，因此中国语言是"文字中心主义"：各种方言尽管可以有自己的发音，但所读的文字则是不变的、稳定的，方言之间可以互不相通，而文字则可以使方言讲说者通过共用的文字而达致相互的理解。为了解构"语音中心主义"，更清晰地说，为了证明和揭露"一言既出、驷马难追"那般的达意之难，即表达与思想在根本上的不一致状态，由于表音文字在表达过程中的言文一致假象或二者之间表面上的直接性，德里达便转而诉诸汉字这种与语音中心主义相对立的"文字中心主义"（德里达本人没有这个概念），它明显是对思想、言语进行有"裂隙"的转换、疏离、背离、叛逆、颠覆，即最终对

---

① 德里达对"在场形而上学"之批判，其奥妙在于"在场"一语，即无处不在的掌控能力。形而上学必具"在场"的力量，否则它就不能是形而上学。有学者指出："对于德里达说来，形而上学由此便是一种机制，包含了力量、权力、掌控、主导、暴力，尤其是监视。"（Irene Harvey，"Derrida and the Concept of Metaphysics"，*Research in Phenomenology*，1983，Vol. 13，p. 128）显然，德里达对"在场形而上学"的批判，其矛头所向一如福柯的话语批判。此乃其深受后殖民批评欢迎的根本原因。

思想和言语的颠覆。文字的发明一方面是为了记录，但德里达发现，其另一方面则意味着"遗忘"，二者一体两面或就是同时发生："文字乃自我之遗忘，乃外化之活动，乃内化性记忆之反面，乃开辟出精神史之 *Erinnerung*（记忆）"，而"文字之所以造成遗忘，其原因在于它是一种中介，是逻各斯离开了其自身。没有文字，逻各斯将居留于其自身。在逻各斯之内，文字掩盖了意义向心灵之自然的、原始的和直接的呈现。文字将其暴力施加于作为无意识的心灵"。① 这一柏拉图以来的论断无论对于拼音文字或表意文字都同样有效，因为如德里达从黑格尔那里所获取的，"拼音文字表示声音，而声音本身即是符号"②。这意味着德里达可以完全不烦绕道他所不熟悉的汉字，而仅仅在西方语言系统内部就可以发起对语音中心主义和逻各斯中心主义的解构战役。但较之于表音文字，汉字这种表意书写的便利之处在于它能够更直观、更简单、更清晰地展示语言系统本身的断裂。如果说拼音文字是对言语的严格摹写，那么表意文字则与言语即发音完全无关，达到一种对于言语的彻底外在性。回到对于"在场形而上学"的批判，德里达看见汉字文化更能胜任这一任务，因为它更远离于生命、存在、本体、本质、精神和历史等这些形而上学的神性/神学设定："如果非表音元素威胁着历史和精神生命在呼吸中的自我呈现，那么这就是说它威胁着实体性，威胁着这一存在（*l'ousia*）和在场的形而上学的别名。首先是以实体的形式。非表音文字打碎了名词（nom）。它描述关系而非呼唤（appellations）。名词（nom）与字词（mot），这些呼吸与概念的

---

① Jacques Derrida, *De la grammatologie*, Paris: Minuit, 1967, pp. 39, 55.

② Derrida, *De la grammatologie*, p. 39. 此语德里达引自黑格尔《哲学科学百科全书》§459。

统一体，在纯粹文字中消失不见了。"① 德里达的名言"文本之外无一物"，更具体言之，指的是"文字"之外无一物。使用德里达特有的术语，如果说文字乃是"危险的增补"，那么汉字便是"更危险的增补"了，而增补则是对被增补者的模拟、假冒和取代，结果是表意的无能和虚无。进一步，如果说言语开始了对"在场形而上学"的终结之旅，中经表音文字的助力，那么汉字则是这一终结之旅的尽头。

德里达并未贬低汉字及汉字文化，相反，汉字是他颠覆"在场形而上学"的东方盟军。以此而言，在德里达那里是不存在西方中心主义的。但是如果考虑其将"语音中心主义"与"文字中心主义"相对置，而且按照西方哲学传统，将"语音中心主义"作为理性主义的语言学同义语，那么这无疑意味着将汉字所代表的中国文化放在非理性主义一线，放在与真理和生命相隔绝的"异托邦"那里，这无关乎其对非理性主义的态度：赞成抑或反对。德里达曾经明确地表示他对于包括中国思想在内的"非欧洲的思想绝不缺乏敬意，它们可以是十分强有力的、十分必不可少的思想"，但依然坚持"不能将之称为严格意义上的'哲学'"。在他，哲学是发源于古希腊、在欧洲范围内传承的东西，因而中国尽管也有知识和思想，但"将它们叫作哲学是不合理的"。此言此说不知令多少中国哲学研究者感到困惑和冒犯，但若是了解其特殊的"哲学"定义，中国学者或许会得到些许的释怀。简单说，其所谓"哲学"就是以"语音中心主义"所代表的逻各斯中心主义，而中国文化所特有的"文字中心主义"则使得其知识和思想居于"语音中心主义"的另一端

---

① Derrida, *De la grammatologie*, p. 41. 此处在德里达，"名词"（nom）或名称、名字是属于言语的、出声的，因而与呼吸、呼唤有关。如李白诗句"呼儿将出换美酒"所表示，名字、名称（名词）是用于呼叫的，需要经由呼吸、气息、发音、声带振动等。而"字词"（mot）则主要用于无声的辨认。

或异端。"哲学"必须是"在场"的，而汉字却让声音——那是神的声音，逻各斯的声音，形而上学的声音——不在场。德里达将中国文化作为西方文化的异类，虽然他猜想中国文化也有可能存在着"语音特权的因素或方面"，但对于作为西方人的他来说，其趣味是西方中心导向的，难以根除，"中国文字在我眼中更有趣的常常是它那种非语音的东西"。① 他不是有意要坚持什么西方中心主义，而是其心理、其存在是由西方中心主义所建构的。要求西方人放弃西方中心主义，无异于强令他们放弃自己的生命。

我们感谢福柯和德里达对他者的同情和解放努力，感谢他们对中国文化的兴趣和解读，不能否认他们仍然在某种程度或某些方面抓住了中国文化的特点，但尽管如此，我们仍需留意其埋藏至深的西方中心主义情结。在这个意义上，中国学者如周宁、葛兆光和华人学者顾明栋所揭橥于国外汉学的"汉学主义"，即认为国外学者的所谓"中国研究"不过是其本国知识体系和意识形态的组成部分，与中国本身的真实存在和样貌无关，这并非毫无道理的情绪性话语。而由是观之，曹义亦可归于此"汉学主义"批判阵营。但曹文针对已有的"汉学主义"之错误的中国书写，更进一步提出"重写文明史"的中国文明自信或文明自信的时代要求，那么这就不再只是"坐而论道"，且亦是"起而行之"了。

如果再进一步说，考虑到德里克通过其"全球现代性"所揭示的西方现代性在当代世界几乎每个角落的主导性存在，及其必然的在地性变身或变形，同时也能够看到和理解西方文化或文明在西方人身上的解释学性"前在""前有"和"前摄"，即不

① 雅克·德里达：《访谈代序》，《书写与差异》上册，北京：生活·读书·新知三联书店，2001年，第10、11页。

可祛除的存在论构成以及任何定位、透视之所必须和必需，那么由中国学者所发出的"重写文明史"之要求，就不会是一种极端的、睚眦必报的、你死我活的复仇主义，而是一种客观的、平和的、协商对话的、互鉴互学的、取长补短的世界主义撰著了。"人类命运共同体"时代的"重写文明史"必将是"共写文明史"。

原文载《四川大学学报（哲学社会科学版）》2023 年第 3 期

重写世界文明史/世界文学史的思想与方法

刘洪涛①

一

"重写文明史"无疑是当今时代的重大命题。一个民族发展到关键的时期，其文化、文明的发展就需要一种"自觉"，自觉去打破旧的精神、思想框架的束缚，创建新的格局，为文化、文明的进一步发展开辟广阔前景。而在所有可以开辟的领域、拓展的方向上，"重写文明史"是最具综合性、全局性和根本性的，它必然要对中华文明的本质特征、历史趋势和当代价值做高屋建瓴的阐释，对人类文明的历史命运、各主要文明体的类型及其相互关系进行比较和反思，对中华文明的世界地位和贡献做与时俱进的评价，这些都是关乎国运的重大命题。长久以来，中国并不缺少"世界文明史"一类的教材或著作，缺的是能够真正纠正西方文明中心论、西方文明优越论等错误的文明观，对人类的文明认知与言说产生真正影响的"世界文明史"著述，这同样是关乎掌握文明史话语权、推动文明互鉴、推动各个学科知识体系重构与中国话语建设的重大命题。

---

① 作者简介：刘洪涛，北京师范大学文学院教授。

"重写文明史"预期产生的成果，除了一部世界文明通史，还包括"文明互鉴史""文明比较史"等以往文明史缺失的部分，以及哲学史、文学史、艺术史、经济史、法律史、科技史等各个学科史。此外，文明史学史、文明研究史等也被纳入规划的范围。专栏的三篇文章，已经从这三个面向，勾勒出这一宏大的学术工程的大致轮廓，读来令人鼓舞，也令人充满期待。

二

专栏的第二篇文章是国际知名比较文学学者、比利时鲁汶大学、荷兰莱顿大学荣休教授西奥·德汉（Theo D'haen）的《重写世界文明史/世界文学史：由编撰〈文学：世界史〉引发的思考》。《文学：世界史》（*Literature: A World History*）一书由达姆罗什（David Damrosch）和古尼拉·林德伯格－瓦德（Gunilla Lindberg-Wada）两位知名学者任总主编，威利－布莱克威尔出版社 2022 年出版。这部世界文学史的撰写计划起始于 2004 年在斯德哥尔摩召开的一个有关世界文学史研究的国际会议，经过数十位来自不同国家的学者多年的努力，终于完成。全书共分四卷，德汉教授担任第二卷的主编，并负责第三、四卷中"1500年至 1800 年""1800 年至今"两个时期欧洲文学的撰稿工作。此文是德汉教授从撰写这部文学史引发的思考。

正如德汉教授在文中所言，《文学：世界史》是一部自觉地去"西方中心主义"的文学史。书中的"世界"被具体划分为六大地理区域，依次为：（1）东亚，（2）南亚、东南亚和大洋洲，（3）西亚和中亚，（4）非洲，（5）欧洲，（6）美洲。全书按照时间分卷，第一卷从开始到公元 200 年，第二卷从公元 200年到 1500 年，第三卷从 1500 年到 1800 年，第四卷是从 1800 年至今。四卷书按照四个时间跨度和六个宏观地理区域构成了 24个板块，对每一个板块在每个时期的文学及其产生的社会历史语境，依次交替进行论述。全书有一个总论，阐述对"文学"和"世界"这两个关键概念的理解与应用；每卷开头有导论，对该时期的全球历史发展大势和文学的总体样貌进行描绘；各卷还列有专章，对该时期重要板块的内部或相邻板块之间形成的全局性文学现象和相互关系进行论述。这样的文学史空间架构和历史线索，为描述文学史发展创造了必要的总分兼顾、稳定性与流动性的统一。从以上介绍可以看到，欧洲文学，乃至整个西方文学，在整个文学史的框架内，都没有受到任何优待。而为了"消除任何欧洲/西方中心主义的暗示"，编者分卷所选取的时间节点，是全球各区域历史发展阶段的最大公约数；还为每一个区域板块在四卷书中平均分配页数；甚至在选择撰稿作者时，也充分考虑族裔和地区分布的代表性。

德汉教授在文章中没有明说但实际上一目了然的，是这部文学史不仅去"西方中心主义"，甚至转向了"亚洲中心"。在六大地理板块的划分中，唯独亚洲占了其中的三大板块；如果以"洲"作为地理单位看待这种划分，亚洲的份额占据了整个文学史的近二分之一篇幅。而在亚洲文学中，东亚文学，尤其是中国文学更受到优待，它是各个民族国家文学中，唯一从先秦到当代，按朝代、时期被系统、连贯地加以论述的；而且东亚文学还被放在各卷卷首的位置，时间上更古老的两河流域和埃及所属的西亚、非洲文学，却放到其后。作为比较，中东欧和中亚地区的斯拉夫文学，仅在第二卷以一小节寥寥数页的篇幅，介绍了其起源与早期的形态。19 世纪俄罗斯文学的黄金时代未有专节论述。前苏联中亚、西亚地区的塔吉克文学、奥塞梯文学等，则在第三、四卷，被划入"西亚和中亚"板块，归到"波斯文学"和"欧亚突厥文学"名下，完整的俄罗斯文学不复存在。

德汉教授在文章中，还解释了《文学：世界史》中自己撰稿的部分如何去"西方中心主义"。这就是在论及公认"领先"

的欧洲文学时，举例"指出没有任何一个单一的欧洲文学是独立的。在某种程度上，所有这些作品或多或少相互依存。在此过程中，我也尽可能多地保留了之前试图追溯欧洲文学与外部世界接触的内容"。例如在第三卷，为了强化欧洲文学与外部世界的联系甚至依赖，他详细地描述了"欧洲与奥斯曼帝国的敌对关系、对东方及远东的迷恋，以及发现之旅和随之而来的殖民事业"对 1500 年至 1800 年欧洲文学的重大影响。

德汉教授在文章中含蓄地提到，《文学：世界史》贬欧洲、厚亚洲的处理方式，是受到日益突出的地缘政治发展等因素的影响，"中国在经济和政治上的崛起，以及紧随其后的印度等国的崛起，还有日本作为主要经济体的早期崛起。与此同时，也伴随着当时研究比较文学和世界文学的学者的普遍愿景：更公平地对待世界文学。同样，后殖民主义和多元文化主义也发挥了作用"。正是这些因素的综合作用，促成了世界文学板块的位移，促成了国际文学学术界去"西方中心主义"浪潮的兴起。作为对一直以来西方学界以欧洲/西方为中心的世界文学史著述的反拨，该书给予亚洲文学，尤其是东亚中国文学高度的重视，这种自觉的自我反思精神、批判意识、真诚用心值得我们充分肯定。但凡事往往都有两面性，《文学：世界史》中明显存在的上述缺失，是不是为了新的政治正确，而有矫枉过正之嫌呢？

德汉教授作为《文学：世界史》的重要编著者，在此文中，还对在撰稿时遇到的一些具有普遍性的问题，分享了他的处理经验。例如语言问题。德汉教授说他尽管通晓大部分罗曼语系和日耳曼语系的语言，却不懂斯拉夫语系语言，在处理斯拉夫文学文本时，只能借助于译本，以及弗朗科·莫雷蒂倡导的"远读"（distant reading）法。还有文学的代表性问题。在他撰稿的欧洲部分，如何给予所有欧洲国家的文学应有的地位？是不是只有几个大国就能代表欧洲文学？再就是选择作品的质量问题，是不是只有经典杰作才能够进入文学史？德汉教授坦陈，对这些问题，他也没能找到最理想的答案。但他表示，"公平地反映代表性"和包容性，应该是处理这些问题时所持的立场和态度。

更难能可贵的是，德汉教授从撰写《文学：世界史》遇到的"欧洲文学边界"问题出发，对构成这部世界文学史基础框架的地理划界逻辑进行了反思。德汉教授提出，生活在欧亚地区，文化深受西亚北非影响的古代希腊人，是否真的是"欧洲人"，还是"我们只是在回顾历史时才让他们成为欧洲人"？8世纪到15世纪摩尔人占据时期的西班牙文学，又在多大程度上可以被算作欧洲文学？当代作家阿西娅·杰巴尔和塔哈尔·本·杰伦分别出生于阿尔及利亚和摩洛哥，但他们长期生活在巴黎，还算是"非洲作家"吗？类似的情况也出现在帕慕克和拉什迪身上。帕慕克出生于土耳其，拉什迪出生在印度，根据《文学：世界史》的地理逻辑，他们分别被归入"中亚和西亚""南亚"板块，但拉什迪的小说《摩尔人的最后叹息》和帕慕克的小说《伊斯坦布尔》，表现的都是发生在欧洲土地上的欧亚冲突，他们可否算作欧洲作家？进一步的追问会使归属问题更加复杂：拉什迪和帕慕克长期生活在纽约，他们是否还可以被视为美国作家？德汉教授想要表达的观点是：看似凝固的区域地理边界在历史中却常常是流动的。德汉教授从此出发，对《文学：世界史》地理划界的预设提出了质疑，他指出："对地理层面上宏观区域的选择，在摒弃切割世界文学空间的传统方式的同时，也建立了新的边界，而这些边界可能会像旧的边界一样僵化，最终还是不会令人满意。"

三

重写世界文学史是重写文明史的重要组成部分，在德汉教授论文涉及的范围内，笔者就几个相关问题发表三点看法。

第一点是世界文学的研究对象或涵盖范围，到底应该是人类文学的总和还是经典杰作？这个问题之争由来已久。韦勒克在其《文学理论》中列举了三个世界文学的定义，其中就有这两个。但大多数西方学者都排斥总和说。韦勒克说它"也许宏伟壮观得过分不必要"。在他之前的理查德·莫尔顿（Richard Green Moulton），在他之后的克劳迪奥·纪廉（Claudio Guillén），也都对总和说持否定态度。作为《文学：世界史》东亚部分的统稿人、中国文学部分的撰稿人、第三卷主编的张隆溪教授，也认为"不加限定的世界文学是一个漫无边际、无法操作的概念，在批评和理论上都没有实际意义"。张隆溪教授在为此书撰写的中国文学部分，就秉承了世界文学作为"经典杰作"的理念。但总和说并非没有价值，因为它体现了世界各区域、国家、民族，无论大小，其文学一律平等的观念。总和说同样有可操作性，在这方面，苏联高尔基世界文学研究所专家撰写的《全世界文学史》提供了一个范例。此书共八卷十六册，近 1000 万字，由 500 多位专家，耗时 20 余年合作完成。其《全书引言》开宗明义："世界文学是从上古时期起到我们这个时代为止世界所有民族文学的总和"，并且旗帜鲜明地主张"从更广泛的方面来谈'世界文学'"。在《文学：世界史》中，德汉教授也没有充分贯彻"经典杰作"的理念，他为了"探寻欧洲在文学、政治、经济、军事等各方面与非欧洲世界的交流是如何影响欧洲文学"，自然会重点论述到与此相关的文本。例如莎士比亚被布鲁姆奉为西方经典的中心，但德汉教授仅用三言两语就概括了"四大悲剧"，稍多的笔墨则给了"反映了美洲探险引起的世界观的转变"的《暴风雨》。有关世界文学到底是人类文学的总和还是经典杰作的分歧，提示我们两种世界文学史类型的存在。一种是以经典杰作作为基础文本的文学史，它聚焦于文学内在的人文意蕴和审美价值，侧重文学传统自身的延续与发展。而立足于"全人类文学总和"的文学史，则能以更宏阔的视野，阐述文学的全球发展，更有利于揭示世界文学流动和交互影响的规律。编著者做怎样的取舍和选择，需要根据撰写的宗旨和目的来定。

第二点是文学史的整体性与碎片化问题。西方的世界文学史写作始于19世纪初叶，发展至20世纪下半期，其成果已经蔚为大观。其间虽然有德国、法国、美国、俄苏等国学者所著世界文学史类著作，在对象范围、框架结构、发展动力和趋势等基本问题的处理上，存在着基于国别的巨大差异，但又都有连贯清晰的历史与思想脉络，体现出明确的价值判断。20世纪八九十年代以来，体现出统一的历史、思想脉络和价值判断的文学史类型，往往被归入"宏大叙事"，成为被消解的对象，而那些强调差异、多元、碎片化、拼盘式的文学史则大行其道。德汉教授在文中提到的哈佛大学出版社推出的系列国别文学史，如丹尼斯·霍勒（Denis Hollier）主编的《新编法国文学史》（1989）、大卫·韦尔伯里（David Wellbery）和朱迪思·瑞安（Judith Ryan）主编的《新编德国文学史》（1998）、格雷尔·马库斯（Greil Marcus）和维尔纳·索勒斯（Werner Sollors）主编的《新编美国文学史》（2009）、王德威主编的《新编中国现代文学史》（2017）都属于这种消解"宏大叙事"的文学史类型。张隆溪在最近写的一篇文章《撰写文学之世界史的挑战》中，认为"这种百科全书式互不连贯统一的文学史是毫无益处的"。德汉教授在文章中则说，他曾一度认为这种文学史撰述方法可以解决《文学：世界史》中新的地理区域划界会变得像旧边界一样僵化的问题，但后来他的思想有了新的发展，他认识到，气候变化、生态危机、传染病流行等引发的后果，是人类不得不面对的共同问题。要对这些日益紧迫的全球性问题做出回应，作为人类共同文明的世界文学，就"不应该被划分为不同的'文学'和专属于某个文明的文学"。张隆溪和德汉教授的意见，表明了对世界文学史碎片化写作的反思。

第三点是世界文学史写作的主体立场问题。西方学界 19 世纪以降的世界文学史写作，经历了一个从欧洲/西方中心到去西方欧洲/西方中心的过程。例如早期的几部世界文学通史类著作，理查森和欧文（William L. Richardson & Jesse M. Owen）合编的《世界文学导论》（*Literature of the World: An Introductory Study*，2022）、英国作家、学者约翰·德林瓦特（John Drinkwater）的《文学大纲》（*The Outline of Literature*，1923）、约翰·玛西（John Macy）的《世界文学史话》（*The Story of the World's Literature*，1925），事实上都是以欧美主要几个大国的文学为中心，东方文学仅仅以寥寥几页的篇幅，点缀在文学的起源时期，根本称不上真正的世界文学史。德汉教授在文章中列举的几种世界文学史类著作显示，这种局面到 20 世纪后期也没有根本改观，以至于德汉教授在他与安德斯·佩特森合作撰写的《走向非欧洲中心的世界文学史》一文中，尖锐指出：以往的世界文学史是"一种欧洲体裁，它在传统上渗透着欧洲的事物观"，它"以西方的眼光看待世界，并依赖于西方的概念体系"。而直到 21 世纪，去欧洲/西方中心才成为西方学术界的普遍共识。除了《文学：世界史》，另外两部 21 世纪先后出版，由古尼拉·林德伯格－瓦德（Gunilla Lindberg-Wada）主编的《文学史：走向全球视角》（*Literary History: Towards a Global Perspective*，2006）、德贾尼·甘古拉（Debjani Ganguly）主编的《剑桥世界文学史》（*The Cambridge History of World Literature*，2021），以及被看成是"文学史的特殊体裁"的三种世界文学作品选集（诺顿、朗文、贝德福德），都自觉地以全球视角考察世界文学，阐述世界文学的全球发展，非西方文学真正成为世界文学不可或缺的重要组成部分。

值得重视的是，早期的世界文学史著述以欧洲/西方为中心，与西方资本主义的全球扩张和根深蒂固的殖民主义思想有密切的关系。而对欧洲/西方中心的反思，进而建构非欧洲/西方中心的世界文学史，则主要因为全球化和第三世界国家力量的崛起引发的世界文学变局，以及后殖民主义理论的传播、由大量移民导致的西方国家阅读人口结构的深刻变化。但无论何种情形，实施的主体都是西方人，都是西方学界从本土立场出发，响应变化中的世界文学局势的内在需求。因此，作为中国学者，既要肯定这种转型的进步意义，又要保持清醒、理性的态度，不能盲目照搬这种新的世界文学史模式作为自己的所谓"创新"；而要从中国语境、中国问题、中国视野出发，去建构世界文学史的新模式。事实上，中国的世界文学观念，在晚清民初就已经萌芽和逐渐成形，并且随着中国社会和文学的发展不断演进，世界文学史写作模式也在与时俱进。仅就新中国成立 70 多年积累的经验看，就有过"三足鼎立""东西二分""一条线"等世界文学史架构，近年还有学者将洲和跨洲作为区域划分的基本单位，建构世界文学史框架。这些本土经验以及不断繁荣发展的中国文学新现实，应该使我们有充分的底气，在面对西方经验时不要妄自菲薄，而是真正以我为主，充分吸收西方经验中有益的成分，为我所用。

原文载《四川大学学报（哲学社会科学版）》2023 年第 3 期

重写文明史与书写的有效性

*李思屈*①

　　"重写文明史"是一个重大而内涵丰富的世纪性命题，这一命题的提出，体现了中国学者的学术敏感、理论积累、文化自信和担当，显示了中华传统学术文脉的一派生机。

　　中国文论领域中的中西互鉴，前有王国维等一代大师的开拓，后有钱锺书、季羡林等众多名家的深耕。杨明照先生以《文心雕龙》研究，以扎实的考证和细密的学理推演，不仅开启了与亚里士多德《诗学》研究相映照的大格局，而且开始了比较文学研究方向的博士生培养，形成了与之一脉相承，注重中西互释、互鉴的比较文学"中国学派"。从曹顺庆教授提出跨越"第四堵墙"，医治学术的"失语症"，到现在"文明互鉴"背景下提出的"重写文明史"，理论视野和学术水平都再一次上升了一个新高度。

　　"重写文明史"这一命题的提出，是比较文学中国学派关于中国学术话语建设研究深入推进的重要结论。《重写文明史》一文指出，学术界一直在努力探索建立中国的话语及自主知识体系，然而效果却不甚明显。作者认为，这是因为中国的学术话语建设没有找到恰当的抓手，因而难以达到"踏石有印，抓铁留

　　① 作者简介：李思屈，浙江大学传媒与国际文化学院教授。

痕"；重写文明史就是一个追求实效的重要抓手，因为话语是在言说中呈现的，最先是在对文明史的认知与言说、叙述和阐释中形成的。①

笔者完全赞同这一结论，更欣赏两位作者追求"踏石有印，抓铁留痕"的学术态度。这一注重实际效果的思路，启发我们进一步思考：我们将如何保证拟议中的文明史书写的有效性？

本文将从文明史书写的有效性这一问题出发提出自己的一点思考，以响应"文明互鉴"与"重写文明史"的讨论。

一、 书写的有效与重写的超越

学术书写的有效性，通俗地讲就是避免自说自话。具体的内涵，一是指特定概念和理论、叙述对现象描述的准确性，二是指其现实指涉的影响力；既是指逻辑的自洽，也是指有效进入学术史、思想史的阐释学历史循环的可能性，使之不局限于特定小圈子里的流通，能够对 21 世纪的知识大融通做出学术的贡献或思想的启迪。

在数字技术的加持下，当前我们正处于知识大爆炸的初期，文学、文学理论、史学等人文社会科学的文本产出呈现爆炸性增长的态势。研究课题"内卷"，与现实问题看似相关实则无涉，理论上则满足于概念翻新，缺乏思想内涵。无论是学术生产流水线上的各种出版物，还是活跃热闹在民间的各式理论和历史故事，面对"产能过剩"与书写有效性的矛盾，在我们决定重写文明史的时候，首要反思是：文明史书写的有效性何在？

书写的有效性，是当前人文社会学科需要认真对待的重要的问题。如果按照话语在使用中形成的思路，中国文论话语，包括

---

① 曹顺庆、刘诗诗：《重写文明史》，《四川大学学报（哲学社会科学版）》2023 年第 1 期。

中西文论话语互释性的使用，实际上一直在进行中，为何效果仍然不显著呢？得益于伽达默尔的探索，学术界对阐释活动的理解，已经不止于理论或技术，而上升到关乎存在状况和阐释活动的基本实践哲学，启示我们并不是任何话语的重复使用都等于有效。葛兰西"文化霸权"理论、萨义德的东方主义研究等一系列成果，已经使人们不再把书写的有效性仅仅理解为单纯的学术写作方式或单纯的知识性接受过程，而涉及更为广大的政治、经济、文化和社会行为领域。在中国文学批评领域，敏感的研究者已经开始从阐释学和现实主义的视野关注书写的有效性问题，①指出现在的不少作品缺乏书写的有效性而陷入自说自话，是因为缺乏总体性视野的世界观和中国观，缺乏现代性阐释下的历史化的人性与命运，缺乏对现实生活中人物精神情感世界的开掘。②

重写文明史，实际上是一项掌握历史事实基础、对人类文明发展史进行重新表述和重新建构的创造性活动，其中包含了书写人对历史事实的阐释和重构性的叙述。这种叙述的有效，是在人类历史的实践进程中显示出来的，其中包含丰富的内容，有待展开深入的理论探讨。不过，从经典的文明史书来看，其书写的有效性和长久的生命力，大多来源于"史实"与"史识"两方面，即对历史事实的挖掘和对历史事实的洞察。

以史实见长而获得长久生命力的，可以举唐代玄奘口述、辩机编撰的《大唐西域记》为例。它虽然只是玄奘游历西域的见闻，但其中包括有两百多个国家和城邦，还有许多不同的民族生活方式、建筑、婚姻、丧葬、宗教信仰、沐浴与治疗疾病和音乐舞蹈方面的记载，从不同层面、不同角度、不同深度反映了西域

---

① 余文翰：《文学阐释的书写有效性——以当代新诗批评及沈奇的诗学观为例》，《写作》2020 年第 5 期。
② 马明高：《重建文学书写的有效性》，《光明日报》2018 年 8 月 7 日，第 16 版。

的风土民俗，所以至今已经成为研究印度、尼泊尔、巴基斯坦、孟加拉国、斯里兰卡等地古代历史地理的重要文献，是"文明互鉴"的重要史籍。

以史识而获得有效书写和广泛影响的著作，安萨利《人类文明史》（*The Invention of Yesterday*，2021）可算一例。塔米姆·安萨利是阿富汗裔美国人，在阿富汗出生长大，1964 年移居美国。长期在两种文化中生活，使他察觉到不同文化之间的差异。安萨利认为，散布在大陆之上的各种人类文明，如同一个个彼此独立的星群，依靠各自的文化凝聚在一起，共同构成全人类的文化宇宙。但真正让他的《人类文明史》书写获得广泛传播效果的，是他对文明史实的独特洞见：他敏锐地觉察到不同文明独立的历史事件之间的隐秘关联，即所谓"涟漪效应"，如马镫和裤子的发明如何左右帝国的兴衰，秦始皇修建长城如何让罗马衰落，伊斯兰教如何推动哥伦布的远航，中国的茶叶如何影响美国的诞生，蒙古帝国的崛起如何改善英国农民的生活，等等，富于洞见地阐明了人类创造和交流的独特能力及其对世界的影响。①

汤因比的《历史研究》是史实与史识兼善的文明史巨著。汤因比在文明史的宏大框架讲述了世界各个主要民族的兴起与衰落，其书写的有效性和作品的影响力，很大程度来源于汤因比的文明观，其中至少有在如下几个方面的卓越见识，至今值得我们重视：②

一是文明模式论。汤因比认为，历史研究的基本单位应该是比国家更大的文明。文明自身又包含政治、经济、文化三个方面，其中文化是一个文明社会的精髓。通过概括古希腊、中国和

---

① 塔米姆·安萨利：《人类文明史》，蒋林译，北京：中国人民大学出版社，2021 年。

② 阿诺德·汤因比：《历史研究》，郭小凌、王皖强等译，上海：上海人民出版社，2016 年。

犹太等文明的主要特征，汤因比提出了一个文明演变模式，每个文明都会经历起源、成长、衰落和解体四个阶段。文明兴衰的基本原因是挑战和应战。一个文明如果能够成功地应对挑战，就会发展和成长；反之，就会走向衰落。

二是文明接触论。汤因比认为，各个文明并不是孤立存在的，而是相互接触的。文明的相互接触包括同时代文明在空间中的接触和不同时代文明在时间中的接触。历史不是一连串的事实，历史著述也不是对这些事实的叙述。历史学家必须不断地通过分类，判断什么是真实的、有意义的。

三是政治与精神统一论。汤因比指出，过去的五百年技术和经济获得了高速发展，但在精神上和政治上却没有取得同样的成就。汤因比期待并预言人类将在历史发展的下一阶段实现政治和精神的统一，以解决当代人类正共同面临的许多迫切的问题。

这些观点虽然在学术思想上仍然存在进一步探讨的空间，但其深刻的洞见和基于这些洞见的历史叙述，显然构成了他的《历史研究》有效性与影响力的重要基础。

二、 话语权是历史实践的符号映射

正如《重写文明史》所言，长期以来，"文明"概念的定义、文明观的全球输出以及文明史的书写话语权都牢牢掌握在西方学者手中，致使当下的中西文明史书写存在严重的西方中心倾向。受此观点启发，我们需要进一步指出的是，这些西方中心主义的倾向，其实不是单纯的研究不足或学术书写问题，而是一定历史运动在话语层面的反映，是历史进程在文明书写中合规律的符号映射。

历史文本是历史在符号体系中的呈现，文明史书写的演变是人类世界生动的演变符号映射。

从符号构建及其传播效果上讲，文明史书写的有效性，来源于人类价值共识与人类心灵的共同结构的符号表征。因此文明史书写的西方中心主义，问题出在书写中，症结却在现实的实践中。所以，今天重写文明史，一定既要落实到纸上，又要突破纸上的东西，突破纯文本观念。

爱德华·萨义德对"东方主义"（Orientalism）的研究表明，西方世界关于"东方"的认识和学术话语，其实都是特定社会权力关系的表现。萨义德指出，东方主义就是一种葛兰西描述的"文化霸权"，是人为创造出来的理论和实践体系。萨义德把政治经济现实的全球视角带入文化研究领域，在西方对东方通过帝国主义、殖民主义以及新殖民主义实行宰制的关系中，揭示出东方主义是地域政治意识向美学、经济学、社会学、历史学和哲学文本的一种分配，是在与不同形式的权力进行不均衡交换的过程中被创造和交换的。①

因此，所谓话语权的争夺，其本质既不是比音量大，也不是比同义反复的频率高，而是争取建立有效的历史实践符号映射体系，达到更多的历史逻辑与符号逻辑的同构。西方的话语霸权是与工业文明时期西方的历史领导地位相适应的。而西方话语霸权的荒谬性，也是在后工业文明开始以后才逐渐暴露的。包括文明史书写在内的话语的运动，与现实的历史运动构成了基本同构的符号映射及其演化。

历史符号学认为，如果没有对事件之间各种联系的充分观察、记录和分析，孤立的、个别的物件和人物的行为记载虽然可以提供即使是无法分清其真伪的事件、物件清单，却并不提供"历史性信息"（可资说明和理解的情境关系和事件关联描述）。因此符号学对于清理人类不同历史信念之间的语义学分歧来说将

---

① 爱德华·W. 萨义德：《东方学》，王宇根译，北京：生活·读书·新知三联书店，2007 年。

发挥重要的启示作用。①

当今世界文明的百年大变局以及在此变局中展开的中华文明复兴的历史进程，是"重写文明史"口号合理性最重要的现实基础，也是"重写文明史"有效性必需的现实依据。这一现实依据，应该在重写文明史的书写中得到恰当的符号映射。

因此，为了保证重写文明史的有效性，就必须具有当代文明历史运动的整体观。中国式现代化进程和与之相应的"文明互鉴观"和"人类文明共同体"的思想理论，深刻揭示了文明交流、互鉴的意义和文明发展的规律，是重写文明史有效性的理论基础。

例如，"文明因交流而多彩，文明因互鉴而丰富。文明交流互鉴，是推动人类文明进步和世界和平发展的重要动力"②的思想。又如，只有交流互鉴，一种文明才能充满生命力；只要秉持包容精神，就可以超越"文明冲突"，实现文明和谐的重要论断。中华文明经历了五千多年的历史变迁，始终一脉相承，积淀着中华民族最深层的精神追求，代表着中华民族独特的精神标识，为中华民族生生不息、发展壮大提供了丰厚滋养。中华文明是在中国大地上产生的文明，也是同其他文明不断交流、互鉴而形成的。当代人类生活在不同文化、种族、肤色、宗教和不同社会制度所组成的多元世界里，各国人民形成了你中有我、我中有你的命运共同体，远远超越了中西对立的陈旧模式。这些都是我们重写文明史必须重视的重要的史实，也是保证重写文明史的有效性之重要史识。

---

① 李幼蒸：《历史符号学和古代历史——在第九届国际符号学大会上的讲演》，《山东社会科学》2007 年第 10 期。
② 习近平：《文明交流互鉴是推动人类文明进步和世界和平发展的重要动力》，《求是》2019 年第 9 期。

三、 重写文明史的有效路径

百年变局的大背景为重要文明提供了书写有效性的历史地域和现实基础，但并不意味着重写文明史的实践操作应该从一本完整的大部头开始。从操作可行性看，在"文明互鉴"的宏大历史背景下，从局部的、个别的文化现象的研究开始，到局部到整体，也许才是完成重写文明史这一伟大工作的有效路径。

尤其在涉及现代历史时，有效的方式或许是从不同领域的研究和书写开始，分别完成文明史的不同领域的书写，然后再加以综合。我们在阅读现代世界史读物时，常常感到在信息最发达、资料最丰富的现当代，反而呈现出著述内容最"单薄"的现象。这是因为资料过多而不易综合概括，同时也由于所涉及的信息往往是读者从其他渠道了解的内容。因此，为了保证重写文明史信息内涵的丰满，现当代文明现象相关领域的研究，应该在统一的文明史框架下分门别类地展开。

例如，浙江大学现在进行的中国文化制度研究项目，就可以在重写文明史的大背景下，从中国特色文化制度开始，深入研究中国文化制度中包含的思想体系、理论体系、话语体系。

制度是文明的重要因素，是特定文明兴衰的重要原因。当代的世界大变局、文明大竞争，在很大程度上是文化制度的竞争。中华文明参与世界文化共同体建设，积极推进自身的文化体制改革，就是当代重要的话语实践运动。在这一历史运动中，中国人民弘扬人类共同价值，在尊重文明多样性的前提下，最大限度地争取广泛的文化认同、民心相通，这样的宏大背景，都能在中国文化制度的研究中得到话语的表达。

从中华文明传统来看，中国特有的礼乐文化与文化治理，呈现出与西方宗教文化与世俗文化分离不同的制度演化路径。由此我们可以在 21 世纪生态文明背景下，重新发现《周礼》的制度设计与东方的生态观念，从现代国家文化制度中的政教关系框架，深入理解中国传统礼乐制度、举贤制度、科举制度的文化治理的效能。

从追求书写有效性的角度看，中国文化制度的写作，应该掌握两大原则。一是平衡原则，即向前看（传统文化制度的梳理）与向后看（当代文化制度建设与发展）的平衡；二是问题意识原则，即坚持文化自信与制度自信，发掘传统文化制度的合理内核，在理论上回应国际文化批判学派与新自由主义意识形态理论与思想的挑战。

尤其要注意揭示中国特色的文化发展理念，研究和传承中华民族优秀传统文化，在终极价值依据、国家合法性及组织效率、日常生活意义和文化生产等方面，与其他文明背景下的文化制度展开对话式交流，从而加深人们对中华文明形态的理解，对中国传统世俗文化与超越的信仰体系之间的连续性与包容性的理解。

原文载《四川大学学报（哲学社会科学版）》2023 年第 3 期

论文明史的书写历史

〔美〕大卫·达姆罗什 撰　余佳临 译①

　　在考虑如何重写世界文明史时，有必要反思前人撰写文明史的成就和局限。我们应当如何从书写文明史的历史中学习？"文明"这个具有争议性的词语本身，是为了摆脱以往书写中常常被掩盖的文化帝国主义吗？在当今的全球化时代，文明是否仍然可以用单数来讨论，或者我们是否应当谈论多元文明？"文明"一词是否仍然合适，还是用"文化"等适用范围更广的词语取而代之更好？

　　正如曹顺庆教授在《四川大学学报（哲学社会科学版）》2023 年第 1 期《重写文明史》一文中讨论的那样，大多数文明史都是在欧洲或北美撰写的，并且往往表现出明显的欧洲中心主义。② 即使这些历史超出了西方文明的局限，它们通常也预先假定了一种关于文明的西方理解，即西方科学技术的崛起和在世界范围内的传播所带来的线性进步观。大体上来说，欧洲与更广阔世界日益密切的联系将使其最终超越欧洲中心主义。早在 18 世

　　① 作者简介：大卫·达姆罗什（David Damrosch），哈佛大学厄内斯特·伯恩鲍姆比较文学讲席教授。
　　　　译者简介：余佳临，四川大学文学与新闻学院博士研究生。
　　② 美国梵文学者谢尔登·波洛克（Sheldon Pollock）就在平等基础上进行跨文化比较所面临的挑战撰写了大量文章。参见他的论文《无霸权的比较》（*Comparison without Hegemony*）和《比较的难题》（*Conundrums of Comparison*）。

纪中叶，伏尔泰（Voltaire）就研究了中国的哲学文献，以此来克服基督教教条主义。他还多次从"他者"的视角来批评欧洲文明——例如《查第格》（*Zadig*，1747）中的古代琐罗亚斯德教教徒，《老实人》（*Candide*，1759）中的巴西土著人和土耳其苦行僧，甚至《微型巨人》（*Micromégas*，1752）中的外太空来客。

在伏尔泰和卢梭的影响下，孔多塞侯爵（Marquis de Condorcet）写了一部雄心勃勃、影响深远的文明史——《人类精神进步史表纲要》（*Sketch for a Historical Picture of the Progress of the Human Mind*，1795），他在书中设想了一个富裕、个人权利和道德同情初露曙光的世界。其中，文明的历史是他叙述的关键。正如他在引言中所说的："如果观察同期并存的各种社会并研究它们之间的关系是有用的，那为什么以时间推移的视角观察它们就没有用呢？"然而，孔多塞对亚洲文明独特性的认可程度有限，他认为亚洲文明陷入了"那些庞大帝国可耻的停滞状态，它们长期以来不间断地使亚洲蒙羞"。① 孔多塞是妇女平等权利和废除奴隶制的拥护者，他不是帝国主义者，但在他之后，欧洲帝国的推动者们利用文明史为征服和殖民统治辩护，他们将征服和殖民统治理想化为一项文明使命，认为需要将非西方世界从长期的停滞中解放出来。

正因为欧洲中心主义是长期以来文明史书写的主流模式，我们有必要考虑一些重要的例外。这些历史书写是与欧洲中心主义的主流趋势背道而驰的。在这篇文章中，我将探讨赫伯特·乔治·威尔斯（H. G. Wells）雄心勃勃的《世界史纲》（*Outline of History: The Whole Story of Man*，1920），它在一个世纪前就与欧

---

① 参见 Marquis de Condorcet, *Sketch for a Historical Picture of the Progress of the Human Mind*, New York: Noonday Press, 1955, pp. 11 - 12, 39.

洲中心主义决裂。最后，我将列举两个近代历史的例子，一个是日本的，一个是美国的，它们都在努力应对撰写一部真正的全球文明史所面临的实践和概念挑战。

一、 第一次世界大战后的世界史

H. G. 威尔斯的《世界史纲》（*Outline of History: The Whole Story of Man*，1920）在政治上和叙事上都很有意义。该书的作者是一位多产的杰出小说家，他的小说既有社会参与性的特点，又有明显的历史感。在他最著名的小说《时间机器》（*The Time Machine*，1897）中，主人公从史前时代穿越到太阳系的末日。威尔斯的讽刺小说《托诺－邦盖》（*Tono-Bungay*，1909）对不断变化的阶级关系和商业化现代性的到来进行了深刻的分析，而他最畅销的战时小说《坚持到底的布里特林先生》（*Mr Britling Sees It Through*，1916）则主要关注军国主义的破坏性影响，以及寻找持久和平基础的必要性。《世界史纲》可以被视为这些作品的一种非小说续篇，它通过小说家叙事剧式的眼光被创作出来，以生动的细节赋予历史生命。威尔斯的《世界史纲》广受欢迎，经久不衰。我的这本《世界史纲》是第 28 次再版（1930年 1 月）的作品。当时，威尔斯已将标题改成了《世界史纲：生命与人类的简史》（*The Outline of History: Being a Plain History of Life and Mankind*，1930）。新的副标题强调了该书的可读性，并如《时间机器》一样，将人类历史置于地球更广泛的生命史中。

威尔斯在《世界史纲》的开篇就直面了一项异议：即便是英国历史也已经足够浩瀚，超出了一个读者所能汲取或大学课程所能涵盖的极限。他认为，世界史不能只是对各国历史无穷尽的堆积："举个例子，假设一个英国人发现英国史已经足够满足他的消化能力，那么如果世界史是由英国史加上法国史，加上德国史，加上俄国史再加上其他国家历史组成的话，指望他的儿女掌握世界史似乎就没有希望了。"① 威尔斯对这一困境的阐述以及他的回应，直接预示了 80 年后意大利裔美国比较学家弗朗科·莫雷蒂（Franco Moretti）的观点。莫雷蒂在他的《世界文学猜想》（*Conjectures on World Literature*）中指出，仅仅在 19 世纪的英国就出版了太多的小说，没有人能够全部读完，"四万、五万、六万部——没有人真正知道，没有人读过，也永远不会有人去读。除此之外，还有法国小说、中国小说、阿根廷小说、美国小说……"② 他认为："世界文学不能只是更大的文学；或延续一些我们已经在做的，只是做的更多而已。它必须有所不同，分类必须不同。"③ 威尔斯也认为："解决世界史书写规模存在的问题，唯一可能的答案在于要认识到世界历史既比我们熟知的各国历史简单堆砌的总和多，同时又要少，需要以不同的思维和方式来处理。"④

威尔斯说他写这本书"主要是为了表明，作为一个整体的历史，可以比特定国家和时期的历史更容易得到广泛和全面的处理，这种更广泛的处理将使历史处于普通公民阅读和学习的时间与精力的正常限度之内"⑤。他的历史不是一味地堆砌大量的人名和日期，而是提供人类历史的"一般规律"，处理诸如科学的出现和发展，佛教、基督教和伊斯兰教的传播，以及货币和商业的发展等主题。在阐述了自己的观点之后，威尔斯强调了他的项目对 20 世纪 20 年代战后世界的重要性：

---

① H. G. Wells, *The Outline of History: Being a Plain History of Life and Mankind*, Garden City, NY: Garden City Publishing, 1930, p. v.

② Franco Moretti, "Conjectures on World Literature", *New Left Review*, Vol. 1 (2000), p. 45.

③ Moretti, "Conjectures on World Literature", p. 46.

④ Wells, *The Outline of History*, p. v.

⑤ Wells, *The Outline of History*, pp. v – vi.

鉴于过去几年发生的悲惨事件，需要对全世界人类历史的一般事实有共同认识的必要性已经变得非常明显。无论是好或是坏，通信技术的迅猛发展迅速拉近了人与人之间的距离。战争成为一场具有盲目性和巨大破坏性的世界性灾难；它轰炸摇篮里的婴儿，击沉为非战斗人员和中立者提供食物的船只。我们意识到，现在不可能有孤立的和平，只有全世界的共同和平；没有独立的繁荣，只有全世界的普遍繁荣。但是，没有共同的历史观念，就不可能有共同的和平与繁荣。……将历史视为全人类的共同冒险的意识，对国家内部的和平和国家之间的和平同样必要。①

为了与上述强调观点保持一致，《世界史纲》最后以足足80页的篇幅来讲述第一次世界大战，章节标题尖锐地命名为"1914年的国际灾难"，其后还有一个简短的结尾章节"历史的下一阶段"。在这一章中，他热情地主张建立一个"世界联邦政府"。因此，这是一部论点驱动的，甚至是乌托邦式的世界史，它以威尔斯的社会主义国际主义为基础，并融入了他对近期战争中大规模屠杀的厌恶。他把冲突直接归咎于民族主义和帝国主义，并认为战争的灾难并没有削弱它们的影响。事实上，他认为新成立的国际联盟只是大国精英们力图进行全球控制的新一轮尝试。他将联盟描述为"效率低下、危险重重的典范"，并指出"联盟似乎根本不知道如何与普通人对话"。②

《世界史纲》是威尔斯针对"普通人"所做的一次尝试。他试图揭示基本的历史进程，以对抗三年后 T. S. 艾略特（T. S. Eliot）所描述的"陷入无意义和无政府状态的当代历史的全景

---

① Wells, *The Outline of History*, p. vi.

② Wells, *The Outline of History*, pp. 1091 – 1092.

面貌"①。在该书的最后几章之前，威尔斯用数千页的篇幅，梳理了各个时代部落、帝国和民族冲突中相互制衡的力量。虽然他对古代的地中海世界和其后的欧洲世界给予了过多的篇幅，但他对非西方文化的描写已经远远超过了同时代的大多数历史学家，可见他一直在寻找努力实现人类共同理解的范例。同时，他非常重视世界宗教、科学和教育，认为它们为一个可行的世界秩序提供了基石。他还关注日常生活的共性，甚至对新石器时代"一个人类的日常生活"进行了基于考古学的描述。② 《世界史纲》借鉴了大量的专业研究成果，是一部集融合与倡导于一体的杰出著作。

二、 新兴的全球视角

虽然 1914 至 1918 年的大战被称为第一次世界大战，但 1939 至 1945 年期间的战争才完全呈现出全球性的规模，并激发了人们对跨文明研究的新兴趣。在美国，《退伍军人权利法案》（G. I. Bill，1944）使大量退役军人踏进了大学校园，他们带来了从欧洲到北非再到亚洲和太平洋岛屿的全新世界文化的体验。就这样，一个曾经的孤立主义国家与全球政治、商业和文化紧密联系起来。许多大学的新课程开始以"西方文明"为主题（通常与苏联和中国的共产主义形成二元对比），而其他课程则首次寻求对文明进行更广泛的理解。起初，新的"世界文明"课程通常只是在原来的"西方文明"课程的基础上增加几周授课时间，但逐渐地，这些课程的教科书开始朝着更加平等的方向发展。

《文明，过去与现在》（*Civilization*，*Past and Present*，1942）就是一个很好的例子。这是一本开创性的教科书，由欧洲近代史

---

① T. S. Eliot, "Ulysses, Order, and Myth (1923)", in Frank Kermode, ed., *Selected Prose of T. S. Eliot*, New York: Harcourt, 1975, p. 177.

② Wells, *The Outline of History*, pp. 59 – 64.

专家 T. W. 沃尔班克（T. Walter Wallbank）、国际关系历史学家阿拉斯泰尔·泰勒（Alastair Taylor）及古典历史学家奈尔斯·拜尔基（Nels Bailkey）三位合著。此书以两卷本出版（一学期一卷），并配有一个宏大的副标题——《从古至今，在欧洲、亚洲和美洲，人类历史及其政府、经济、社会、宗教、智力和审美活动概览》（*A Survey of the History of Man, His Governmental, Economic, Social, Religious, Intellectual, and Esthetic Activities from the Earliest Times to the Present, in Europe, in Asia, and in the Americas*）。有趣的是，1944 年还发行了一次重印版本供美国军队使用。现在已经出版至第 13 版，并在过去的 80 年中发生了巨大的变化。

正如副标题中的顺序所示，在 20 世纪 40 年代，作者们将重点放在了欧洲，亚洲处于次要地位，然后才转向他们的最终重点：全球史对于学生培养参与美国世界影响力的价值。到 2003 年第 10 版时，《文明，过去与现在》的欧洲基础已经发生了变化。为了适应新世纪的需要，且在"9·11"恐怖袭击之后，两位作者在"组织和内容的变化"的注释中告诉教师们，该卷在转向亚洲之前的章节曾包含古典希腊和罗马的内容，而现在，古代中国和古印度章节已被移到"希腊和罗马的章节之前，以反映更客观的历史时间顺序"①。同样，关于伊斯兰教崛起和非洲文明的章节现在也排在了中世纪欧洲之前。韩国、东南亚和大洋洲也受到了新的关注，而这部分新增内容是通过增加全书的篇幅和削减有关欧洲的几个章节来实现的。该书最初的主要作者 T. W. 沃尔班克在 2003 年时已经辞世（尽管他的名字仍然出现在封面和扉页上），并且早在 20 世纪 50 年代和 60 年代，他就已经

---

① Palmira Brummett et al., *Civilization Past and Present*, 10th edn., New York：Pearson, 2003, p. xxiii.

致力于撰写有关印度、巴基斯坦和非洲的专史。2003 年版的主编帕尔米拉·布鲁梅特（Palmira Brummett）是田纳西大学的一位中东历史学家，专门研究跨文化交流。她和原作者阿拉斯泰尔·泰勒和奈尔斯·拜尔基，以及尼尔·哈克特（Neil Hackett，古地中海和近东历史学家）、罗伯特·埃德加（Robert Edgar，非洲研究教授）和乔治·约茨伯里（George Jewsbury，俄罗斯和东欧历史专家）都加入了该书的编辑行列。出人意料的是，2003 年版的编辑人员中竟没有任何亚洲或拉丁美洲的专家，但 2007 年第 12 版①增加了一位东亚学家芭芭拉·莫洛尼（Barbara Moloney）以及有关拉丁美洲的章节。莫洛尼在书中的贡献为亚洲在世界历史上的重要性赋予了新的分量。在由她重写的一章中，她把原标题"300—1300 年亚洲文化的发展与传播"改成了"亚洲霸权时代的文化、权力与贸易"。相较而言，2003 年版的这一章只讨论了印度、中国、韩国和日本，而莫洛尼的版本则用了数页篇幅分别论述印度尼西亚和太平洋岛屿。可见，莫洛尼的加入使得该书对亚洲的呈现更加广阔。

因此，在 20 世纪下半叶，我们可称之为"后欧洲中心"的运动正在如火如荼地进行。并且这种"后欧洲中心主义"在 21 世纪初加速发展——"后"这个前缀表明欧洲中心主义仍然存在，就像现代主义仍然存在于后现代主义中，殖民主义仍然潜伏在许多后殖民地区一样。这些变化在世界文明课程及其教科书中最为明显，但即使是为正在进行的"西方文明"课程编写的一些教科书也开始显示出新的全球意识。1962 年，T. W. 沃尔班克、阿拉斯泰尔·泰勒和奈尔斯·拜尔基应出版商的要求，编写了适合西方文明课程的版本。虽然他们相应地缩小了研究的地理

---

① Robert Edgar et al., *Civilizations Past and Present*, 12th edn., New York: Pearson, 2007.

范围，但他们的单卷本《西方视角：简明文明史》（*Western Perspectives: A Concise History of Civilization*）仍然具有强烈的进步性和国际主义观点。从书名便可看出，他们直言该书所呈现的是一个特定的西方视角，而不再是对"西方文明本质论"不加反思的展现。

我手头的这本书是第 4 版（1973），它从古代美索不达米亚、埃及和西亚开始，之后才是"希腊的辉煌"和"罗马的伟大"两章。负责近东部分的作者奈尔斯·拜尔基是一位专门研究罗马历史的古典主义学家，但他对古代美索不达米亚也产生了浓厚的兴趣，他的见解也已经远超将希腊视为历史哲学源头的旧观念。1969 年，他以《巴比伦的历史哲学家》（"A Babylonian Philosopher of History"）为题，撰写了一篇赞美古巴比伦诗人卡布提·伊兰尼·马尔杜克（Kabti-ilani-Marduk）的文章。他虽然只用译本进行研究，但广泛借鉴了用英语和德语写成的亚述学研究成果，分析了卡布提·伊兰尼·马尔杜克的叙事诗《埃拉和伊什姆》（*Erra and Ishum*）。该诗讲述了巴比伦内战的起因和后果。他认为卡布提·伊兰尼·马尔杜克推进了一种复杂的历史哲学，预示了阿诺德·汤因比（Arnold Toynbee）的标志性范式，即"挑战与回应"是文明变革的驱动力。

在《西方视角》的后半部分，伊斯兰教占据了重要的篇幅，最后几章则完全是全球化的。该书的第七部分，也是最后一部分名为"走向新世界"。该部分共有三章，其中只有第一章反映了冷战时期常见的二分法："对世界秩序的追求：1945 年以来的西方与共产主义。"第二章是一个真正的全球性章节："西方与第三世界（自 1914 年以来的非洲、中东、印度和东南亚）。"最后一章是"走向新的生活方式：20 世纪的思想和文化纷争"。最后是长达 10 页的"后记：未来的挑战"，其中提出了自由主义的主张，即加强对人口过剩、环境恶化和经济不平等问题的关注，并强调国际合作的必要性。正如他们所说："民族国家是国际政治秩序最重要单位的概念似乎不再满足新时代的要求。……除非发生核浩劫，未来的道路似乎总是朝着某种国际共同体的方向。"他们在书的结尾表达，希望过去的研究"以未来的可能性为智慧的根基，为人类创造力的新复兴开辟道路。谁知道呢，我们甚至可能成功地建立起世界上第一个人道文明"。①

三、 单数文明、 复数文明、 文化?

近年来，一个经常被关注的问题是："世界文明"究竟是同一种，还是两种或多种文明的结合或冲突? 世界文明通常被视为"强力的对峙"（Mighty Opposites）之间的两分法 [见张隆溪的《强力的对峙：从两分法到差异性的中国比较研究》 （*Mighty Opposites: From Dichotomies to Differences in the Comparative Study of China*）]，例如"西方"与"东方"或"共产主义世界"，或者更广义层面上的"西方""东亚"和其他一两个大区域，如伊斯兰教、非洲和拉丁美洲。文明研究的方法倾向于边缘化或完全排除世界上大多数较小的国家，而且往往是整个大洲都被排除在外。正如文学学者周蕾（Rey Chow）在关于比较文学研究的类似发展中所写的那样，关于 20 世纪 70 年代拓宽文学研究范围的早期努力，与其说是在瓦解大国准则，不如说是通过接纳一些新的大国加入联盟来扩大其影响力：

> 如果我们简单地用印度、中国和日本来代替英国、法国和德国，问题并不会消失。……在这种情况下，文学的概念严格服从于社会达尔文主义对民族的理解："杰作"对应于

---

① 参见 T. Walter Wallbank, Alastair Taylor, and Nels Bailkey, *Western Perspectives: A Concise History of Civilization*, 4th edn., Glenville: Scott, Foresman, 1973, pp. 539, 543.

"主宰"国家和"主宰"文化。随着印度、中国和日本被视为亚洲的代表，在西方接受中地位较低的文化，则被边缘化——成为"伟大"的亚洲文明"他者"中的"他者"。①

如果要将"文明"作为一个有组织的概念保留下来，就应尽可能多地将世界上的文化传统纳入其中，将小国和不常用的语言也视为文明。这不能仅仅是口头上支持玛雅或越南文明的价值，历史学家和文学研究者需要努力学习更多的语言，同时与了解这些语言和文化的人密切合作。几年前，我在北京做了一次关于越南现代文学奠基性作品——阮攸（Nguyen Du）的《金云翘传》（*Truyen Kieu*，1810）的讲座后，一位中国同行评论说，他只听说过这本书是"对一部平庸的明代小说的拙劣翻译"。虽然阮攸确实以一部中国小作品《金云翘传》为蓝本创作了这部宏伟的诗歌叙事作品，但他在诗歌和哲学方面都进行了改造。这种把阮攸的开山之作仅仅看作对平庸的中文资料的翻译的观点，就像把莎士比亚的《哈姆雷特》看作对中世纪历史学家萨克索·格莱马蒂库斯（Saxo Grammaticus）的一段轶事的衍生复述一样，是不准确的。但我的中国同事无法将他的印象与越南原著进行对照，因为他和他的同事都不懂越南语。

在使用诸如英语中的"Civilization"或汉语中的"文明"时，我们需要充分意识到，如果我们只是简单用几个大国来定义它，可能会排除/漏掉些什么。例如，文明通常与一种文化对文字的使用有关——甚至，在孔多塞的例子中，与字母的发明有关。然而，这样的定义将非文字社会边缘化了，包括许多前现代世界的文化以及近代前殖民时期非洲的文化，而且低估了口头传

---

① Rey Chow, "In the Name of Comparative Literature", in Charles Bernheimer, ed. , *Comparative Literature in the Age of Multiculturalism*, Baltimore: Johns Hopkins University Press, 1995, p. 109.

统和"口头文学"在当今世界诸多地区的活力。哪怕与文字没有直接联系，这些文明也可以被理解为跨越数个世纪甚至数千年的持久延续。这一定义对中国、印度和希腊等少数国家有利，但对世界上大多数其他传统却不利。针对这一情况，最好的办法是将文明看作多种形式，就像现在世界文学越来越多地被描述为复数的独立世界文学一样。在关于世界主义的讨论中也可以看到类似的转变，例如从奎迈·安东尼·阿皮亚（Kwame Anthony Appiah）的《世界主义》（*Cosmopolitanism*，2006）到布鲁斯·罗宾斯（Bruce Robbins）和保罗·莱莫斯·霍塔（Paulo Lemos Horta）的《世界主义》（*Cosmopolitanisms*，2017）。正如罗宾斯和霍塔在他们作品集的序言中所指出的那样，"在这一点上，人们几乎可以说，如果没有（书名中）最后那个's'，世界主义这个概念会显得有点站不住脚"①。

虽然我主要的关注点是在我最为熟悉的英美传统上，但必须指出的是，关于文明的讨论并不局限于西方，关于亚洲的讨论也不完全局限于中国。东京大学羽田正教授（Haneda Masashi）的《迈向新的世界史：全球公民的构想》（『新しい世界史へ——地球市民のための構想』，2011）在现代日本对文明的理解方面进行了有价值的讨论，该书于 2018 年被翻译成英文，译名为 *Toward Creation of a New World History*。羽田教授以"追溯世界史的历史"一章为开篇，对战后日本学生历史教科书的演变进行了富有启发性的描述——这种方法对我现在撰写的这篇文章有所启发。羽田教授对 1960 年出版的教科书《日本人的世界史》进行了富有启发性的分析，该书在日本的影响力可与美国的《文明，过去与现在》相媲美。日本世界史的教科书是建立在当时

---

① Bruce Robbins and Paulo Lemos Horta, eds., *Cosmopolitanisms*, New York: New York University Press, 2017, p. 1.

仍然普遍存在的东西方"大对立"的基础上的，在当时的价值观中，东西方被视为独立但平等的文明。这一情况一直持续到西方现代化使欧洲帝国主义得以扩张，并在 19 世纪建立了一个由西方主导的统一世界之时。

羽田教授指出，这种框架在今天会被谴责为欧洲中心主义，但他认为，这本日本教科书至少在某种程度上打破了东/西二元论。虽然作者们将"西方"视为单一的术语，但他们把亚洲描述为由三个不同的、基本独立的文明组成：中国及其周边地区、印度和西亚。此外，作者还认为（也许是乐观的），第一次世界大战导致了"欧洲中心主义世界秩序的崩溃，亚洲和非洲人民的独立和自治的建立"，与前现代时期相比，世界几大文明之间的联系变得更加紧密，与帝国时代相比，它们发挥着更加平等的作用。同样值得关注的是第二章，羽田教授将这本日本世界历史教科书与 2001 年法国出版的教科书和 2009 年中国出版的教科书（王斯德的《世界通史》）进行了比较。羽田的结论是，"法国人对世界历史的理解与日本人完全不同"。他说，不同国家对世界历史的理解不同，这在过去是可以理解的，但"今天的情况完全不同了，世界各国人民没有共享共同的世界历史是一个严重的问题"。①

羽田教授接着以每个人作为地球居民的生态意识为基础，描绘了一个潜在的共同世界历史的轮廓。这种意识在不同的国家无疑会有不同的发展，也许曹顺庆教授的"变异学"理论可以涵盖。但由于目前我们还远未达成世界性的认知，我认为就像我们应该谈论多元的文明一样，用复数形式来谈论世界历史显得更为恰当。在这方面，值得注意的是，美国教科书《文明，过去与

---

① 参见 Haneda Masashi, *Toward Creation of a New World History*, Tokyo：JPIC, 2018，pp. 57，74-75.

现在》（*Civilization，Past and Present*）已于 2007 年将书名中的"文明"（Civilization）一词改为复数：*Civilizations，Past and Present*。

即使文明的概念被复数化，它也往往偏向于持久的延续性，通常以一些大国为中心，例如中国之于东亚，或者是瓦尔特·本雅明（Walter Benjamin）所说的"19 世纪的首都"——巴黎（这里指的是 19 世纪的欧洲，而不是全球）。总而言之，谈论单个和区域的"文化"可能比笼统的"文明"更好。持这种观点的不止我一人。在为非专业人士撰写的英文版《中国文学史》（*A History of Chinese Literature*，2023）中，张隆溪一直在谈论中国文化，而不是中国文明。他的书是一本由中国学者为世界读者撰写的非欧洲中心的国别文学史优秀范例，正如顾明栋教授在他的文章《构建中国话语体系的一条可行路径》① 中呼吁的那样。西奥·德汉（Theo D'haen）今年早些时候也曾提到，张教授在担任全球文集《文学：世界史》（*Literature: A World History*，Damrosch and Lindberg-Wada，2022）的主要编辑和作者之一后，以全球性为灵感基础撰写了《中国文学史》。

作为非欧洲中心主义全球文化史的最后一个例子，我将引用我在哈佛的同事马丁·普克纳（Martin Puchner）的新书《文化：我们的故事，从岩画到韩流》（*Culture: The Story of Us from Cave Art to K-Pop*）。他写这本书是为了配合一本计划用于美国世界文明课程的历史和文学文选，但他明确地使用"文化"一词，而不是"文明"。甚至对于"文化"，他也想从占有性的民族主义中解放出来。正如他在开篇所说：

---

① 参见顾明栋、陈晓明、张法等：《重写文明史：为何重写，如何重写？（笔谈）》，《四川大学学报（哲学社会科学版）》2023 年第 3 期。

关于文化，有这样一种观点：地球上聚居着各种人类群体，这些群体通过共同的习俗维系在一起。每一种文化都有其独特的习俗和艺术，其中生活的人类同享一种文化，同时，人们必须保护自己的文化，防范外来的干扰。这种观点认为，文化是一种财产，文化属于生活在其中的人。……然而，存在另一种观点：文化不能被占有。例如，曾前往印度并带回了佛教典籍的唐代高僧玄奘就是这种观点的典型代表。……对这些人物来说，文化不仅来源于一个群体的资源，也来自与其他文化的交流，……如果将文化视为财产，（玄奘）这些人似乎是入侵者、侵占者，甚至是窃贼。但他们以谦逊和奉献的态度从事着文化传播工作，因为他们直觉地认为，文化是在流通中发展的；他们知道，关于文化作为财产和所有权的错误观念会施加限制和约束，导致表达形式的贫乏。[1]

为了与他对文化借用和挪用的强调保持一致，普克纳关注的是跨文化交融的暗示性时刻，回避了稳定的文明表述。他从三万多年前法国南部一个洞穴中产生的艺术开始，但并没有把法国描绘成"新石器时代的首都"。相反，他关注的是艺术创作和文化记忆的普遍过程。在后续的章节中，他介绍了纳芙蒂蒂、柏拉图和印度的阿育王，并继续介绍了平安时代的日本、阿拔斯王朝的巴格达、阿兹特克人的特诺兹提朗和后殖民时代的尼日利亚等不同地方。

普克纳的一些章节确实与欧洲人有关，而他们中的大多数人都醉心于在国外探求跨文化的灵感：例如卡蒙斯（Luís Vaz de

---

[1] Martin Puchner, *Culture: The Story of Us, from Cave Art to K-Pop*, New York: W. W. Norton, 2023, pp. 5 –6.

Camões）在印度支那半岛创作了史诗《卢济塔尼亚人之歌》（*Lusiads*），费诺洛萨（Fenollosa）倾心于日本艺术。普克纳的"我们的故事"中的英雄们，是像费诺洛萨这样的文化调解人，或是在 1500 年前进行了划时代的"西游"，取得佛教经籍带回中国并进行翻译的唐朝高僧玄奘。正如普克纳在谈到费诺洛萨时写道，"所有的调解人都是模棱两可的人物。费诺洛萨本是作为现代化入侵的一部分前往亚洲，但却深深地卷入了亚洲的历史"。他还说玄奘"被一种力量吸引到印度，而这种力量是文化交流不可避免的结果：来自遥远起源的诱惑"。他总结道："比玄奘作为翻译家更重要的是他所代表的意义：一个追随文化输入回到其源头的人（就像后来的基督徒前往圣地一样）。文化输入创造了复杂的场域，在这个场域中，即使文化输入早已被新的宿主文化所同化，遥远的起源也能让人接触到该输入文化运动或信仰的根源。"①

普克纳的文化史是建立在一系列非常个人的选择之上的，这些选择反映了当今美国文化的多元性，毫无疑问也受到他自己从德国移民到美国的经历的影响。与他的著作相比，其他文化史学家可能会选择在特定文化空间内保留更多历史连续性的"文明"维度。毕竟，文化不仅是由移民作家或进口艺术品创造的，也是由传承先辈的本地人所创造的，就如普克纳借由玄奘讨论了印度佛教与中国本土儒家传统的文化互动。尽管如此，即使是极为本土化的人物，如今也可以产生全球性的影响力。但丁在流亡中创作《神曲》时仍然是佛罗伦萨人，莎士比亚的整个创作生涯都在伦敦度过，而孔子几乎没有离开过现在的山东省，但现在你可以在东京重建的环球剧院观看《哈姆雷特》，或在任何有网络的地方玩电子游戏《但丁的地狱》，在世界各地的孔子学院学习汉

---

① 参见 Puchner, *Culture*, pp. 361，127，139.

语。我们如今遇到但丁、莎士比亚或孔子，并不纯粹因为他们是历史上的重要人物，更因为他们同样被卷入了当代世界文化不断变化的潮流之中。几年前，我在一个炎热的日子里参观孔子的出生地时捡到了一把扇子，我想用它来作为这种二元性的结束语。在孔子画像的两侧，人们从两个维度来颂扬这位伟大的圣人，分别是："中国文化始祖"和"世界文坛巨星"。我认为当今世界文明的文化史也应努力兼顾这两种观点。

原文载《四川大学学报（哲学社会科学版）》2023 年第 5 期

世界史的重写： 从世界文学史书写谈起

〔美〕托马斯·比比 撰　李歆蕤 译①

一、 文明、 历史与 "世界文学"

毫无疑问，我们可以轻易选出文学以外的另一个人类文化领域——如科技、宗教、平面艺术或烹饪，来作为人类文明的代表。然而，要说明这些相互区别的文化要素以何种方式融为一体却是一件难事。或者可以说，"文明"（civilization）这一概念既可以指文化成就的总和，又可以指贯穿各文化领域的某种本质特征，在下文中我们将看到，黑格尔选择以 "精神"（Geist）一词来对其进行指称。"文明"的另一重模棱两可之处在于，在付诸使用时，它时而只是 "文化"的中性同义词，时而具有浓厚的、通常以欧洲为中心的意识形态意味，被狭义化为某种先进和优越文化的代指。并非巧合的是，"文明"在上述两个意义层面的使用最早都见于 18 世纪的英语材料，与 "文学"（literature）一词的兴起时间相吻合。

众所周知，德国哲学家黑格尔别出心裁地在通史与美学史之间建立起紧密关联。首先，历史和艺术都是分阶段发展的，其演

---

①　作者简介：托马斯·比比（Thomas O. Beebee），宾夕法尼亚州立大学埃德温·艾尔·斯帕克斯比较文学和德语教授。
　　译者简介：李歆蕤，四川大学文学与新闻学院博士研究生。

变逻辑取决于它们让精神表达自我、认识自我和认识自由的方式。黑格尔将艺术定义为理念的感性显现，一件艺术品介于纯粹的感性和纯粹的理念之间，这一定义使他能够根据感性、理念或精神在其中的相对优势来区分各种艺术媒介。黑格尔划分三种艺术类型的用语包含着对历史进程的看法：象征型、古典型和浪漫型，他的阐述将对各种文明的史评与对它们所发展的特定艺术类型的分析淋漓尽致地结合在了一起。在此，我仅摘录一段他对古典型艺术的讨论，他认为这种类型的艺术最典型地存在于古希腊文化：

> 谈到古典理想在历史上的实现，毫无疑问，这要到希腊人中间去找。古典美以及它在内容意蕴、材料和形式方面的无限广阔领域是分授给希腊民族的一份礼品。这个民族值得我们尊敬，因为他们创造出一种具有最高度生命力的艺术。按照他们的直接现实生活去看，希腊人生活在自觉的主体自由和伦理实体的这两领域的恰到好处的中间地带。一方面，他们不像东方人那样固执于一种不自由的统一，结果产生了宗教和政治的专制，使主体淹没在一种普遍实体或其中某一方面之下，因而丧失掉他的自我，因为他们作为个人没有任何权利，也就没有可靠的依据。另一方面希腊人也还没有走到主体沉浸于自我，使个人与整体和普遍性的东西割裂开来，以便陶醉于自己的内心生活，只有靠进一步回到一种纯粹的精神世界的内在的整体中才能达到和实体与本质的重新统一。①

---

① G. F. W. Hegel, *Hegel's Aesthetics* (*Lectures on Fine Art*, Vol. 1), trans. T. M. Knox, Oxford: Clarendon Press, 1975, pp. 436 – 437. 此处译文参见黑格尔：《美学》（第二卷），朱光潜译，北京：商务印书馆，2009 年，第 168 页。

黑格尔分别将象征型艺术、古典型艺术和浪漫型艺术与三种不同的文化加以联系："东方文化"（Oriental）、古希腊文化和近代欧洲文化。具体而言，受集权政治的影响，"东方艺术"深陷象征主义的泥潭，无法张扬个性；浪漫型艺术则仰赖于个体的一种感受，即自身与典型异化的现代资产阶级社会这一整体相分离。从象征型、古典型到浪漫型，美学的发展史与由埃及、中国、印度、古希腊转至"基督教欧洲"（Christian Europe）引领的文明发展进程互为照应。受限于篇幅，本文无法条分缕析黑格尔对世界美学的总体建构，一言以蔽之，他使用了一个令人信服的逻辑框架来证明欧洲文明是世界历史发展至顶峰的产物。

词源联系是促使我们将文学视为理解文明的重要窗口的原因之一。在这里，"文学"指的是书面作品——由于很难围绕口传作品展开文学研究，那些被载入文学史中的口传作品必然也已经被转化为文字。因此，我们基本可以得出这一结论，即文学研究所涉及的始终是书面文本，即使这些文本实际上转录自吟游诗人或民谣歌手对现实的演绎或纯粹想象性创作。与此同时，"文明"的字面含义是"城市文化"（city-culture），这一点从相关拉丁语词如"civitas"（city）和"civis"（citizen）上就可见一斑。城市是识文断字者的聚集之地，是书面文化发展的必有平台，城市以外的文化现象一般只能归为"习俗"或"民间传说"，而无法归为文明。此外，逐渐趋同的城市里发生的事情在很大程度上构成了世界文明的基础，正如德国历史哲学家斯宾格勒（Oswald Spengler）一针见血的双关句："世界文学就是大都会文学。"（Weltliteratur ist die führende weltstädtische Literatur）[1] 词根"Welt"同时出现在德语的"世界文学"与"大都会"两个词语

---

[1] Oswald Spengler, *Der Untergang des Abendlandes*［1922］, Munich：Beck, 1963, p. 684.

中，彰显了二者之间密不可分的联系。

在 20 世纪的最后几十年里，世界文学重新成为人们探讨和争论的话题，相关讨论包括世界文学存在与发展的基本机制，以及以何视角考察其产物最为恰当，等等。阿伊莎·拉马钱德兰（Ayesha Ramachandran）这样说明后一个问题："其中一个由'世界文学'称谓引发的核心问题是关于视角的：从什么角度来构想'世界文学'乃至'世界'的概念？如果从不同位置和不同义化视角能看到不同的世界，那么如何能将其视为一个在各种语境中都能被理解的稳定范畴，而不至迫使一些立场从属于另一些立场？"①

然而，文学史的本质和目的究竟为何？我们必须首先认识文学史与其他历史门类之间的区别。如果说历史总体上是一门重建"过去真实发生之事"的科学，那么文学史的作用则不尽相同。戈德斯坦（Leon Goldstein）解释道："历史认识并非对当下亦可被见证的事物的认识。……（因为）无须建构历史的能力，我们就可以获得对那些仍可被见证之物的了解。如果说我们需要历史学科，那恰恰是因为我们相信，人类过去的某些事情可以被知晓，却无法以直接的方式被知晓。"② 但文学的显著特点——它与艺术和哲学的共同特征——在于文学史学者只要把握了文学创作各个阶段的语言，就可以直接了解过去的文本世界，也就是说，他们可以实际体验构成自己所编写历史的文本，尽管这种"直接"的文本体验只是文学史的一个要素。另外，"世界文学"这一范畴几乎顾名思义地要求学者们为阅读文学作品跨越他们所熟悉语言的界限，因此他们必须利用译文。所以，除非是集体项

---

① Ayesha Ramachandran, "Worldmaking and Early Modernity: Cartographic Poesis in Europe and South Asia", in Debjani Ganguly, ed., *The Cambridge History of World Literature*, 2 vols, Cambridge: Cambridge University Press, 2021, pp. 111 – 112.

② Leon J. Goldstein, "Literary History as History", *New Literary History*, Vol. 8, No. 2 (1977), p. 320.

目，如下文讨论的《剑桥世界文学史》（*The Cambridge History of World Literature*），世界文学史撰写中普遍存在一种"翻译章程"（translational constitution）。温德尔·哈里斯（Wendell Harris）以此为题发表了一篇论文，对该问题做出如下解答："在很大程度上，一部国别文学史是参考书目、传记、文化分析、文学变革与文学批评的综合体。"① 换言之，编写某国的文学史可以通过协调内部（参考书目、文学批评、文学变革）和外部（传记、文化分析）的材料来构建其叙事，当然，我们还可以将文学理论等门类纳入其中。另外，文学选集也能起到传递历史的作用。

二、 作为文明的文学 I： 两个 19 世纪的例子

德国第一部世界文学选集——谢来耳（J. Scherr）在 1848 年出版的《世界文学画廊》（*Bildersaal der Weltliteratur*，以下简称《画廊》)② 就是这样一个例子。这一年，谢来耳因支持民主改革，反抗德国的封建政治体制而被迫流亡瑞士，用安东尼·阿皮亚（Anthony Appiah）的话说，他是一位"世界主义爱国者"，其选集在他有生之年又修订过两次，并于首印 20 余年后、普鲁士统治下的德意志第二帝国建立前夕再版，也就是"雷克拉姆万有文库"（Reclam's Universalbibliothek）首次问世的两年之后。由于"万有文库"提供的大多为全文而非选段，谢来耳的选集可以被视为向德国读者呈递世界文学面貌的补充性读本。

谢来耳的选集按国别分类，这些国家又按照它们对世界文学的贡献依次排列。因此，第一卷从中国开始，然后是日本、印度、以色列、阿拉伯和波斯。该卷的第二部分继续介绍了希腊、罗马和早期基督教文学。其余部分则聚焦于"罗马式国家"

---

① Wendell Harris, "What Is Literary 'History'?", *College English*, Vol. 56, No. 4 (1994), p. 445.

② Johannes Scherr, *Bildersaal der Weltliteratur*, Stuttgart: Becker, 1848.

（Romanischen Länder），即法国、意大利、西班牙、葡萄牙和罗马尼亚。第二卷全部为德国文学，第三卷以其他日耳曼国家起始，如英格兰和斯堪的纳维亚半岛国家。选集中的历史叙述以章节序言和对各国传统的简短介绍的形式出现，体现了温德尔·哈里斯确定的文学史各个组成部分的有机结合。谢来耳的编排方式既具有世界眼光，又暗含等级秩序。他假定文明起源于亚洲，并将该地区的文化置于选集开篇，同时，他重点强调那些最早期的文学作品，导致在叙述中将世界划分为了"传统的东方"和"现代化的西方"。作为后者的一部分，谢来耳认为法国"在世界历史发展的戏剧中发挥主导作用"[①]，而德国亦地位超然，占据了将近一整卷的笔墨，其中包含一些在世界文坛中重要性还十分值得商榷的作者。

有趣的是，与谢来耳几乎同一时间，马克思和恩格斯也撰文援引世界文学作为资产阶级统治下世界联合的标志。他们在《共产党宣言》中有一句名言："各民族的精神产品成了公共的财产。民族的片面性和局限性日益成为不可能，于是由许多种民族的和地方的文学形成了一种世界的文学。"[②] 受黑格尔哲学的影响，马克思认为世界历史是一个一贯的、相互关联的故事，但推动其发展的是物质力量而非智识力量。资本主义对新市场和新资源的不断嗅探打破了壁垒，使知识传统成为所有人的共同财产，这是一个动态的过程，不同于谢来耳选集中对世界的固化与静态划分。尽管如此，文卡特·马尼（Venkat Mani）在他的《重解世界文学》（*Recoding World Literature*，2017）一书中还是指出了马克思与谢来耳看法的相似之处：

---

① Johannes Scherr, ed., *Bildersaal der Weltliteratur*, Stuttgart: Königliche Hofbuchdruckerei zu Guttenberg, 1848, p. 229.

② Karl Marx and Friedrich Engels, *The Manifesto of the Communist Party* [1848], in Richard C. Tucker, ed., *The Marx-Engels Reader*, 2nd edn., New York: Norton, 1978, pp. 476-477.

谢来耳在 1848 年发表了他的声明，……而在同一年，马克思与恩格斯最著名的（有关世界文学的）声明将见于《共产党宣言》。谢来耳离马克思与恩格斯并不遥远，和他们一样，他也会使用"智力产品"（geistige Produkte）这一术语来定义一个特定国家的智力生产，并且将书籍视为人类的"共有商品"（Gemeingut），这种共有财产的观念将经历进一步的转变。①

马尼明智地将对谢来耳《画廊》的讨论放在了题为"半是史诗，半是戏剧"（"Half Epic，Half Drastic"）的章节中。虽然 1869 年的德国政治局势有别于 1884 年，且二者都与 1848 年的局势不尽相同，但谢来耳却不愿更新其选集的政治定位，以反映新近的政治事件。人们很容易将谢来耳的这种"强迫性重复"（repetition compulsion）与他用在选集标题中的"肖像画廊"的隐喻联系在一起。

正如丽贝卡·布劳恩（Rebecca Braun）和安德鲁·帕滕（Andrew Patten）指出的那样，谢来耳在编写《画廊》时采用的策略是以抒情诗片段来代表几乎整部作品，即使是像歌德的"威廉·迈斯特小说"这样的非韵文巨著。② 其结果是，在表现

---

① Venkat Mani, *Recoding World Literature*, New York：Fordham University Press, 2017，p. 112.

② 译注：歌德的"威廉·迈斯特小说"包含以威廉·迈斯特为主人公的《威廉·迈斯特的学习时代》（以下简称《学习时代》）和《威廉·迈斯特的漫游时代》（以下简称《漫游时代》）两部长篇小说，两部作品的背景均为 18 世纪后期的德国。其中，《学习时代》历来被公认为德语"教育小说"的楷模，在这部小说中，威廉·迈斯特经历了事业与感情的种种坎坷与挫折，最终在与一批怀抱改良社会理想的青年贵族的交往中逐渐领悟人生意义的真谛，走上积极有为的正路。《漫游时代》的完成时间比《学习时代》晚三十余年，小说的总体格局发生了变化，更侧重于刻画一个由不同形式的人类团体组成的世界，展现法国大革命后的社会生活向人们提出的种种紧迫要求，而非个人的品格修养。因此，《漫游时代》里的威廉·迈斯特不再具备严格意义上的主人公身份。

文学作品时，部分代表了整体——片段代表了全文，作品代表了作者，而作者的集合代表了整个世界文学。帕滕在他的文章开头讲述了发生在选集第一版与第二版问世间隔年里的一件事：1851年在伦敦水晶宫举办的世界博览会。他认为，正如书名所示，《画廊》的出现在很大程度上得益于19世纪博物馆文化在欧洲的兴起，以及日益兴盛的印刷文学潮流。博物馆文化助推了一种将物体神圣化的倾向，并依靠一种强加的分类法来支配对它们的解读，例如我们熟悉的将"东方"（morgenländische）文学与"西方"（abendländische）文学相区分的东方主义策略。谢来耳的排布方式及副文本使选集具有了如真实画廊一般的空间感："选集开篇，谢来耳以黑体字在前言起始发出声明'前往入口'（Zum Eingang），并将命令式的述行语警句'进来！因为这里也有神明'（Introite！Et hic dii sunt）作为导入语。"① 布劳恩补充道："手迹和著者的声音……都以视觉形式出现在选集中，却又彼此独立。在这种彻底去语境化和静止的状态下，其所描绘的文本'快照'更像是折中主义珍宝柜上的陈列品，而非隐含在文学作品中或通过文学作品得以表现的启发性的'主体呈现'。……剩下的只是一个由或多或少的物质材料组成的博物馆。"② 因此，谢来耳以"世界文学"为掩护，迂回躲避对民主意识的封锁的意图，实质上与他用来呈现材料的隐喻与方法相矛盾。在博物馆出现以前，建立肖像画廊的最初目的是展示某家族的家谱或价值连城的私人艺术收藏，受邀的宾客可以往庄园或城堡的合适房间内进行参观。画廊（Bildersaal）因此成为权力和底蕴的代表，而选集通过隐匿文本间的联系和消除语言差异（统一以德语翻

① Andrew Patten, "A Portrait of the Artist as a World Author", *Seminar*, Vol. 51, No. 2 (2015), p. 128.

② Rebecca Braun, "Introduction: The Rise of the World Author from the Death of World Literature", *Seminar*, Vol. 51, No. 2 (2015), p. 91.

译），进一步强调了对它的静态认知。按时序排列的选文也助长了凝滞感，由于各译本的年代相去不远，其风格与格式均未能突显出各异的时代感。作为旁观者，我们或许可以将谢来耳的陈述与目前对世界文学研究的抱怨进行比对，即相当一部分著名的理论家仅以白话小说（prose fiction）为基础来推导世界文学的发展模型。例如，埃里希·奥尔巴赫（Erich Auerbach）在《模仿论》（*Mimesis*）一书中就采用了这种方法，不过他的研究仅限于"西方文学"，考察范围只有谢来耳的一半。

如果说谢来耳坚持认为世界文学是由静态图像构成的画廊，那么卡里耶（Moriz Carrière）则在 1863 至 1874 年间出版的将黑格尔世界史转化为世界艺术史的五卷本著作中坚持了动态发展的观点。从他的标题中就可以明显看出与黑格尔的联系：《文化发展与人类理想背景下的艺术》（*Die Kunst im Zusammenhang der Culturentwickelung und die Ideale der Menschheit*）。"文化发展"显然是对文明进程的一种阐释，追随着黑格尔，卡里耶将这一进程的目标定为自我实现和获得自由：

> 精神的本质是自由，是自我决定；因此，精神不是自然地成为它应该成为的样子，而是通过它自己的意志成为它应该成为的样子，它的自我实现就是（世界）历史。但是，如果精神没有在本质上完成，那么它的任务就是自我完善。因此，完美蕴含在精神之中，但不是作为一个充满内容的概念，而是……作为一种伦理范畴、一种区分准则、一种指导观点。……完美是理所应当的，因此，我们只有在它出现在我们面前时，在它通过行动完成或在思想上实现时，才会感到满足。……艺术、宗教和哲学都是按照精神的基本方向来

完成这一任务的形式。①

常言道，含糊的指示往往能产生最深刻的影响，此处似乎就是这种情况。因为卡里耶的用词和论点显然都源自黑格尔，艺术的作用是对精神的培养，而不同文化发展精神的能力可以相互比较。

与黑格尔一样，卡里耶也明确指出了对历史整体进程而言重要与不重要的事物。奇怪的是，这与语言的语法有很大关系，只有综合语对世界文化做出了贡献，汉语首先被排除在外：

> 人类的文化是由使用雅利安语和闪米特语这两种屈折语的民族共同缔造的。迄今为止，中国一直置身于世界运动的浪潮之外，虽然突厥人曾在阿提拉和帖木儿的带领下参与其中，斯基泰人也曾通过入侵波斯和巴比伦进行参与，但这都只是出于外部动因，并没有创造和传播原创思想。②

因此，正如黑格尔所言，文化史的领域有赢家也有输家，卡里耶的五卷本很快就将世界的其他地区抛诸脑后，只关注欧洲一处。在第五卷，也就是最后一卷中，卡里耶对黑格尔的援引越来越多。这一卷被不祥地命名为《精神升华的世纪纪元》（*Das Weltalter des Geistes im Aufgange*），其中对黑格尔的引用多达 35 次，除此之外，卡里耶还更直接地宣称，他将尝试更加详尽地贯彻黑格尔的历史观：

---

① Moriz Carrière, *Die Kunst im Zusammenhang der Culturentwickelung und die Ideale der Menschheit*, 7 vols, 2nd edn., Leipzig: Brockhaus, 1871, p. 62.

② Carrière, *Die Kunst im Zusammenhang der Culturentwickelung und die Ideale der Menschheit*, p. 58.

只有从这个角度出发，莱辛才能够将神启与人类发展的概念置于人类教育之中，从而使历史哲学和宗教哲学成为可能。赫尔德（J. G. Herder）、弗里德里希·威廉·约瑟夫·冯·谢林（F. W. J. Schelling）和黑格尔继而创立了历史哲学和宗教哲学，我们今天正在试图将其发扬光大；本书也旨在为这类努力奠基。①

这一发展谱系众所周知。卡里耶认为，德国思想家创立了一种依赖于文化相对主义的历史哲学，反对古典世界和基督教教义的专制主义文化束缚，赫尔德为这种文化相对主义提供了基本论据。然后，黑格尔重新建立起等级制度，它不是基于神的启示，而是基于精神对自身自由的实现程度。但黑格尔的世界史是哲学的，而不是史学的，这就为卡里耶的世界艺术史留下了成为世界史"基石"的空间。

因此，虽然上述两个世界文学史的例子所体现的思路彼此大相径庭，但它们也对文学的发展历程有着共同的认识，即主导文明进步的力量从东方迁移到了西方。

三、 作为文明的文学Ⅱ： 两个21世纪的例子

20世纪的各种事件严重动摇了欧洲中心主义作为哲学基础的地位，与战争和种族灭绝对数百万人的屠戮相携而来的，是过去的殖民地与半殖民地的解放，地位的改变使后者自己的文化观点能够更清晰地为全球文明话语做出贡献（值得注意的是，谢来耳和卡里耶都没有将非洲纳入他们的文学史考察范围）。"冷战"产生了相反的效果，它截断了世界主义话语，转而助长封

---

① Carrière, *Die Kunst im Zusammenhang der Culturentwickelung und die Ideale der Menschheit*, p. 236.

闭的意识形态交流回路。因此，随着全球资本主义的胜利，人们对世界文学的兴趣在 20 世纪 90 年代得以复兴。本节将比较 21 世纪的两部世界文学史。

沃尔特·科恩（Walter Cohen）《欧洲文学史》（*A History of European Literature*，2017）的书名似乎过于谦虚，副标题更为准确地反映了他对这部著作的抱负："从古至今的西方与世界"（The West and the World from Antiquity to the Present）。科恩将世界文学史比作沙漏的截面：[1] 两端分别是古代和当代，后者大致从殖民地解放开始算起——这一事件使许多新兴的"民族"义学被推向前台与中心，沙漏中部狭窄的部分则大体涵盖了从欧洲帝国主义扩张直至二战结束的时期。除沙漏之外，我们还可以用"脉搏"来对世界文学的发展进行形象化比喻，其历程包括区域文学占据主导的"心缩期"和"世界化"（ecumenized）文学占据主导的"心舒期"。术语"世界化"由谢尔顿·波洛克（Sheldon Pollock）提出，用来表示一种由某一共同语言（希腊语、拉丁语、梵语、阿拉伯语、法语或英语）主导的地区结构。波洛克这样描述"心缩期"和"心舒期"：

> 南亚的文学发展史在很大程度上可以沿两条轴线绘制，一条是单向的，另一条是递归的。文学史的递归轴线描绘了整个次大陆内世界文化体的存在与命运——主要是梵语、波斯-阿拉伯语和英语文化体。显然，这些都是拥有迥然相异历史的迥然相异的共同体，但它们在构建超区域读者社群和潜在的超区域公民社群，或至少是超区域阶级方面具有相似性。这条轴线与另一条主要是单向延伸的文学"无传播"

---

① Walter Cohen, *A History of European Literature: The West and the World from Antiquity to the Present*, Oxford：Oxford University Press, 2017, p. 1.

发展轴线相交叉。……也就是说，更多的受限阅读公众，以

及可想而知的更多的受限公民聚合体。①

波洛克使用的反义词组是"（世界）共同体"（ecumene，相当于科恩所说的沙漏底部）和"无传播"（incommunication，沙漏中间部分）。从"共同体"过渡到"受限阅读公众"的一个被广泛研究的例子是，在近 500 年间，曾被视为欧洲文明代表的拉丁语逐渐被白话语取代，到 19 世纪时，拉丁语出版物的市场份额和公共影响力已微乎其微。

作为莎学家，科恩的优势在于能够使用远读法，利用大量他无法阅览原件的文学作品的相关研究来全面地探索世界文学。科恩以单倍行距和 8 号字体列出的参考书目长达 73 页，共包含两千多部作品。他的研究方法上至对总体趋势的鸟瞰，下到微观层面对具体文本的细读，如果我们关注后者，就会发现作者对世界文学的研究遵循了一种"名著模式"。经典作品及作家被视为理解世界文学的指路明灯，与此同时，语言和经济的基础架构也尤为受到重视，特别是其中与帝国统治和文学语言选择有关的部分。科恩在巴赫金文学复调理论启发下，做出的一条反击意识形态层面因循守旧的斯大林主义者的评论揭示了他对经典的偏好："当前（即 21 世纪）的困境是，复调音乐和流行文化非但没有对事物的现状构成威胁，反而代表了一切如旧。"② 与其说文学因审查制度而湮没，不如说它现在正在被边缘化或与流行文化混为一谈（2016 年鲍勃·迪伦获诺贝尔奖，是否就是压死文学的最后一根稻草）。

科恩第一章的标题"旧的世界文学体系"可以用问号或双

---

① Sheldon Pollock, "Literary History, Indian History, World History", *Social Scientist*, Vol. 23, No. 10/12 (1995), pp. 129 – 130.

② Cohen, *A History of European Literature*, p. 496.

引号结尾，因为他希望探查一个广义的古代世界在多大程度上
"指向一个连贯的文学体系"，而非"仅仅是一堆互不相关的材
料的集合"。他记录的文学交流现象比人们通常以为的要多，关
于罗马文学的一章落脚于一个老生常谈的观点，即没有一位伟大
作家出生在罗马，这使得罗马文学"给人一种处于帝权
（imperium）'接收端'的感觉"。①"白话"一章完全致力于鸟
瞰，试图解开欧洲如何成为"无传播"典范的谜团。对于下一
章的问题"（欧洲）史诗在多大程度上具有西欧特色?"作者的
答案是，中世纪史诗就像天气事件：单一、不可预测，是多种因
素共同作用的产物。尽管有拉丁语传统，但欧洲并没有史诗
"气候"。另外，诗体叙事和散文叙事分别在奥克西坦语传统以
及罗曼司、寓言和框套故事集的发展中达到巅峰。第八章评估了
白话文学在宗教改革思想传播中的作用，包括与印度巴克提
（bhakti）诗人的比较。

　　早期现代正值欧洲建立全球殖民帝国的时期，科恩的文学假
说是，文学对帝国的呈现是非写实的，戏剧《哈姆雷特》和小
说《堂吉诃德》是这一观点的重要论据。塞万提斯对西班牙在
美国的活动了然于胸，堂吉诃德这个人物可以被视为一个失败的
新大陆征服者（conquistador），但小说中几乎没有确切提及新大
陆。科恩承认，这种探究"隐语"的行为可能最终会导致作品
对帝国这一存在的沉默被解读为强烈批判，这也与上文讨论的罗
马文学中的反帝情绪不符。在接下来的章节里，有关欧洲文学
（不）表现帝国现象的探讨仍在继续，例如，考虑到现实主义小
说摒弃了描写帝国的能力，19 世纪的小说成为沙漏中部最细的
部分。在第十四章中，科恩提出了一个引人注目的论点，即犹太
性是现代主义小说的核心（从这里到结尾，科恩对诗歌、戏剧

---

① See Cohen, *A History of European Literature*, pp. 17, 54.

及电影进行了思考。例如，易卜生没有一个索引条目，布莱希特只有一个索引条目，叶芝只有两个索引条目，等等）。理由很有说服力，"犹太性提供了一种既使你置身其中又不从属于彼的立场"，[1] 它属于——例如——似乎与 19 世纪的小说创作息息相关的民族主义计划。诚然，现代主义文学中最著名的犹太角色利奥波德·布鲁姆是由非犹太裔的乔伊斯创作的，但他的爱尔兰血统同样使其兼具局内人与局外人的双重属性。自然，《尤利西斯》和卡夫卡的作品都成为这一章的细读内容。

在全书最后一章，科恩致力于将当代小说与后现代主义相关联，按照被广泛接受的"之后"之意来阐释"post-"这一前缀。后现代主义作品在主题和架构方面达成了向 19 世纪的小说的回归，但又包含了现代主义的形式创新，以及二战后的"异化"与犬儒主义观念，二者都滥觞于 19 世纪战争与极权主义发展至顶峰的时期。科恩通过比较后现代主义与我们正在分析的这本书，解释了后现代主义再现的辩证法：

> 在近期的历史小说中，任何重建都不可避免地具有临时性和主观性特点，这种感觉与理解和复原过去的强烈愿望结合在一起——有时是对拓宽当前地理及文化选择的希望。这种兼具试探性与分析性的双重精神，在很大程度上推动了本项目的构思和完成，我所追求的正是这样一种组合。[2]

与弗朗科·莫雷蒂（Franco Moretti）等人一样，科恩将"小说"这一文学形式视为欧洲最成功的文化输出。小说是"美国世纪"最确凿的标志："欧洲文学，包括其美国分支，在全球

---

[1] See Cohen, *A History of European Literature*, pp. 244 - 250, 261 - 272, 421.

[2] Cohen, *A History of European Literature*, p. 506.

范围内占据了主导地位，以至于它不再以'欧洲文学'的形式引领主流。"① 因此，"无传播"的主要产物之一——小说——成为决定当前世界共同体的一个关键因素。无论是在巴西、中国、日本、莫桑比克还是尼日利亚，每个人都在用英语写作，或以作品获得英译为目标。用丽贝卡·沃尔科维茨（Rebecca Walkowitz）的话来说，全球小说是"天生的翻译"（born translated）。② 今天，我们每个人或多或少都是欧洲小说家，因为"小说"与"世界性文学形式"已经成为同义词。那些以本土语创作的作家，其作品如果在使用本土语的地区外未获流行，在世界文学史上就没有一席之地。

科恩的大部头著作与 2021 年出版的黛布贾妮·甘古利（Debjani Ganguly）主编的《剑桥世界文学史》在内容上有重合，尤其体现在文集的第一部分"谱系"（Genealogies）中。鉴于这部文集的体量与复杂性——共有两卷近一千页，外加引言——它无法像科恩的独著那样被总结出"论点"。除篇幅宏大、内容复杂及多人合著外，该书的结构与多数"剑桥史"系列丛书也不尽相同——并非按时序排列，请作者们根据各自研究专长对某一时期或某一地区的内容加以填充，而是展现了对"什么是世界文学"这一充满争议的问题不断变化的观点，将书名中的"History"或"Literature"进行复数化或许更为恰当。

定义世界文学不仅是一个问题，还被视为一个难题。既然如此，撰写世界文学史更是难上加难。在引言中，编者这样形容她所说的"史学谜题"："编纂世界文学史在某种意义上是对不可能之事的尝试。个体真的能捕捉到五千年以来人类以口头和图画形式进行的表达吗？我们要突出哪些文明世界，又以牺牲哪些世

---

① Cohen, *A History of European Literature*, p. 492.

② 参见 Rebecca L. Walkowitz, *Born Translated: The Contemporary Novel in an Age of World Literature*, New York：Columbia University Press, 2015.

界为代价？"① 她接着提出了几种方法论，比如：选集法
（anthologization）——安基·穆克吉（Ankhi Mukherjee）一篇文
章的主题，② 上文讨论过的谢来耳采用的方法也属于这一类别；
时段论（punctuationism），即做出全球各地重要日期的列表，如
1848、1989 和 2001 年，参见维拉希尼·库帕恩（Vilashini
Cooppan）的《1989 年以后的世界文学》；③ 另外，世界文学的
兴起与语文学（philology）的兴起密不可分，因为后者承认语言
是一种文化产物。最后，甘古利认为：

> 当代世界文学史学者面临的主要挑战是将长达数百年的
> 全球文学交流史及其在当代的痕迹与概念上的普适主义、理
> 论上的多义性和方法论上的多元性相结合，以便在形形色色
> 的文学文化间唤起一种共同价值感，因为它就栖居在我们身
> 处的当下。④

因此，这部文学史的结构并不呈沙漏截面状，而是呈螺旋
状，既体现了历时性，也在几乎每一部分都尝试将早期历史纳入
当前议题。因为一个根本问题的模糊让一切变得更复杂，即世界
文学史和历史学与地理学的边界。第一部分"谱系"以大卫·
达姆罗什（David Damrosch）巧妙概述的古代美索不达米亚时期
起始，一直延伸到上文提及的 1989 年。与之相反，第二部分
"思考世界"所讨论的或为超越时空的概念，如埃里克·阿约
（Eric Hayot）的问题"诗歌是否创造世界"；或为具体案例，如

---

① Ganguly, ed. , *The Cambridge History of World Literature*, p. 5.

② Ankhi Mukherjee, "The Anthology as the Canon of World Literature", in Ganguly, ed. , *The Cambridge History of World Literature*, pp. 749 – 764.

③ Vilashini Cooppan, "World Literature after 1989", in Ganguly, ed. , *The Cambridge History of World Literature*, pp. 180 – 198.

④ Ganguly, ed. , *The Cambridge History of World Literature*, p. 14.

西奥·德汉（Theo D'haen）对维克多·克莱普勒（Victor Klemperer）援引"Weltliteratur"这一概念的分析。"跨区域世界"这一部分也给人一种谱系化的感觉，如多丽丝·萨默（Doris Sommer）关于拉丁美洲巴洛克风格的文章、乌佐马·埃松万尼（Uzoma Esonwanne）关于非洲和世界文学的全景式观点，以及结尾处萨沙·埃贝林（Sascha Ebeling）关于流散泰米尔语文学的论述。"地图绘制的变迁"部分以有关印度文学语言的章节起始，以一篇探讨瑞典诗人托马斯·特朗斯特罗姆（Tomas Tranströmer）的长诗《波罗的海》（*Östersjöar*）的文章结束，这篇论义认为该诗是以群岛眼光重新思考北欧土地的一种途径。在第二卷中，世界文学的早期构型变得更加隐匿，最后一部分"世俗与行星"致力于当代，包括以难民和寻求避难者的写作、《关塔那摩日记》（*Guantánamo Diary*）、非人类和后人类以及行星文学为主题的论文。该书的其他部分涉及翻译、等级体系与多元系统、流通等问题，以及一个名为"诗学、文类、媒介间性"的杂谈。

这些章节一再声明要推动世界义学某些主流概念的去中心化。在欧阳文琴（Wen-chin Ouyang）看来，丝绸之路为世界文学的实际运作提供了一个理想的模式，因为"它使我们能够以一种比'西方影响东方'的直线轨迹更复杂的方式看到思想、主题、美学、知识体系、文本、文类和文学世界的流动"[1]。此外，赵熙京（Heekyoung Cho）撰写的章节"通过探讨俄罗斯和东亚……文学关系和翻译相关问题，重新思考世界文学模式"[2]。拜迪克·巴塔查里亚（Baidik Bhattacharyya）撰写章节的标题

---

[1] Wen-chin Ouyang, "The Silk Roads of World Literature", in Ganguly, ed. , *The Cambridge History of World Literature*, p. 64.

[2] Heekyoung Cho, "World Literature as Process and Relation: East Asia's Russia and Translation", in Ganguly, ed. , *The Cambridge History of World Literature*, p. 366.

"殖民语文学与世界文学的起源"也可以视为其论题。因此，这本文集成为一件自我消耗的艺术品，其中提出的任何世界文学模式都是临时性的。世界文学及文明的其他方面与诸如丝绸之路这样的概念密切相关，重点不在于发展，而在于运动与相互纠缠的关系。

结　语

我研究的四个世界文学史的例子（可以并且应该进一步拓展）都与文明史紧密相关。相对而言，谢来耳的选集最值得点评之处是以地理区域为依据的排布方式，在这种呈现方式和一些介绍性的文字里，隐含着将日耳曼语文学视为世界文学顶峰产物的论点。卡里耶认为自己在继续黑格尔的道路，即比较不同文化中精神的相对发展，最终得出其在欧洲启蒙运动及德国的哲学和艺术中臻至完善的结论。此外，科恩和甘古利关注的是文化主导地位的潮起潮落，以及对特定文明产生的或开放或封闭的世界性影响。在这两部作品中，文学史都深深植根于文化纠葛中，反之亦然。尤其是具有独特碎片化结构的甘古利文集，为我们带来了一部多源的分形（fractal）世界文学史。

原文载《四川大学学报（哲学社会科学版）》2023 年第5 期

多元伦理主义观下重写文明史何以可能？

〔印度〕伊普希塔·茜达 撰　明钰 译①

在接受《四川大学学报》专栏的邀请，分享我对重写世界文明史的看法后，我震惊于这样一个事实：没有一部世界史或文明史是用梵语、巴利语或任何一种印度语写成的，而这些语言都为印度地缘政治空间（geopolitical space）中宪法认可的现代语言的形成做出了贡献。印度人引用《薄伽梵歌》（*Bhagwad Gita*），即史诗《摩诃婆罗多》（*Mahabharata*）中的论述：世界是我们的家；诗人泰戈尔（Rabindranath Tagore）创建的维斯瓦·巴拉蒂大学（Viswa Bharati）的校徽上写着：这所大学欢迎世界各地的人汇聚一堂，这是《奥义书》（*Upanishuds*）中的观点。这两则宣言都指示着一个多元的世界，在这个世界里，一体性（one-ness）通过与他人——邻居、客人和在我们家中受欢迎的陌生人——的关系而建立。此处想象的世界是一个由人际关系构成的世界，一个相互联系的人文世界，而不是一个地理（geographical）或地缘政治（geopolitical）的范畴。整个次大陆②的国王们均认为自己是世界的征服者，并要求历史学家这样尊称他们，但这只是修辞上的仪式，而非信仰。这是否因为一些统治

---

① 作者简介：伊普希塔·茜达（Ipshita Chanda），印度海德拉巴外国语大学比较文学和英语系教授。
　　译者简介：明钰，四川大学文学与新闻学院博士研究生。
② 译者注：指南亚次大陆。

者，如阿育王（Asoka）和阿克巴（Akbar），他们在次大陆成为印度之前控制了其中大片地区，发现以接受差异而非征服差异的方式来统治更为容易？也许这便是为什么，印度意义上的这一概念本身就在质疑英语短语"世界文明史"固有的确定性。

对于一位印度的文学研究者和教师来说，将历史、文明和世界视为一体或同质的并非易事，尤其是当我们被问及对事物的"印度观点"时。我将尝试通过援引多元主义来解释其原因，并梳理和探究世界文明、历史和重写（re-writing）的概念或实践，以解释文化、语言和社会的多元性，并解释为什么要以一种关系性的而非绝对确定性的观点来看待我们共有的这一世界。塞德·萨义德（Syed Sayeed）认为："拥抱多元主义并不意味着赞同他人认为不合理的信仰习俗或表达方式。"缺少真正的接触和多样的关系将导致我们的社会日益紧张。"我们必须努力创造和维持这样一个社会，在此社会中，个体和团体之间的关系是由活跃的文化交流的具体主体间性构建的。"①

这能否成为构想一个多元世界的指导原则？在此世界中，各种文明通过与"他者"（other）文明之间选择性或强制性的互动而鲜活地生成和存续。印度的人文学者就居于这样一个无论在身体意义上还是在精神意义上的文化、社会和语言多元化的国家。但是，两极和多极世界强加给我们的标准观点，仍然建基于假定的中心以及自我－他者的同质对立（homogenised oppositions）。多元主义视角下的批判和反思机制将从基本假设出发，这些假设不同于单语言、单文化社会背景下的观点。多元主义的观点促使我们将现实看作由多种主体位置（subject positions）的相互作用构成的。因此，人与人之间的关系源于人的意志，并由人的意志

---

① See S. A. Sayeed, "Religious Practices in Public Spaces", https：// www. academia. edu/50188354/Religious_ Practices_ in_ Public_ Spaces.

维系，由人的伦理意识引导，即他或她如何通过关联他人而被社会化。因此，统一性并非强加的、给定的或命令的——而是团结、联动和积极参与创造了集体，形成了多元感知的世界。

如法国存在主义现象学哲学家梅洛－庞蒂（Merleau-Ponty）所说，世界是"开放的和无定限的多样性"，其中的关系是"相互蕴涵的"。① 难道不能想象这样一个世界——在那里，"非欧洲"与"欧洲"的语言、历史和环境能够共存？在思考为什么我们需要重写世界文明史时，对话的参与者认为，重写将是对早些时候假定单一焦点的欧洲中心主义或文化帝国主义的纠正。这种假定无论是从单一文化的制高点，还是从单一语言文学系统的文学史出发，均认为"历史"和"文明"是单一的。即使当欧洲帝国主义面对整个殖民地世界、面对被殖民者和殖民者在文化上的鸿沟时，它的反应也是提出一种文明标准（或文学典范），这种标准被证明是古典欧洲的。歌德，这位在德国文学史上横跨浪漫主义和古典主义的诗人，经历了拿破仑在欧洲和埃及的侵略帝国主义以后，通过反对帝国主义者强加的外来影响去捍卫人文主义。但他也建议说："如果我们需要典范，我们就要经常回溯古希腊，因为古希腊作品描绘的总是美好的人。"②

然而，歌德也试图为 19 世纪的单一语言、文化霸权及同质化思想制造文学解药。与排他的民族主义不同，他想象了一个由差异关系构成的"世界"："不会存在各民族思维相似的问题，目的只是让他们逐渐意识到彼此，相互理解，即使不能相爱，至

① Maurice Merleau-Ponty, *Phenomenology of Perception*, Evanston：Northwestern University Press, 1962, p. 82. 中译文参见莫里斯·梅洛－庞蒂：《知觉现象学》，姜志辉译，北京：商务印书馆，2001 年，第 104 页。

② J. P. Eckermann, *Conversations with Goethe*, ed. Hans Kohn, trans. Gisela C. O'brien, New York：Frederick Ungar Publishing Co.，1964，p. 94.

少也能相互包容。"① 东方不会因西方的文明教化而融入单一的文明历史叙事，也不会因为当下工业化欧洲的糟糕境遇而回到想象中古时辉煌的纯真年代。作为诗人，歌德认为文学应建立不分边界和中心的人与人之间的关系。在歌德之后，泰戈尔也采取了类似的观点，他在第一次"孟加拉分治"（first partition of Bengal）的背景下面对着文化和经济帝国主义的冲击。彼时的孟加拉国是印巴分治之前印度的一个省，按照教派界限划分为东孟加拉和西孟加拉，前者主要居住者为穆斯林，而后者则为印度教徒。"孟加拉分治"于 1905 年 10 月 16 日在总督寇松（Viceroy Curzon）领导下生效，加剧了孟加拉国和其他地区的族群之间的紧张局势。在这种基于暴力的身份背景下，泰戈尔在其关于《世界文学》（"Viswa Sahitya"，1905）的演讲中多次敦促他的听众要以超越当下、个体和地方的思维来思考。他正在解决该国日益严重的社群不和这一真正的危机，应对方式是通过人类普遍精神来实现和谐。泰戈尔反对族群间冲突和地方纷争，并批判将国家缩小为"领土主权"（territorial sovereignty）的狭隘观念。这种和谐可以从将"世界"视为一系列相互关系的沉思开始。泰戈尔把文学比作一项正在进行的工程，一座世界各地的伟大建筑师都参与其中的建筑：有些部分因时代发展而重新建造，而有些部分则留存下来，使人类的差异性与同一性并存。

具有讽刺意味的是，歌德批评的"国家"，在泰戈尔所处的殖民地却成了从欧洲引进的进步且文明的典范，成了非殖民化政治运动效仿的自由和主权的象征。泰戈尔提出了一种不同的国家观念，文学是这一观念的象征。他使用的"文学"一词与写作无关——其词根是"sahitatva"（共在），"sahit"的意思是"与"。

① Fritz Strich, *Goethe and World Literature*, trans. C. A. M. Sym, London：Routledge, 1949, p. 350.

这是一种将文学视为共同体创造的关系理论——情感共同体比捍卫和维护领土权利的地缘政治实体更有人情味，在人类世界中也更有力量。因此，文学，由于其"外在的多元性和内在的独特性"①，可以成为抵御民族主义和帝国主义国家文化强权的盾牌。在将关系想象为一种存在状态时，具体情境中不同视角之间的相互作用可以被视为实际历史事件的制造者。这种关系视角能否用来纠正欧洲中心主义？我们能否提出一个不受绝对主义观点限制的概念框架？能否从多元化的角度看待世界和文明？通过将他者视为与我们一样的主体，而非妖魔化他者，我们与他者的接触能否成为对话而非冲突或敌对？

这些问题构成了重写的语境——当我们看到现有主导叙述（master-narrative）的不足时，我们开始思考语段重组（re-textualisation）。这种观点使我们以一种特殊的方式来看待我们居住的世界，这种方式在叙述学中被称为聚焦（focalisation）。② 在撰写世界文明史时，历史和文明的观念是通过一种视角（perspective）③ 形成的。因此，从笔者的角度来看，单一世界、历史或文明的观点是不现实的或空想的。当我们的主题是"世界"时，无论我们将世界视为地理的，还是梅洛－庞蒂所描述的现象式的，欧洲中心主义的形式和内容都限制了历史的叙述框架。同样，还原主义的原则质疑中心与边缘的重新定位。用英语

---

① S. A. Sayeed, "Notes on Comparative Literature", Response to Dorothy Figueira, in *Comparative Literature*, Vol. 1, CAS Jadavpur University, Kolkata, https://englishandforeign languagesuniversity. academia. edu/SyedSayeed.

② 译者注：在叙述学中，热奈特因探究叙述视角问题而提出"聚焦"，聚焦其实就是视角、视点、视野的意思。参见云燕：《认知叙述学》，成都：四川大学出版社，2019 年，第 98 页。

③ 译者注：作者没有混用"聚焦"和"视角"二词，译文尊重作者原意，不以"聚焦"替换"视角"。

和吉库尤语（Gikuyu）① 写作的肯尼亚作家恩古齐·瓦·提安哥（Ngugi wa Thiong'o）② 呼吁转移中心，但这并不意味着将中心转移到别处，在任何地缘政治位置或地区之外建立一个新的中心。承认和强化排他性的两极对立，这将重复中心－边缘的二元关系。无论是在欧洲还是其他地方，恩古齐都想质疑以某一对象为中心的世界这一概念。殖民，或与他者的暴力冲突，证明了一个多种可能性相互作用的世界，而非对立二元之间固定的、对抗和冲突的关系。因此，将世界文明史想象为一种中心的、连续的、单向的叙述是无意义的，就如将世界想象为一个同质整体一样徒劳。

如果我们将世界看作由一系列情境关系构成，什么样的叙述框架才足以记录它的多元历史呢？中国学者提出的共同书写（co-writing）和变异理论（variation theory），可以看作对位置、情境、说话者和对象的要求的回应。举一个古老的例子，我们知道《列王纪》（*Shah Namah*）拥有多位作者，这是一部关于波斯国王的编年史，它将人之创生、神授王权在人间的建立，伊斯兰教到来前波斯的古代统治者，新宗教和新政治结构的建立联系在一起。戴维森（Olga M. Davidson）③ 认为，1426 年的拜松古尔

---

① 译者注：非洲语言主要分为闪含语、苏丹语和属班图语三大语系，吉库尤语属班图语系，流行于肯尼亚。参见中国社会科学院西亚非洲研究所《非洲概况》编写组编：《非洲概况》，北京：世界知识出版社，1981 年，第 18 页。吉库尤族是肯尼亚较发达的一个部族，居住在肯尼亚山以南、肯尼亚中部地区，主要从事农牧业和沿海贸易。"十九世纪，吉库尤人同阿拉伯人，稍后同欧洲人有了频繁的贸易往来。连接印度洋沿岸地区与维多利亚湖的商路贯穿吉库尤全境。"参见苏联科学院非洲研究所编：《非洲史 1800—1918》，顾以安、翁访民译，上海：上海人民出版社，1977 年，第 275－277 页。

② Ngugi wa Thiong'o, *Moving the Centre: The Struggle for Cultural Freedoms*, London: J. Currey; Portsmouth, N. H.: Heinemann, 1993.

③ O. M. Davidson, "Persian/Iranian Epic", in J. M. Foley, ed., *Companion to Ancient Epic*, London: Blackwell, 2005, p. 264.

（Baysonghari）对《列王纪》起源的阐述最为详细。① 此手稿序言记载，霍斯鲁·阿努希拉旺（Khoshraw Anoshirwan）② 曾下令收集王国各地古代国王的民间故事。他的继任者耶兹德卡尔德（Yazdgard）请达内什瓦尔（Daneshvar），一位德赫甘（dehqan），③ 将这些故事编纂成集。但不同于拜松古尔序言，"旧序言"（Old Preface）④ 记载，率先收集整理《列王纪》的是当地的德赫甘，而非君主霍斯鲁和耶兹德卡尔德。菲尔多西（Ferdawsi）在阐述《列王纪》的写作过程时，也提到了《列王纪》的多个文本来源。⑤ 他说，每个祭司或称穆贝德（mobed）⑥

---

① 译者注：蒙古统治波斯的伊儿汗王朝（1256—1355）时期，君主沙哈鲁（Shāhrukh，1405—1447 在位）的第五子即为拜松古尔。"1414 年，拜松古尔王子在父亲旨意下获得了赫拉特画院的实际掌控权，成为细密画艺术的最大赞助者。"参见穆宏燕：《拜松古尔时期的赫拉特画院及其创新》，《上海交通大学学报》2021 年第 5 期。赫拉特画院在拜松古尔时期绘制的插图本《列王纪》即为"拜松古尔《列王纪》"。《列王纪》曾经历口传阶段，因此存在多个版本，拜松古尔《列王纪》则收集和整理了先有的大量手稿版本，并在序言中做了相应说明，详尽阐述了《列王纪》的起源情况。参见 Davidson，"Persian/Iranian Epic"，in Foley，ed.，*Companion to Ancient Epic*，pp. 267 – 270.

② 译者注：波斯萨珊王朝（224—651）第 22 位统治者，公元 532—579 年在位。下文提及的耶兹德卡尔德是萨珊王朝末代君主，公元 632—651 年在位。参见阿卜杜勒·侯赛因·扎林库伯：《波斯帝国史》，张鸿年译，北京：昆仑出版社，2013 年，第 560 – 561 页。

③ 译者注："德赫甘是伊朗的贵族阶层，即土地所有者。这个阶层也掌握文化。"参见菲尔多西：《列王纪全集（一）》，张鸿年、宋丕方译，北京：商务印书馆，2017 年，第 12 页。

④ 译者注：10 世纪中叶《列王纪》手稿的序言，比菲尔多西和拜松古尔的版本要早，所以学界称其为"旧序言"。旧序言提到，在费尔多西的故乡霍雷桑图斯城，一位名叫伊本·阿卜杜勒·拉扎兑（Ibn 'Abd al-Razzâk）的德赫甘，和他的行政长官阿布·曼苏尔·马马里（Abu Mansur al-Ma'mari）一起委托文人群体编写了《列王记》，于公元 957 年完成。参见 Davidson，"Persian/Iranian Epic"，in Foley，ed.，*Companion to Ancient Epic*，p. 268.

⑤ 译者注：菲尔多西创作《列王纪全集》之前已有多人写过同一题材。参见张鸿年、宋丕方：《译者序 菲尔多西和〈列王纪全集〉》，菲尔多西：《列王纪全集（一）》，第 12 页。

⑥ 译者注：穆贝德为琐罗亚斯德教（亦称拜火教、祆教）的神职人员，"主要负责祭祀事宜，一般译作'祭司'"，但在《列王纪》中，穆贝德还有"贤士谏臣、学者名流与古老传统的保存者之意"。参见菲尔多西：《鲁斯塔姆与苏赫拉布》，潘庆舲译，上海：上海文艺出版社，1964 年，第 11 页。

都能背诵他所熟悉的地方传说和国王故事。因此，《列王纪》收集的古代国王故事留存于穆贝德和圣人（sages）的口口相传中，而当地的德赫甘则以书面形式将其记录下来。

一种需要多重聚焦的历史叙述可以用特指（definite article）来描述吗？西西尔·库马尔·达斯（Sisir Kumar Das）[①] 在撰写《印度文学史》时提出了这一方法论问题。达斯为所有印度语言文学共有的多元文学文化的历史叙述提出了一种综合模式，他策划和编辑的第六卷和第八卷，包含了所涉时期 23 种印度语言中的文学事件。每种印度语言的文学事件，以及与文学所处的社会和文化背景相关的事件均按该卷所涵盖的年份逐年提供。读者可以根据所提供的事实，以任一种语言或语言之间的关系为中心构建历史叙述，其侧重点和结果与达斯本人在此书第一部分所构建的历史叙述不同。事件之间的联系不同于事件的年代顺序，这些联系显示了事件的影响和起源。从历时和共时的角度来看，它们包含了特定时期以印度语言书写的全部文学作品，并揭示了文学之间和文学内部的关系模式。达斯试图通过强调这些关系，将用印度语言书写的文学作品融入多元印度的历史叙述中。在达斯的概念框架中，引起如此多争论的泛指———一部历史（a history）和单数（而非复数）的"印度文学"，如阿米亚·德夫（Amiya Dev）[②] 所言，是一种拟议策略的标志：达斯没有使用特指——特定一部历史（the history），这留下了讨论的余地，让人们可以有多种观点。收集到的大量材料实现了多样的历史叙事。研究主

---

① Sisir Kumar Das, *A History of Indian Literature*, Volume Ⅷ: *1900—1910*, *Western Impact*, *Indian Response*, New Delhi: Sahitya Akademi, 1991.

② Amiya Dev, "Writing Indian Literary History", in Ipshita Chanda, ed., *Literary Historiography (Volume 1) in Literary Studies in India*, Kolkata: Jadavpur University, 2004, pp. 113 - 118; Amiya Dev, "Literary History from Below", in Amiya Dev and Sisir Kumar Das, eds., *Comparative Literature: Theory and Practice*, New Delhi: Allied Publishers; Shimla: IIAS, 1987.

题和通用概念的跨时空变化、一种语言经翻译和改写后在另一地区的接受情况、语言文化间各类接触所产生的结果等方面的材料，都可以在达斯《印度文学史》的广博收录中找到。我们不能保证一定能从这些材料中推断出印度语言文学的多元性。但材料本身的泛时排布为我们提供了一种可能的综合视角，因为它勾勒出了一个有别于语言领域的多元文学领域的轮廓。由于这一文学领域是所有印度语言文学共有的，达斯认为它是所有印度语言文学共享的独特特征。以多种语言书写的印度文学，其独特性在于每种语言的文学系统都融入了"印度"文学领域，使其在本质上具有了多元性。这种融合是通过在更大的文化接触框架内调查和阐明文学间的联系来实现的。因此，文学间的关系构成了"印度"文学史的核心，而研究文学间的关系不可能不承认文学领域的来源和价值特征的多元性。

因此，如果要写一部世界文明史，弥补迄今为止此类历史书写的不足，我们需要一种多元的聚焦，历史是对发生在人类生活中并影响到许多人的事件本身的叙述，不能是单一视角的叙述，亦不能从一个单一的中心视角出发；必须是关系性的，无论是在全球还是在地方意义上。二者并非完全割裂的，根据阿多诺的说法：辩证法是理性对自身的批判意识与对客体的批判经验相结合；认为一个人之所以是人，是因为他与另一个人的关系——这就是事物和存在的辩证特质……

这表明我们在认知和表达世界的方式上发生了思维层面和伦理意义的转变。我们能否不构造一个单一、同质、中心化的世界，而更多地考虑世界的多元性？叙述的聚焦意味着叙述者通过某种媒介，以一种特定的意向性，向受众传达这一点。呈现关系史的世界文明史叙述，更应三思叙述者的聚焦问题，正如西奥·德汉（Theo D'haen）所呼吁的那样，他在本刊早前的专栏中简明扼要地总结了编辑《文学：世界史》（*Literature: A World*

History）的过程和经验。考虑到他对现有世界文明/文学史写作框架（这一框架导致了重点、方位、诗学、哲学和意识形态等方面的问题）的敏锐批判，我建议在多元主义范围内，以对话的视角（dialogic perspective）来解决这些问题，即不能从欧洲中心主义的视角提出单一的标准，而应将写作世界文明史视作一种对话。

视角决定了叙述的选择和结构、形式和基调，而多元化的理念则赋予其特定的结构。正如塞德·萨义德所指出的那样，多元主义不仅是包容，而是积极寻求跨越差异的理解，这意味着不同观点和立场的接触。这不是相对主义，而是承诺的相遇。① 这意味着我们不能孤立地看待最深层次的差异，甚至是我们的宗教差异，而是要在相互关系中看待这些差异。多元存在论的伦理意义可以追溯到耆那教哲学的"非一端论"②（anekantavad）——"Anek"（许多）和"anta"（品质、属性或目的）——顾名思义，它解释了现实的复杂性和多重性。该哲学源于《圣训支》③（*Bhagvati Sutra*）中收录的摩诃毗罗（Mahavira）关于"灵魂"（jiva）和"物质"（ajiva）本质的对话。悉达色那·迪瓦卡拉（Siddhasena Divakara）引入"非一端论"或非绝对主义（non-absolutism）作为知识论或认识论，以消除"一端论"

---

① S. A. Sayeed, "Salvaging Incommensurability", *Journal of the Indian Council of Philosophical Research*, Vol. 36, No. 1（July 2018）, pp. 97–124.

② Tara Sethia, *Ahimsa, Anekanta and Jainism*, Delhi: Motilal Banarsidass Pvt Ltd, 2004. 译者注：中译参考了李建欣先生《印度耆那教的哲学思想》一文，非一端论是"耆那哲学的基本立场。耆那教认为：对于任何事物的认识都不能仅执一端，持片面之见；换言之，对于任何事物都不能绝对地肯定，因为一切判断只是在特定的条件和限制下才能成立"。参见李建欣：《印度宗教与佛教》，北京：宗教文化出版社，2013 年，第 130 页。

③ 译者注：中译参考了季羡林先生《印度古代文学史》一书。《圣训支》（Bhagavatīviyāhapannatti）是耆那教经典文献十二"支"（Aṅgaga）的其中一支，"采用问答和对话的方式，详细阐述耆那教教义"。参见季羡林主编：《印度古代文学史》，北京：北京大学出版社，1991 年，第 207 页。

（ekantavad）的教条主义。单一视角的 Ekantika① 或片面性
（one-sidedness）被认为是教条的（dogmatic）。现实的本质是非
绝对的（anekantik），即多元的（plural），② 只有通过不同立场
的对话和不同观点的和解，才有可能探求到这一点。从不同的角
度来认识事物，才能认识到事物的真实面目。例如，"非一端
论"既反对真理是单一、恒定的，又反对真理是繁多、不断变
化的——这两种观点都是片面的，因此只有部分正确。如果把这
些观点结合起来，那么就能保留下每个观点的合理之处，从而使
我们能够理解整体。

"观点构成论"③（Nayavad）和"或然主义"（Syadvad）是
"非一端论"哲学的认识论基础，而"非一端论"哲学则本身就
是耆那教最高伦理目标"非暴力"④（ahimsa）的基础。"观点构
成论"⑤ 指任何特定的观点都是对真理的片面表述，并声称现实
只能通过整合多个部分来理解，而这些部分构成一个整体。这些
对话表明，摩诃毗罗认为"非此即彼"（either/or）的简单二元
对立无法概括或表达现实的复杂性与多重性。真理是复杂的，由

---

① 译者注："Bhāgavata Dharma"是虔诚爱神（God）的宗教，是以爱与神——
那"至高无上者"交流的一神教。也被称作 Nārāyaṇīya、Sātvata、Ekāntika 或
Pāñcarātra 教。参见萨瓦帕利·拉达克里希南主编：《印度文明大系（第4卷）》，上
海：中西书局，2017年，第146页。

② 译者注：李建欣先生在《印度耆那教的哲学思想》一文中指出，耆那教哲
学"是一种现实主义，因为它强调外部世界的真实性；它也是一种多元主义，因为
它承认许多终极实体"。参见李建欣：《印度宗教与佛教》，第151页。

③ Sethia, *Ahimsa, Anekanta and Jainism*, pp. 75 - 113.

④ 译者注："ahimsā，来源于字根√han，'杀戮'，'打击'，加上前缀 a-，
'不'，'非'，形成一个名词，意思是'不杀生'，'非暴力'等等。"参见季羡林：
《佛教》，北京：新世界出版社，2017年，第281页。

⑤ 译者注："'观点构成论'（nayavāda）是耆那教特有的观念。一个观点就是
我们在对一件事物进行判断的一个立场。站在一个特定的立场并不是说就否定了其
他的立场。站在一个立场看是正确的判断，站在另一个立场看就不一定正确。只站
在一个或几个特定的立场是不能达到对一个事物的全面的认识的。"参见李建欣：
《印度宗教与佛教》，第132 - 133页。

不同的观点，或 nayas，① 或立场限定。每一种观点都部分地表达了真理——把它们放在一起，它们就能给我们一个对现实的完整描述。"观点构成论"还鼓励个体从其他角度看问题，尤其是他者的角度，他者的角度是不断变化但同时也是持恒的，要求与个体自身一样受到尊重，并同样享有幸福的权利。这被视为摩诃毗罗哲学中"非暴力"伦理戒律的根源。观点理论通过"或然主义"② 发挥作用。梵语"syat"③ 意为"也许，或许"。但在耆那教哲学中，这一条件术语有一个特定的目的：表示某一命题的多面性。在这种用法中，"syat"表示限定任何判断成立的条件：所以，一个定言陈述（categorical statement）的真值是由其真实情况的条件决定的。因此，"或然主义"不仅认识到"是"（what is），即存在（being），认识到"未是"（what is not yet），即将要成为（what will become），而且认识到从一个到另一个的过程，这个过程是不可言传的，并将两者结合在一起。故而接受

---

① 译者注："naya"是耆那教术语，"从不同的立场来看，事物会拥有这种或那种性质，或者会处于这种或那种关系中，用耆那教的专门术语来表达就是'观点'（naya）。"参见李建欣：《印度宗教与佛教》，第132页。

② 译者注："Syadvada"中译参考汤用彤先生《印度哲学史略》第三章"释迦同时诸外道"，他指出："耆那教（尼犍子）斥为不知主义（Ajnanavada），而立或然主义（Syadvada）。"参见汤用彤：《印度哲学史略》，武汉：武汉大学出版社，2008年，第33页。李建欣先生将其译为"或然论"："或然论的得名是因为它认为所有的知识都只能是或然的、可能的。每一个命题告诉我们的只是也许、可能、大概这一类的回答。对于任何一个事物，我们都不能绝对地肯定或否定。由于事物的极端复杂性，没有什么是可以肯定的。它强调的是现实的极端复杂性和它的不确定性。"参见李建欣：《印度宗教与佛教》，第135页。郭忠生先生则译为"相对真实主义"："'真实'是多样性的；它的本质绝非仅有一种；它既有统一也有差异，有普遍也有特殊，虽然永恒却也会变化。耆那教就以此模式来架构其认识论以及提出所谓的'相对真实主义'（syādvāda）。"参见穆帝：《中观哲学》，郭忠生译，贵阳：贵州大学出版社，2013年，第11页。

③ 译者注："syat"中译参考李建欣先生《印度耆那教的哲学思想》一文，他指出，耆那教认为："每一种判断的成立都是有条件的，从绝对的立场来看都是不可思议的。因而为了保证每一种判断的正确性，都应在其前面加上一个短语 syā，其含义是'也许，或许'。以此表明，每一个判断都是相对的，都是从某一特定的立场、在有所保留的前提下做出的，因而无论如何不是绝对的。"参见李建欣：《印度宗教与佛教》，第135页。

观点的多样性，而非教条的绝对主义（absolutism），是我们与差异接触的伦理态度或意图。

多元主义使我们能够超越局限于单一视角的同质化思维。这种视角通常是多数派的文化、语言或世界观，而没有认识到我们世界极大的多样性。如果我们摒弃这种狭隘的观点，我们就会清楚地认识到，差异是我们生活的一种处境，而包容差异则是我们日常生活实践的基础。人的生活包括与世界的相会。通过日常的接触和相遇，我们意识到自己与"不同"于我们的"他者"分享这个世界。尽管我们都具有使我们成为人类的普遍特征，但差异使我们每个人都是独一无二的。我们与他者的关系取决于我们理解、接受和与我们所遇到的差异相协商的能力，无论是通过头际/物理接触还是文学/想象接触。这是比较法的伦理焦点，它使我们能够在与他人及事物的关系中理解、包容和欣赏差异。公元前3世纪，阿育王在他的诏书中规定统治者要宽待所有宗教并秉持"非暴力"的信念，在信奉单一神理念的信徒团体中，所有社会、经济甚至宗教差异都会被削弱，16世纪莫卧儿王朝（Mughal）的统治者阿克巴将试验推动各宗教间和平相处作为一项行政策略，20世纪甘地（Gandhi）和安贝德卡（Ambedkar）则致力于消除阶层分化和不平等差异——这些构成了差异关系的历史线索，构建了印度的多元结构。因此，从"印度"的角度来看，很难想象对一元同质的"世界""文明"历史的单一无缝叙述。

这并非反对"重写"（rewriting），而是建议对叙述结构、意向性和聚焦性等方面进行反思。书写技术本身使得保存记录、整理文献和进一步研究成为可能——没有它，重写是不可想象的。因此，技术本身为视角和情感结构带来了变化，其在世界各地的分布既不均匀也不平等，它为权力所争夺和利用，并因处境和文化象征引起的不可通约性导致的差异而固化。因此，对某一或特定一"世界""文明""历史"的叙述设计，必须考虑到技术，尤其是知识技术和网络虚拟连接技术分布的不均衡，资本正逐渐将其制度化为系统性的不平等。"除非我们对差异的影响保持警惕，并开发出与之互动的话语工具，否则仅仅假装'赞美'差异是无法实现世界和谐的。"[①]"重写"现在意味着对电子资源和虚拟世界的多样访问，这提出了关于人类干预的新问题，涉及人工智能的使用和互动、对象化（objectification），以及在这个已变化和潜在变化的世界中与差异打交道的行为准则。正是在跨越差异的过程中，我们才能将不断变化的世界文明的多元、多焦点叙述连接起来，并参与到每一种历史都发挥作用的对话中。

原文载《四川大学学报（哲学社会科学版）》2023 年第 5 期

---

① Sayeed, "Salvaging Incommensurability", p. 123.

文明互鉴中文化翻译的关键作用

王斌华①

在当今国际社会资本价值和技术价值至上的背景下，人类文明的发展面临诸多亟待解决的问题，重写文明史是关于人类社会和人类命运走向的时代课题。曹顺庆、刘诗诗在《四川大学学报（哲学社会科学版）》发表的论文《重写文明史》，不仅为重写文明史构想了切实可行的蓝图路径，而且为破除西方中心主义和建构具有国际影响力的人文社科话语提供了切实的抓手。作为英国高校首位由华人担任的口译及翻译研究讲席教授，笔者在国际学界长期的交流和沟通经历中切身体会到文明交流互鉴的意义，受曹文启发引起的思考颇多。本文拟从文明互鉴之要义、文明互鉴之途径、文明互鉴之践行者三个方面谈谈文化翻译在文明互鉴中的关键作用。

一、 文明互鉴之要义

曹文指出，世界文明发展的历史主流应该是"文明的多元与独特交相辉映、文明的交流和互鉴"，"在当代社会文明互鉴依然是人类文明发展的主流和基本脉络"。② 这一论断代表了中

① 作者简介：王斌华，英国利兹大学口译及翻译研究讲席教授。
② 曹顺庆、刘诗诗：《重写文明史》，《四川大学学报（哲学社会科学版）》2023 年第 1 期。

国倡导的交流互鉴之文明观，正如中国网的"中国关键词"专栏所阐释的那样，其核心内涵是："文明是多彩的，人类文明因多样才有交流互鉴的价值；文明是平等的，人类文明因平等才有交流互鉴的前提；文明是包容的，人类文明因包容才有交流互鉴的动力。"① 英国的哲学家罗素也持类似的观点，在其著作《中国问题》（*The Problem of China*）第 11 章"中西文明对比"的开篇，他开宗明义地指出："历史证明，不同文明的接触往往成为人类进步的里程碑。古希腊学习古埃及，古罗马学习古希腊，阿拉伯学习古罗马，中世纪的欧洲学习阿拉伯，文艺复兴时期的欧洲学习拜占庭的东罗马帝国。"②

人类的发展史就是多元文明交流互鉴和共生并进的历史。从中国历史来看，先后出现过四次以大规模翻译活动为标志的中外文明互鉴高潮，包括：从东汉到唐宋以佛经翻译为标志的中外文明互鉴高潮，明末清初以科技翻译为标志的中外文明互鉴高潮，从鸦片战争至五四运动时期以西学翻译为标志的中外文明互鉴高潮，改革开放至今以全方位双向互译为标志的中外文明互鉴高潮。

以佛经翻译的中外文明互鉴高潮为例，鸠摩罗什和玄奘等一批佛经翻译家使得中华文明融纳了古印度文明的佛教文化，使其与中华文明的儒家文化和道家文化相得益彰。在南北朝时期，鸠摩罗什翻译了佛经 39 部计 313 卷，其所译的《金刚经》直至今日仍为传诵不绝的佛教汉文经典；其翻译活动带给中华文明更加系统的佛教"大乘学说"。在唐代，玄奘不远万里前去天竺，不仅取得梵文佛教经典 657 部，而且口述而成《大唐西域记》一

---

① 中国关键词，http：//guoqing.china.com.cn/keywords/2017 - 06/20/content_41063189.htm.

② Bertrand Russell，*The Problem of China*，London：George Allen & Unwin Ltd，1922，p.185.

书，为中亚、西亚和印度等国留下极其丰富的文明史料。在朝廷支持下，玄奘在长安广开译场，历时 19 年翻译佛经 75 部计 1335 卷。① 佛经翻译丰富了中国传统文化的内涵，还为中华文明整体输入了一系列新知，刺激了其人文思想的发展："佛经中的哲学、伦理学、逻辑学刺激了中国思想界的复兴，如宋明理学；佛经中的偈颂刺激了中国诗歌的勃兴，如诗歌的声律；佛经中的叙事刺激了中国小说的发生，如《西游记》；佛教中的绘画和佛经中的禅宗思想刺激了中国绘画和雕塑艺术的发展，如莫高窟；佛经中的语言刺激了中国语言的升华，如四声的提出、大量新词的引进；佛经的翻译刺激了中国对外文化交流的昌盛，如丝绸之路；佛教中的音乐刺激中国民乐的繁荣，等等。"②

在历史长河中观照，我们可以看出，世界文明交流互鉴的要义在于：（1）"文化多样性"，这是联合国教科文组织《世界文化多样性宣言》的核心理念，认可各种文明之间存在的多样性和平等性，倡导各种文明之间应该相互尊重、对话和互鉴；③（2）"和而不同"，这一理念可以追溯到中国传统哲学思想的源头，强调各种文明之间应该和谐相处和包容彼此之间的差异，并保持自己的独特性；（3）"跨文化交流"，这是跨文化交际/交流的核心理念，指各种文明之间应保持跨文化的交流互鉴，在哲学、历史、文学、艺术、科技等各个方面均应如此；（4）"对话之桥"，实现交流互鉴的有效方式是进行对话，文明之间的交流互鉴应通过双向和平等的对话搭建沟通之桥。

无论是对"文化多样性"的认识，还是对"和而不同"理念的实践，以及"跨文化交流"和"对话之桥"的实现，文化

---

① 马祖毅：《中国翻译简史：五四以前部分》，北京：中国对外翻译出版公司，1998 年，第 40 - 43、60 - 63 页。

② 王东风：《翻译与中国国运》，《中国翻译》2019 年第 1 期。

③ 范俊军编译：《联合国教科文组织关于保护语言与文化多样性文件汇编》，北京：民族出版社，2006 年，第 98 页。

翻译都在中外文明互鉴中发挥着关键的作用。翻译活动的本质思想属性正是对差异的包容，对多样性的开放，对交流和对话的积极态度和行动。文化翻译是关于文明内容的跨文化言说、叙述和阐释。正如季羡林在其关于中外文明互鉴的观察中所指出的那样："中华文化这条长河，有水满的时候，也有水少的时候，但却从未枯竭。原因就是有新水注入。最大的有两次，一次是从印度来的水，一次是从西方来的水。而这两次的大注入依靠的都是翻译。中华文化之所以能常葆青春，万应灵药就是翻译。翻译之为用大矣哉！"①

二、 文明互鉴之途径

从重写文明史的角度来看，文明互鉴有两大途径：一是中外互鉴，二是传统与现代互鉴。"中外互鉴"即在当前国际学术话语中西方中心主义处于强势地位的背景下，我们在世界文明史书写中要注重对中华传统思想、价值和伦理观念的挖掘和总结，还要注重对中国现代化文明成果的言说和叙述。中华传统思想、价值和伦理观念能为国际社会和人类难题（如生态和谐等）的解决提供智慧。新中国成立尤其是改革开放以来中国为现代化文明的发展进行了成功的探索，在经济、社会、科技、文化等诸多方面的卓越成就和西方工业革命一样，都是人类现代化文明的重要成果，理应作为重写文明史不应忽视的部分。"传统与现代互鉴"也就是应时代需求，对中华传统文明进行现代阐释。

在重写文明史中，中国学者要特别注意的是：中华传统文明理念和中国特色文明理念的普适性价值阐释和跨文化翻译阐释。举例来说，中华传统思想的一个核心理念是"和谐"，我们国家

---

① 季羡林：《中国翻译词典·序》，林煌天编：《中国翻译词典》，武汉：湖北教育出版社，1997 年，第 2 页。

领导人也曾多次在重大国际场合使用此核心概念来阐释中国的国际关系理念。这一核心概念往往被英译成"harmony"，但值得注意的是，英语中"harmony"这个词有追求"一致或统一"（conformity or uniformity）的含义，容易给人以强求整齐划一、不能包容差异的印象。对此，在中国长期工作并深谙中国文化的贝淡宁（Daniel A. Bell）特别在英国《金融时报》观点专栏撰文阐释道：中国传统思想中的"和"实为"君子和而不同"（diversity in harmony）的意思，即提倡和平的秩序同时也尊重差异。①

实现文明互鉴的关键在于文明之间的双向互动和求同释异。"双向互动"旨在实现不同文明之间平等的跨文化交流和对话，避免文化中心主义和种族中心主义，尤其是屈从于西方中心主义。"求同释异"旨在实践文化多样性和"和而不同"的理念，既要追求事关全人类共同福祉的目标，又要注意阐释和解释差异之处。不同文明之间的差异是必然存在的，不仅是语言文字、文明器物、生产方式和生产关系等方面存在差异，甚至在世界不同地区、不同民族之间的世界观和思维方式等方面也存在根深蒂固的差异。例如，我们生存于其上的地球是一个球体，实际上并无东西之分和南北之分，但在平面的世界地图上，作为世界观和思维方式的重要表征，却有了东西之分和南北之分，而且这种世界观和思维方式表征为世界不同地区和不同民族之间的显著差异：在始于明代"坤舆万国全图"的中国版世界地图上，中国处于世界东西中轴线的中央，而在英国版的世界地图上，却是英国处于世界东西中轴线的中央。这意味着每个民族都习惯于以自己文明为中心进行思考。由此可见，差异是客观存在的，文明互鉴就

---

① Daniel A. Bell, "Why We Must Measure National Harmony", *Financial Times*, https://www.ft.com/content/0aa0a360 - 5049 - 11e3 - 9f0d - 00144feabdc0.

是要在不同文明的双向互动中做好求同释异。

要在文明史书写中实现文明之间的"双向互动"和"求同释异"，我们就要积极参与跨文化的中外文明对话，这不仅是为了"求同"，即参与世界文明史书写共识性框架的构建，而且也是为了"释异"，即对世界文明史中关于中华文明的部分进行跨文化的言说、叙述和阐释，特别是其中因为差异、国情或特性而不被其他文明所理解的地方。如果不注意双向互动式的对话，我们就很容易失去话语权，就会在世界文明史的书写中"失语"乃至缺席；如果不注意在沟通交流中进行"释异"，我们的差异就不会得到尊重和理解。因此，中国需要大批具有文明互鉴意识的学者勇敢地从事跨文化的中外文明对话工作，积极地"出去讲、讲出去、讲进去"。

三、 文明互鉴之践行者

正如上节所说，不同文明之间存在世界观和思维方式等诸多方面的差异，文明互鉴有赖于一个社会开放包容的心态，更有赖于各学科文明史书写者的践行。在世界文明史背景下对中华文明进行跨文化的书写中，已有不少先贤践行文明互鉴之理念。我们有必要回顾总结他们在交流互鉴的文明史书写方面成功的探索经验，限于篇幅，在此举一个文化翻译者的范例：

林语堂作为早期以英文写作而使中国文明扬名海外的中国作家，堪为中外文明互鉴之践行者的代表。林语堂 1935 年在美国出版系统介绍中华文明的英文著作《吾国与吾民》（*My Country and My People*），1937 年出版系统介绍中国人生活艺术和智慧的英文著作《生活的艺术》（*The Importance of Living*）。在《生活的艺术》一书中，林语堂对中国人的生活方式和文明情怀做了充分的跨文化阐释，向西方人生动叙述了中华文明中可供效仿的生活智慧典范。该书出版后，《纽约时报》的书评评论道："读完这书后，我真想跑到唐人街，一遇见中国人，便向他行个鞠躬礼。"① 该书在美国畅销书排行榜位列榜首 52 周，仅在美国就重印了 40 多次，而且还被翻译成其他十几种文字。林语堂还特别注重对孔、孟、老、庄等中国传统哲学思想的跨文化译写，他在 Random House 出版社先后以英文出版了《孔子的智慧》（*The Wisdom of Confucius*，1938）、《中国和印度之智慧》（*The Wisdom of China and India*，1942）、《老子的智慧》（*The Wisdom of Laotse*，1948）。他还翻译了东坡诗文、传奇小说、中国历代的古文小品（共计 100 多篇）等向英语世界推介。此外，林语堂还英译了中国古典文学名著《红楼梦》，其英译稿虽然未在英语世界出版，但由日本翻译家佐藤亮一转译成了日文，并于 1983 年在日本出版。②

林语堂能做到"两脚踏东西文化，一心评宇宙文章"，成为中外文明互鉴践行者的杰出代表，关键在于他具备三个要素：一是其对英文语言的精通，二是其对中国文明文化的体认式熟悉，三是其文明互鉴之开放式思维心态和平等交流之对话式言说、叙述和阐释。这里有必要指出，关于中外文明跨文化交流互鉴的践行者，容易出现几个认识误区。误区之一是，中外文明交流互鉴中最适合的人选是外国人，因为外语是他们的母语，只要他们愿意帮我们用外语讲，自然就能把中华文明向外讲好。更有甚者，凡是外国人讲了点中国的东西，均称其为"汉学家"。关于这一误区，我们要特别注意的是，不少所谓的"汉学家"受中文水平的局限，实际上往往对丰富的中华文明知之有限，对博大精深的中华思想更是一知半解。试想一下，他们这种知之有限和一知

---

① 元青等：《中国留学通史》（民国卷），广州：广东教育出版社，2010 年，第 627 页。

② 宋丹：《日藏林语堂〈红楼梦〉英译原稿考论》，《红楼梦学刊》2016 年第 2 期。

半解的阐释能准确、全面地在跨文化沟通中呈现中华文明和思想吗？如此一鳞半爪、歪描乱画式的呈现又会给人怎样的印象？如此看来，对于通过"汉学家"实现中国传统文明和现代文明"借帆出海"的做法，我们恐怕要注意甄别。误区之二是，不少中国学者或受外语能力之局限，或不习惯在国际交流场域就文明差异进行辨析和交锋，往往不参与国际学术对话，不进行互鉴式的沟通。长此以往，在世界文明史的书写中出现我们"缺席""失语"和"失声"①的尴尬局面便不足为奇了。对于这一误区，中国学界有必要加强文明互鉴和国际交流的意识。正如曹文提出的那样，对西方学者提出的国际影响较大的理论，中国学界不仅要关注，而且"必须要勇敢对话""逐一辨析"。关于外语能力的局限，可以通过培养好专业翻译人才加以补足，让中国学者能在国际场合用母语中文畅所欲言，把用外语传通的任务交给专业翻译人才。

从林语堂作为中外文明互鉴践行者的成功要素来看，海外的中国学人能在中外文明交流互鉴中发挥很大的作用。海外的中国学人来自中国，对中华文明和思想有着体认式的熟悉；他们长期在国外工作，精通所在国家的语言，了解所在国家人民的文化和思维习惯；作为侨居海外的中国学人，他们在日常工作和生活的跨文化交流、沟通和协商中也锻炼了文明互鉴的思维和国际交流的能力。如果善加利用，这一群体可以成为中外文明交流互鉴的一支重要力量。

原文载《四川大学学报（哲学社会科学版）》2023 年第 5 期

---

① 曹顺庆：《文论失语症与文化病态》，《文艺争鸣》1996 年第 2 期。

重写文明史： 建构中国自主知识体系的底座

曹顺庆　　刘诗诗①

党的二十大报告提出，"坚守中华文化立场，提炼展示中华文明的精神标识和文化精髓，加快构建中国话语和中国叙事体系"，"加快构建中国特色哲学社会科学学科体系、学术体系、话语体系"。② 习近平总书记在中国人民大学考察时强调："加快构建中国特色哲学社会科学，归根结底是建构中国自主的知识体系。要以中国为观照、以时代为观照，立足中国实际，解决中国问题，不断推动中华优秀传统文化创造性转化、创新性发展，不断推进知识创新、理论创新、方法创新，使中国特色哲学社会科学真正屹立于世界学术之林。"③

究竟中国有没有自主的知识体系？实际上，中国当然有完整的哲学体系、文论体系、语言文字体系、史学体系、教育体系、医学体系、农学体系、科学技术体系以及其他各个学科的自主知识体系。然而，中国原有的自主知识体系在近现代以来基本上不

① 作者简介：曹顺庆，四川大学杰出教授；刘诗诗，四川大学文学与新闻学院博士研究生。

② 《习近平：高举中国特色社会主义伟大旗帜 为全面建设社会主义现代化国家而团结奋斗——在中国共产党第二十次全国代表大会上的报告》，https：//www.gov.cn/xinwen/2022－10/25/，2024 年 1 月 3 日。

③ 《坚持党的领导传承红色基因扎根中国大地 走出一条建设中国特色世界一流大学新路》，《人民日报》2022 年 4 月 26 日，第 1 版。

被承认，甚至被废除、被遮蔽、被歪曲、被贬低、被边缘化、被遗忘。这是当今中国最严峻的问题，是阻碍中华民族伟大复兴的重大问题。为什么会如此？问题的关键在哪里？笔者认为首先在文明观，文明观是一个基础，是各个学科的底座，在这个底座上搭建的各个学科都会受到这个底座的决定性影响。当前，文明观不正确是影响中国自主知识体系的传承与创新的首要问题。文明观问题不解决，各个学科就不能够从根本上改变"失语"现状。如何改变这种令人痛心的现状，笔者认为，必须重写文明史、重塑文明观，修正底座，在此基础上重审各个学科的自主知识体系。

正因如此，笔者提出"重写文明史"① 这一命题，期望中国学者乃至世界各国学者联合起来，以文明史实为基础来"重写文明史"，在重写文明史中对西方文明史和相关文明史研究中不实的书写进行纠正，对本土文明对于世界文明的贡献做到自信和自觉，在重写文明史中来构建中国自主知识体系、话语体系，并借助文明史重写之势，推动各个学科史自主知识体系的重构与话语建设。2023 年，《四川大学学报》第 1 期开设年度专栏"文明书写与文明互鉴：重写文明史"，刊登了我们讨论重写文明史的系列论文，文章引起国内外学者的关注，引起了世界性的学术争鸣。

美国科学院院士、哈佛大学教授达姆罗什（David Damrosch）阅读我们的论文后指出，"大多数文明史都是在欧洲或北美撰写的，并且往往表现出明显的欧洲中心主义"，印度学者伊普希塔·茜达教授（Ipshita Chanda）直言"震惊于这样一个事实：没有一部世界史或文明史是用梵语、巴利语或任何一种

---

① 曹顺庆、刘诗诗：《重写文明史》，《四川大学学报（哲学社会科学版）》2023 年第 1 期。

印度语写成的"，① 美国得克萨斯大学顾明栋教授认为，《重写文明史》"批判了迄今为止世界文明史书写方面存在的严重的西方中心主义倾向，以及对包括中国文明在内的第三世界文明的偏见、歪曲和贬低。而且更难能可贵的是对文明史的重新书写提出了很有见地的构想性思考，并对世界文明史如何重写提出了几条可行的路径。某种意义上说，该文为重写世界文明史描绘了一幅可以付诸实施的简略蓝图，并为构建中国话语体系提出了令人深省的看法"②。欧洲科学与艺术院院士王斌华称，"曹顺庆在《四川大学学报》发表的论文《重写文明史》，不仅为重写文明史构想了切实可行的蓝图路径，而且为破除西方中心主义和建构具有国际影响力的人文社科话语提供了切实的抓手"③。北京大学陈晓明教授认为，"今天各方面都在讲要建立中国话语体系，那么曹顺庆教授提出'重写文明史'就是'踏石有印，抓铁留痕'的举动"。四川大学张法教授称，"《重写文明史》对中国视角的突显，其效果，不仅是中国的，而且是世界的"。金惠敏教授直言，"曹顺庆教授新近领衔发表的重磅论文《重写文明史》，既是对全球义明书写史上的西方霸权进行讨伐的檄文，又是对如何在全球文化舆论场中提振中国话语的一种行动指南。如果说之前曹顺庆教授对中国文论'失语症'的指认重在对'文化病态'的'诊断'，那现在对于'重写文明史'的倡导则可谓是'治沉疴而下猛药'了，是'中国智慧'和'中国方案'代表性的最强音之一"。浙江大学李思屈教授认为，"'重写文明史'是一个重大而内涵丰富的世纪性命题，这一命题的提出，体现了中国

---

① 大卫·达姆罗什、托马斯·比比等：《重写文明史：为何重写，如何重写？（笔谈续）》，《四川大学学报（哲学社会科学版）》2023 年第 5 期。

② 顾明栋、陈晓明、张法等：《重写文明史：为何重写，如何重写？（笔谈）》，《四川大学学报（哲学社会科学版）》2023 年第 3 期。

③ 大卫·达姆罗什、托马斯·比比等：《重写文明史：为何重写，如何重写？（笔谈续）》，《四川大学学报（哲学社会科学版）》2023 年第 5 期。

学者的学术敏感、理论积累、文化自信和担当，显示了中华传统学术体系、学术文脉的一派生机。从曹顺庆教授提出跨越'第四堵墙'，医治学术的'失语症'，到现在'文明互鉴'背景下的'重写文明史'，建构中国自主知识体系，理论视野和学术水平都再一次上升了一个新高度"。①

对于"重写文明史"的学术争鸣也正反映了中外学者一致认为中国自主学术体系的当代整体性失落。为什么中国自主知识体系在当代会整体失落？最根本的原因还是文明观问题。长期的西方文明偏见与文明遮蔽，形成了西方文明优越论，令东方学者丧失了文化自信，失落了中国自主学术体系。西方学界对中国文明与中国理论的蔑视和排斥，令中国话语在国际上失语。怎样解决这个重大问题？需要学术界下大决心，用大力气，必须"踏石有印，抓铁留痕"，探索出一套实实在在的理论路径，联合国际学术界有识之士，共同努力，从"重写文明史"进一步拓展到建设中国自主知识体系。

一、 中国的自主哲学体系

中国古代哲学丰富而深邃，具有博大精深的体系，这是举世皆知的常识。但是，有些西方学者却宣称中国没有哲学。例如，西方大哲学家黑格尔（Friedrich Hegel）和当代解构主义大师德里达（Jacques Derrida）都宣称，"中国没有哲学"，德里达认为哲学是"古希腊的发明"，② 黑格尔认为中国没有哲学，③ 中国甚至没有历史，"中国的历史从本质上看是没有历史的，它只是

---

① 顾明栋、陈晓明、张法等：《重写文明史：为何重写，如何重写？（笔谈）》，《四川大学学报（哲学社会科学版）》2023 年第 3 期。

② 德里达：《书写与差异》，张宁译，北京：生活·读书·新知三联书店，2001 年，第 9 - 10 页。

③ 黑格尔：《哲学史讲演录》第 1 卷，贺麟、王太庆译，北京：商务印书馆，1983 年，第 97 页。

君主覆灭的一再重复而已。任何进步都不可能从中产生"①。中国的文明还处在人类文明的幼年期。在《哲学史讲演录》中，黑格尔对东方哲学，特别是中国和印度哲学完全不屑一顾，"我们在这里尚找不到哲学知识"，"我们看到孔子和他的弟子们的谈话，里面所讲的是一种常识道德，这种常识道德我们在哪里都找得到，在哪一个民族里都找得到，可能还要好些，这是毫无出色之点的东西。孔子只是一个实际的世间智者，在他那里思辨的哲学是一点也没有的——只有一些善良的、老练的、道德的教训，从里面我们不能获得什么特殊的东西"，"我们根据他的原著可以断言：为了保持孔子的名声，假使他的书从来不曾有过翻译，那倒是更好的事"。在黑格尔看来："真正的哲学是自西方开始。"黑格尔甚至说，"在希腊生活的历史中，当我们进一步追溯时，以及有追溯之必要时，我们可以不必远溯到东方和埃及"。②德里达在 2000 年访华时说："中国没有哲学，只有思想。"③他后来解释说："哲学本质上不是一般的思想，哲学与一种有限的历史相连，与一种语言、一种古希腊的发明相联：它首先是一种古希腊的发明，其次经历了拉丁语和德语'翻译'的转化等等，它是一种欧洲形态的东西。"黑格尔与德里达否认中国哲学的根本原因在于根深蒂固的西方文明优越论，认为哲学是自古希腊以来的西方的独家创造。这样的文明观是西方文明史书写长期建构起来的。德里达认为哲学只有西方才有，"是一种欧洲形态的东西"。④世界哲学体系的建构长久依循着西方的观念与框架。"哲学"一词的本意也往往追溯至古希腊文

---

① Georg Wilhelm Friedrich Hegel, *Die Vernunft in der Geschichte*, Johannes Hoffmeister, ed., Berlin: Akademie - Verlag, 1966, pp. 245 - 246.

② 黑格尔：《哲学史讲演录》第 1 卷，第 97、119 - 120、98、158 页。

③ 王元化：《关于中西哲学与文化的对话》，《文史哲》2002 年第 2 期。

④ 德里达：《书写与差异》，第 9 - 10 页。

"philosophia"——"爱智慧"。这些看法，显然是严重的偏见。世界文明史告诉我们，哲学并非古希腊才有，印度古代哲学、中国古代哲学、阿拉伯哲学以及其他非西方哲学都是客观存在的，不容个别学者抹杀。美国著名学者安乐哲（Roger T. Ames）指出："我个人觉得这是一个非常简单的问题。如果说中国没有历史，这是一个笑话。一个民族、一个文明传统都有它自己的历史。如果说中国没有文化，没有文学，这是一个笑话，因为中国有杜甫、李白，有著名的文学家。同样，如果说'中国没有哲学'是根本不通的，如果哲学是追求一种智慧，为了帮助我们生活得更好，中国当然是有哲学的。西方对'哲学'有他们自己特别的理解，他们要把这个词与他们的传统联系在一起，哲学如果不是我们的，就不是哲学了，我个人认为这是一个很偏见的想法。"① 黑格尔和德里达无非是认为中国学问没有对概念的思辨，因而没有哲学。对黑格尔的这种看法，钱锺书先生提出过严厉的批评。在《管锥编》第一册第一篇文章《论易之三名》中，钱锺书先生如此写道："黑格尔尝鄙薄吾国语文，以为不宜思辨；又自夸德语能冥契道妙，举'奥伏赫变'（Aufheben）为例，以相反两意融会于一字（ein und dasselbe Wort für zwei entgegengesetzte Bestimmungen），拉丁文中亦无义蕴深富尔许者。其不知汉语，不必责也；无知而掉以轻心，发为高论，又老师巨子之常态惯技，无足怪也；然而遂使东西海之名理同者如南北海之马牛风，则不得不为承学之士惜之。"② 黑格尔一生的抱负是发誓"让哲学说德语"，就是要把德语用于思辨，他成功了。可是，他不懂汉语，又凭什么说汉语不宜思辨，从而从根本上否定

---

① 普庆玲：《安乐哲：说"中国没有哲学"这是一个笑话》，http：//www. china kongzi. org/rw/zhuanlan/201807/t20180712_ 179929. htm，2024 年 1 月 6 日。

② 钱锺书：《管锥编》，北京：中华书局，1979 年，第 1-2 页。

中国学问之有哲学之可能?①

实际上，中国古代哲学，同样是极富于思辨的，也是"爱智慧"的。《尔雅》指出，"哲"即"智也"，② 哲就是智慧，这已经揭示了中国"哲"一词的本质便是智慧之学。中国哲学从先秦诸子百家、两汉经学、魏晋玄学，到隋唐佛学、儒释道合流、宋明理学，经历了数个思想繁荣时期，产生了儒、释、道、墨、名、法、阴阳、兵等各家学说，涌现了老子、孔子、庄子、孟子、荀子、韩非子、董仲舒、王充、何晏、王弼、韩愈、周敦颐、程颢、程颐、朱熹、陆九渊、王守仁、李贽、黄宗羲、顾炎武、王夫之等哲学大家，留下了《道德经》《论语》《庄子》《孟子》等浩如烟海的鸿篇巨制，包含着丰富而深刻的哲学内容，为古人认识世界、改造世界提供了重要依据，也为中华文明提供了重要内容，为人类哲学做出了重大贡献。

西方对中国古代哲学的否认完全是无稽之谈、无知之言，尚可理解。值得我们高度重视的是另外一个问题：中国学者自己对中国古代哲学的否认。一些中国学者受到西方的影响，公然否认中国原有的自主哲学知识体系，跟在黑格尔等西方学者的后面，否认中国古代哲学。例如，朱光潜就认为：中国没有悲剧，没有哲学。他在《悲剧心理学》指出"仅仅元代（即不到一百年的时间）就有五百多部剧作，但其中没有一部可以真正算得悲剧"。为什么中国没有悲剧？因为中国没有哲学，"中国人也是一个最讲实际、最从世俗考虑问题的民族，……对他们说来，哲学就是伦理学，也仅仅是伦理学"。③ 这种表述，与黑格尔的口气几乎一样。这种唯西方马首是瞻的看法，不止一个学者，而是

---

① 黑格尔：《黑格尔通信百封》，上海：上海人民出版社，1981 年，第 202 页。
② 《尔雅注疏·释言》，阮元校刻：《十三经注疏（下）》，上海：上海古籍出版社，1997 年，第 2584 页。
③ 朱光潜：《悲剧心理学》，北京：人民文学出版社，1983 年，第 218、215 页。

有相当一批人，这个情况就比较严重了！当然，这种观点，不值一驳！兹不赘述。

在现当代，还有一个重要问题必须指出：中国哲学思想对世界哲学的贡献还未被充分挖掘。不少中国人基本上不知道中国哲学对现当代西方哲学的重要影响，这是本文特别要指出的。只有真正了解中国古代哲学对现代西方哲学的重要影响，才能够从内心层面改变对中国自主哲学知识体系的认识。事实上，中国哲学的思辨内涵与独特的文明特征不仅滋养了中华文明，更是在世界传播中深刻影响着西方哲学的内核。以"老子"哲学体系为例。首先，针对哲学中"什么是世界本原"这一问题，老子创造出了"道"，以"道"为万物本原。其次，老子哲学是最富辩证思维的学说，"有无相生""反者道之动""大小多少"便体现了"对立统一""否定之否定""质量互变"的辩证法三大规律。从这一点出发，老子关于辩证法的三大理论创造，比黑格尔关于辩证法三大规律的论述早问世 2000 余年。这无疑是中华民族对世界哲学文明的重大贡献。即便西方当代著名哲学家，也主动向中国哲学学习，向中国智慧靠拢。例如马丁·海德格尔（Martin Heidegger）作为西方 20 世纪影响力最为深远的哲学家、思想家之一，其哲学思想在中国是哲学研究的热点、焦点，但不为人所共知的事实是，中国的老子哲学催生了海德格尔关于存在问题（the question of Being）的思考，使他成为西方形而上学的最终克服者。德国学者波格勒（O. Poggeler）说："对于海德格尔，《老子》成了一个前行路上的避难所。"① 奥地利汉学家格拉姆·帕克斯（Graham Parkes）首先表明了通过亚洲思想去理解海德格尔的必要性。格拉姆认为，如果将海德格尔的思想代入一种与

---

① O. 波格勒、张祥龙：《再论海德格尔与老子》，《世界哲学》2004 年第 2 期。

之完全相异的文化共鸣之中深入考虑，那么海德格尔宣称自己是西方第一位克服形而上学传统的思想者的这一论断值得严肃对待。海德格尔之所以能有如此成就，是因为他对东方思想、对中国哲学的借鉴与吸收后的学术创新。伽达默尔也曾说过，海德格尔研究必须在其作品与亚洲哲学之间进行严肃的比较。① 众所周知，长期以来，西方的 Being，就是"存在""是""有"。但是，海德格尔提出：Being 不仅仅是"有"，而且还应当包括"无"。这是一个石破天惊的"开启"！然而，是什么东西导致了海德格尔认为自己首先开启了存在问题的？事实上，是东方思想，尤其是《老子》的有无相生的思想。2000 年由克罗斯特曼出版社（Vittorio Klostermann）出版的《海德格尔全集》第 75 卷中有一篇写于 1943 年的文章，题为《诗人的独特性》，探讨荷尔德林诗作的思想意义，文中引用了《老子》第十一章论述"有无相生"观点的全文："三十辐共一毂，当其无，有车之用。埏埴以为器，当其无，有器之用。凿户牖以为室，当其无，有室之用。故有之以为利，无之以为用。"② 这是老子"有无相生"最典型的论述。海德格尔汲取了老子的有无相生思想，创新性地提出：存在者自身的存在不"是"——存在者。③ 虚无也是存在的特征，更明确地说："存在：虚无：同一（Being：Nothing：

---

① Graham Parkes, ed. , *Heidegger and Asian Thought*, Honolulu：University of Hawaii Press, 1987, pp. 1 - 2, 5.

② Martin Heidegger, "Die Einzigheit des Dichters", Gesamtausgabe (Zu Hoelderlin-Griechenlandreisen) Band 75, Frankfurt am Main：Vittorio Klostermann, 2000, p. 43. 原文为：Dreißig Speichen treffen die Nabe, Aber das Leere zwischen ihnen gewährt das Sein des Rades. /Aus dem Ton ent-stehen die Gefäße, Aber das Leere in ihnen gewährt das Sein des Gefäßes. /Mauern und Fenster und Türen stellen das Haus dar, Aber das Leere zwischen ihnen gewährt das Sein des Hauses. /Das Seiende ergibt die Brauchbarkeit. Das Nicht-Seiende gewährt das Sein.

③ Martin Heideger, *Sein und Zeit*, Tübingen：Max Niemeyer Verlag, 1967, p. 4. 原文为：Sein kann nicht so zur Bestimmtheit kommen, daß ihm Seiendes zugesprochen wird. /Sein ist nicht so etwas wie Seiendes.

The Same）。"① 因此，"存在的意义"问题同时也是对无的意义的探寻。但此种虚无既非绝对的空无（empty nothing），亦非无意义的无（nugatory nothing）。在海德格尔那里，"存在：虚无：同一"之无，是"存在之无"（the Nothing of Being），无从属于存在。显然，海德格尔的思想创新，是汲取了《老子》有无共生（天下万物生于有，有生于无）、虚实相生的思想。据相关统计，海德格尔至少在 13 个地方引用了《老子》《庄子》德文译本中的一些段落。在《思想的基本原则》中，海德格尔引用《老子》第二十八章中的"知其白，守其黑"②，希望以此探明逻辑（Logic）在道（tao）、逻各斯（logos）以及他的基本语词"事件"（Erieignis）之间的位置；在谈论技术问题时，海德格尔将荷尔德林后期的诗作《思念》中的"暗光"与《老子》第二十八章雌雄、黑白、荣辱一体的教诲结合，不主张向前现代或前技术世界的回归，而是试图将人类的这种现代世界带上一条生息之路。海德格尔探讨了时间、存在的意义以及存在的真理。在他那里，时间转入永恒，而永恒不再是"永恒"（aeternitas）或"不朽"（sempiternitas），永恒回归或永恒意志，而是安置于宁静的沉默之中的流变，因此海德格尔将《老子》第十五章的两句话摘录在他的工作室墙壁上作为装饰——"孰能浊以静之徐清，孰能安以动之徐生。"

西方现当代另外一个著名学者雅克·拉康（Jacques Lacan）也受到中国哲学的重要影响。他作为西方精神分析哲学的代表人物，曾在著名汉学家程抱一先生那里学习中国文化，尤其是道家思想。程抱一作为拉康的中国学老师，带着拉康阅读了很多中国

---

① Martin Heidegger, *Four Seminars*, Bloomington & Indianapolis: Indiana University Press, 2012, p. 58.

② Martin Heidegger, "Grundsätze des Denkens. Freiburger Vorträge", Gesamtausgabe（Bremer und Freiburger Vorträge）Band 79, Frankfurt am Main: Vittorio Klostermann, 2000, p. 93.

著作，其中第一本就是《道德经》。程抱一先生确认说，中国文化中最吸引拉康的是"空"的概念。拉康研究主体的精神器官（l'appareil psychique），他发现，精神器官是围绕着一个疑问而建构的。我们精神世界的构成正是从这个点开始的，而这个点是"空"。从这个"空"出发，围绕着这个"空"，我们构建起自己的精神世界。这就像《道德经》说的"道生一，一生二，二生三，三生万物"。最初的道，就是那个"空"，世界是从这个"空"，围绕这个"空"被创造出来的。在拉康看来，这个"空"，不是空无一物的空，而是一个"缺失"（le manque），一个实在的缺失，这又非常接近于《周易》"生生不息"的观点。易自伏羲画卦象作为起点，开启了中华民族探索宇宙奥妙的先河，奠定了中华民族传统文化和哲学思辨之基础，奠定了《周易》的自主哲学体系，《周易》仰观天象，俯察地理，梳理人间万象，提出了"形而上者谓之道，形而下者谓之器"的哲理思想，"易"一字而含三义的思辨思维，开创了道生一，一生二，二生三，三生万物的"生生不息"宇宙发展观，从而确立了宇宙发展法则。

西方另外 位精神分析哲学的代表人物荣格（Carl Gustav Jung），同样在其哲学思想中融入了周易哲学。荣格在 20 世纪 20 年代初便结识了著名汉学家和《易经》的德文翻译者卫礼贤（Richard Wilhelm），并和卫礼贤就《易经》和中国文化等进行了广泛的讨论。当时荣格刚处在与弗洛伊德（Sigmund Freud）以及传统精神分析决裂的时期，亟须寻找一个新的理论基点，来建立起自己的精神分析理论，《易经》和中国文化恰恰提供了这样一个基点。在荣格和卫礼贤合著的《金花的秘密：中国生命之书》（*The Secret of the Golden Flower: A Chinese Book of Life*）中，荣格认为"《易经》中包含着中国文化的精神和心灵；几千年中国伟大智者的共同倾注，历久而弥新，仍然对理解它的人，展现着无穷的意义和无限的启迪"。荣格认为：从《易经》中可以找到一个足以动摇西方心理学基础的"阿基米德点"。《易经》中包含一种共时性原理，"建立在共时性原则基础上的思维方式，在《易经》中表现得最为充分，是中国思维方式的最集中的体现。而对于我们西方人来说，这种思维方式，从赫拉克利特之后，便在哲学史上消失，只是在莱布尼茨那里出现过一些低微的回声"。①

作为"欧洲三大哲学家"之一的莱布尼茨（Gottfried Wilhelm Leibniz）就曾依据《周易》八卦爻辞推进了二进制算法。莱布尼茨从传教士白晋的通信中得到了伏羲六十四卦图，他按照白晋的建议，将阴爻视为 0，将阳爻视为 1，依此排列，六十四个卦正好是从 0 到 63 的 64 个二进制数，即从 000000 到 111111。这一发现让莱布尼茨更加确认二进制算法的普遍意义，随即回信给白晋解释了从 0 到 63 的二进制数字与卦中的六爻排列的一一对应关系，并称"伏羲是世界上所知的最古老的王和哲学家之一，并且还是中国人的帝国和科学的奠基者，因此这张图乃是现今世界上最古老的科学丰碑之一"②。1703 年 5 月 5 日法国科学院院报发表莱布尼茨的文章《关于只用两个记号 0 和 1 的二进制算术的解释——和对它的用途以及它所给出的中国古代伏羲图的意义的评注》标志着二进制算法的成熟。这一算法系统直接影响了莱布尼茨的宗教观，他意识到"它提供了一个演示神如何从虚无、元一中创造万物的图解"③，万物来源于上帝和无，伏羲所创造的一和无便是对应着万物的起源。程朱理学对于莱布尼茨的"单子论""前定和谐"亦有影响，他曾以"单子

① Tung Pin Lu, *The Secret of the Golden Flower: A Chinese Book of Life*, Richard Wilhelm, trans., London: Kegan Paul, Trench, Trubner & co, 1947, p. 141.

② 莱布尼茨：《莱布尼茨致白晋的一封信》，朱伯崑主编：《国际易学研究（第二辑）》，北京：华夏出版社，1996 年，第 3 页。

③ 方岚生：《互照：莱布尼茨与中国》，曾小五译，北京：北京大学出版社，2013 年，第 134 页。

论"阐释朱熹的"理气相即"观，并将"理"称为"最高单子"。李约瑟（Joseph Terence Montgomery Needham）称，"中国最伟大的思想家——12 世纪的朱熹——曾经发展了一种近似于有机主义的哲学，而非欧洲思想中的任何其他东西。在他前面，他有着中国的相互联系的协调思想的充分背景。在他后面，则有着莱布尼茨"。莱布尼茨的单子论是"有机主义在西方舞台上的第一次露面，单子的等级制及其'前定和谐'有似于理学家的理在每一种模式和有机体中的无数个别的表现"。①

中国哲学对于不少西方学者有影响。例如中国古代哲学对莱布尼茨哲学思想的影响是深远的，在他的诸多重要观念中都可以看到中国文化的影响，而莱布尼茨的影响持续蔓延至后学康德、叔本华、费尔巴哈的思想。康德伦理学中的"意志"观与朱熹"存天理，灭人欲"观点一致，尼采还称康德为"歌尼斯堡的伟大的中国人"②。叔本华的唯意志主义与程朱理学如出一辙。首先，叔本华不认为有"创世者"，相反他认为世界的真实面目是"意志"，而人与世间万物都是"意志的客体化"，这一思想类似于朱熹的"天人合一"的观点；其次，他认为人的贪婪和痛苦都是因为蕴藏体内的"生命意志"推衍的结果，这一"生命意志"实是朱熹的"人欲"翻版；最后，人要回到本真，必须进行"生命意志的否定"，这又是朱熹的"灭人欲，存天理"。所以，叔本华本人在赞叹之余，也不得不说，"这最后一句话和我的学说的一致性是如此的明显和惊人，以至于如果这些话不是在我的著作出版了整整 8 年之后才印出来的话，人们很可能会错误

---

① 李约瑟：《中国科学技术史》第二卷，何兆武等译，北京：科学出版社，1990 年，第 315－316、531 页。
② 曼弗雷德·库恩：《康德传》，黄添盛译，上海：上海人民出版社，2014 年，第 3 页。

地以为我的基本思想就是从它们那里得来的"①，费尔巴哈更是对孔子的儒学观多有关注，在著作中常引儒家经典（包括《尚书》《论语》《孟子》等），如他在著作《幸福论》中以《礼记·中庸》中的"忠恕违道不远，施诸己而不愿，亦勿施于人"论证其理论体系中相当重要的伦理思想——爱的道德。② 以上关于中国古代哲学对西方的影响，只是九牛一毛，有心的学者可以进一步研究。

二、 中国的自主文论体系

哲学自主知识体系和文艺理论自主知识体系是密切关联的。可以说，哲学是文艺理论的元话语。中国自古以来就是文学理论大国，按照季羡林先生的观点，中国古代文论博大精深，是世界上三大文论体系（中国、印度、欧洲）之一。③ 日本文论、朝鲜（韩国）文论，都是受中国文论影响产生的。但是，这样一个"体大虑周"的自主文艺理论话语，这样一个言说了上千年、绚烂多姿的、与中国古代文学相伴相生的文论话语体系，在中国近现代却莫名其妙地死亡了。作为理论，中国古代文论非但无法参与现当代文学评论与文论建构，甚至已经无法表述自身，只能成为博物馆里的秦砖汉瓦、成为学者案头的故纸堆。

1996 年，笔者在《文艺争鸣》发表《文论失语症和文化病态》一文，提出中国古代文论的失语症，引起学界高度关注。④ 2017 年，福建师范大学孙绍振先生在《光明日报》发文，率先

---

① 叔本华：《自然界中的意志》，任立、刘林译，北京：商务印书馆，1997 年，第 144 页。

② 费尔巴哈：《费尔巴哈哲学著作选集（上卷）》，荣震华等译，北京：商务印书馆，1984 年，第 577 - 578 页。

③ 《读书》编辑部：《比较文学的理论与实践——座谈纪录》，《读书》1982 年第 9 期。

④ 曹顺庆：《文论失语症与文化病态》，《文艺争鸣》1996 年第 2 期。

展开反思："二十多年前，曹顺庆先生就有了中国文学理论完全'失语'的反思，……二十多年过去了，对于重建中国文论新话语的口头响应者尚属寥寥，实际践行者则更是不多。"① 之所以孙先生会有如是感受，原因在于过去种种学术实践并未取得实质性成效。

为什么学术界持续热议了二十多年，先后讲"失语"、讲古代文论的现代转换、讲中国话语重建，相关学术论战和学术焦虑愈演愈烈，但又确实没有建立起当代中国文论话语体系呢？我认为，症结在于，过去我们重建中国文论话语体系的路径其实走错了，中国文论话语建设一直以西方话语为"元话语"（Metadiscourse），直接导致"古代文论现代转换"这个公认为正确的口号，从话语上就误导了学术界。为什么西方话语会成为中国当代的"元话语"？为什么西方古代文论话语在当代仍然活着，而中国文论话语在当代却死亡了？为何我们从来没有听说过"西方古代文论的现代转换"，为什么亚里士多德的《诗学》可以不用现代转换，就可以直接用，不仅当代西方学者在用，当代中国学者也在用，但谈到中国古代文论就必须经现代转换之后才能用于当代文学批评？为什么中国古代文论，一定要通过现代阐释来转换才能够使用？"转换"往往暗含一个前提，即认为某样东西其原始状态不再保有必要性或合理性，在当代已经不能用了，这个前提是有问题的。这一前提否定了中国古代文论自主知识体系在当下的生命力。之所以人们会否定中国古代文论的当代生命力、有效性与合法性，根源在于它是所谓的"不科学"的存在。那什么才是"科学的"呢？显然，按照当代"常识"，中国古代不可能有"科学"的方法，唯一的选择是西方的科学方法，判

---

① 孙绍振：《医治学术"哑巴"病，创造中国文论新话语》，《光明日报》2017年7月3日，第12版。

断的依据是西方理论，所以自然而然地，西方理论也就成为用以"阐释转换"中国古代文论的元话语。追根溯源，西方文论成为中国古代文论的底座，这就是文明观问题。

事实上，用西方理论来阐释中国古代文论的中国文学批评史建立之时，就是中国古代文论向死而生之日。1927 年，陈钟凡的《中国文学批评史》由中华书局正式出版，标志着以西阐中在现代形态的中国文学批评史学科正式形成。其后《中国文学批评史》著作的撰写蔚然成风，出现了郭绍虞、罗根泽、朱东润、刘大杰、张少康、王运熙、顾易生、罗宗强等经典之作，以上各种《中国文学批评史》，在资料收集整理方面功不可没，同时也有一些极力恢复中国理论的意图和努力。然而大势所趋，以西释中，已经几乎避不开了，所用的理论或多或少是以西方的理论为主，基本上以所谓有体系的、系统的西方的理论来阐释中国古代文论。

中国古代文论在诸多《中国文学批评史》中被定义为没有系统性、没有体系，是感性的、零碎的、模糊的、散乱的、直观顿悟的。这种结论显然是偏颇的，难道"体大虑周"的《文心雕龙》没有体系？不仅仅《文心雕龙》，李渔的《闲情偶寄》、叶燮的《原诗》都是有体系之著作。中国文论明明有体系，为什么被研究成为没有体系？这就是西方文论话语阐释的结果。学术界的以西释中，还导致对中国古代文论体系的否定，也导致对中国古代文论术语范畴的否定，即认为中国古代文论术语范畴基本上是混乱的、不清晰的、不科学的。例如，学术界用西方的内容与形式来阐释风骨，将风骨解说得面目全非：有人认为风是内容，骨是形式，有的反过来，说骨是内容，风是形式，还有人说，风既是内容，又是形式；另外有人用西方的风格来诠释风骨，等等。但讨论了半个世纪，风骨仍然是"群言淆乱，而不知折衷谁圣"①。风骨的论争，实际上就是风骨之死！

如果不用西方理论阐释，《文心雕龙·风骨篇》其实本来讲得很清楚的。《风骨篇》的理论阐释："故练于骨者，析辞必精；深乎风者，述情必显。捶字坚而难移，结响凝而不滞，此风骨之力也。"显然，风骨是"力"的美。刘勰还用三种鸟的意象，来比喻风骨：野鸡、鹰隼、凤凰——"夫翚翟备色，而翾翥百步，肌丰而力沉也；鹰隼乏采，而翰飞戾天，骨劲而气猛也：文章才力，有似于此。若风骨乏采，则鸷集翰林，采乏风骨，则雉窜文囿：唯藻耀而高翔，固文笔之鸣凤也。"这里，《文心雕龙》已经把风骨说得很清楚：风骨是力量与气势之美。《文心雕龙》解释风骨的两个具体作品的例子，也很清楚："昔潘勖锡魏，思摹经典，群才韬笔，乃其骨髓峻也；相如赋仙，气号凌云，蔚为辞宗，乃其风力遒也。能鉴斯要，可以定文，兹术或违，无务繁采。"② 风骨明明是清晰的，却被说成是混乱的、不清晰的、不科学的。实质上是以西方文论话语为圭臬，文明观出了问题。我们在理解中国古代文论的时候自觉不自觉地套用了西方的文学理论话语，无视中国文化传统中固有的言说方式，惯性地依赖西方的逻辑体系来进行理解，也就注定会使中国古代文论被随意解构。西方的话语霸权有其强加给我们的一面，但更多的时候是我们不自觉的主动选择。用通俗的话来说，中国古代文论之死，不仅仅是西方理论的"他杀"，更是我们中国学者的"自杀"。

正如法国学者弗朗索瓦·于连曾指出："我们正处在一个西方概念模式标准化的时代。这使得中国人无法读懂中国文化，……因为一切都被重新结构了。中国古代思想正在逐渐变成

---

① 陈耀南：《〈文心〉"风骨"群说辨疑》，曹顺庆编：《文心同雕集》，成都：成都出版社，1990年，第217页。

② 杨明照：《增订文心雕龙校注》，北京：中华书局，2000年，第388-389页。

各种西方概念，其实中国思想有它自身的逻辑。"① 中国古代文论研究一开始走的就是西化的路，通过学科化、体系化、范畴化的系统改造工作，硬是将古代文论重新阐释、梳理、分类、界定，塞入了西方的学科体制与思维模式中，造成了中国古代文论自主知识体系的失落与自主话语的死亡。

三、 中国的自主教育体系

教育是国之大计，20 世纪以来中国教育的首要问题是重建教育，但是在这一过程中却明显呈现出放弃传承中国古代教育自主知识体系的趋势，一头扎进西方教育体系怀抱的倾向，崇西向西之风愈演愈烈，对中国教育体系的自主知识基本上完全无视。目前中国教育的自主知识体系乃至东方教育知识体系，无论是在国外还是在国内的世界教育史书写中都是缺失的，这是一个匪夷所思的现象。以国内目前论述最为完整、影响力较大的 1949 年译自苏联麦丁斯基（Е. Н. Медынский）的《世界教育史》为例，该书在中国再版 4 次，并列入了"新中国大学丛书"系列，为世界教育史课程用书，但作者在 7 大部分 28 章节中一字未提中国教育体系，在第一章第一节中将东方教育与原始社会、奴隶社会相提并论，在第二节"古代东方各国学校的发生"中将中国排除出东方之列，讲述的东方教育仅仅是埃及、巴比伦、印度、亚述的教育，麦丁斯基认为"学校的发生是和文化的复杂化及文字和科学的出现有关联的"②。他介绍了埃及的象形文字、祭祀学校、书记学校，但对中国的汉字、稷下学宫、太学、书院完全回避，只字不提。不仅外国学者不承认中国教育，中国学者

---

① 秦海鹰：《关于中西诗学的对话——弗朗索瓦·于连访谈录》，《中国比较文学》1996 年第 2 期。
② 麦丁斯基：《世界教育史》上册，叶文雄译，上海：五十年代出版社，1949年，第 7 页。

目前编著的《世界教育史》沿用的也是麦丁斯基该书的内容框架，生硬地以"古代""中世纪""文艺复兴""近代"等时代分限划分世界各国的教育，在古代论述了埃及、亚述、巴比伦、印度、希腊、罗马等国家，在近代论述了英国、美国、日本、法国、德国、俄国。中国学者编写的世界教育史，居然也只字不提中国的自主教育体系，令人扼腕叹息！

西方公认的全世界第一所大学是意大利的博洛尼亚大学，创立于公元 1088 年，即神圣罗马帝国时期，据称是世界上广泛公认的、拥有完整大学体系并发展至今的第一所大学，被誉为"世界大学之母"。1988 年 9 月 18 日，博洛尼亚大学 900 年校庆之际，欧洲 430 位大学校长共同签署的欧洲大学宪章，正式承认并宣布博洛尼亚大学为"大学之母"，即世上所有大学的母校。维基百科中称博洛尼亚大学为"世界上历史最悠久的大学"（the oldest university in continuous operation in the world），这仿佛已经成为世界共识，但究其源头也只是欧洲内部的认可。而另一所与博洛尼亚大学并称世界最古老的大学，又被誉为"欧洲大学之母"的是巴黎大学，在巴黎大学成立后，欧洲其他各地的大学相继成立，其中有牛津大学（成立于 1096 年）、剑桥大学（成立于 1209 年）、比萨大学（成立于 1343 年）等。实际上，中国在公元前 124 年，就成立了官办大学——"太学"，比西方的最早官办大学早了一千多年！北宋开宝九年（976）正式创建的岳麓书院，也比博洛尼亚大学早了 112 年！北宋大中祥符八年（1015），宋真宗赵恒御赐"岳麓书院"匾额，遂成为中国古代的书院标杆，学者们在这里讲学，学子们在这里求学，这里成为中国古代四大书院之一。岳麓书院历经张栻、朱熹等学者扩建，至清代改为湖南高等学堂，1926 年在此基础上办起了湖南大学。非常可惜的是，中国并没有将岳麓书院 - 湖南大学定为具有1028 年的悠久历史的中国著名大学，超过所谓"世界第一所大学”一百多年！在世界教育史上，完全没有中国大学的地位！

中国大学不仅历史悠久，而且教育自成体系。如前所述，中国的大学比西方的大学早得多！早在夏代，中国就有了以教育为主的学校，称为"校"。《孟子·滕文公上》："夏曰校，殷曰序，周曰庠。"① "序"又分"东序""西序"，前者为大学，在国都王宫之东，是贵族及其子弟入学之地；后者为小学，在国都西郊，是平民学习之所。商代生产力日益发展，文化日趋进步，科学日渐发达，因之学校又有增加，称为"学"与"瞽宗"。"学"又有"左学""右学"之别，前者专为"国老"而创，后者专为"庶老"而设。国庶之界在于贵族与平民。"学"以明人伦为主，"瞽宗"以习乐为宗。西周时学校分国学与乡学。国学专为诸侯天子而设，按学生入学年龄与教育程度分为大学、小学两级。乡学主要按照当时地方行政区域而定。因地方区域大小不同，亦有塾、庠、序、校之别。一般情况下，塾中优秀者，可升入乡学而学于庠、序、校；庠、序、校中的优秀者或升入国学而学于大学。中国最早的大学可以追溯至战国时期齐国都城临淄的稷下学宫，学宫由齐桓公创办，汉末徐干《中论》有记载，"昔齐桓公立稷下之官，设大夫之号，招致贤人而尊宠之"②。《史记》中记载稷下学宫"开第康庄之衢，高门大屋，尊宠之。览天下诸侯宾客，言齐能致天下贤士也"③。司马光曾作《稷下赋》，赞叹学宫"筑钜馆，临康衢，……美矣哉。高门横闶，夏屋长檐，樽罍明洁，几杖清严"④。由史料所载，稷下学宫无论是校舍还是学人规模都比同时期希腊的柏拉图学园更为宏大。

中国的官办大学以"太学"为始，"太学"之名始于西周，

---

① 《孟子注疏·滕文公上》，阮元校刻：《十三经注疏（下）》，第 2702 页。
② 夏传才主编：《徐干集校注》，林家骊校注，石家庄：河北教育出版社，2013 年，第 176 页。
③ 《史记》，长沙：岳麓书社，2016 年，第 535 页。
④ 司马光：《司马温公集编年笺注1》，成都：巴蜀书社，2009 年，第 16 页。

盛于汉代。董仲舒曾言，"太学者，贤士之所关也，教化之本原也"①。东汉光武帝时朱浮上书请广选博士亦云："夫太学者，礼仪之宫，教化所由兴也。"② 东汉蔡邕更明确指出："太学以为博士弟子授业之所。"③ "太学"兴衰直接关系国家教育之成败。现在的"大学"一词虽出自"太学"，但其内含、外延是"大学"这一称谓无法比拟的。段玉裁《说文解字注·水部》"泰"字条云："后世凡言大而以为形容未尽则作太。"④ 太学初创于汉代，但其实秦时郡县就普遍设有"官学"——"学室"。及至汉代，官方办学建设更为完善，分设官学、私学，官学分为中央官学、地方官学，私学分为书馆与经馆两类，这一办学格局也为后世的学校制度奠定了基础。其中影响深远的是"太学"的设置，公元前124年，汉武帝采纳董仲舒"愿陛下兴太学，置明师，以养天下之士"⑤ 的建议，兴太学、置博士弟子，这比西方号称"世界第一所大学"的博洛尼亚大学早了一千多年。这一点，我们大多数国人基本上不知道。

东汉光武帝刘秀称帝后，戎马未歇，即先兴文教。东汉太学始创于建武五年十月（29），汉光武帝起营太学，访雅儒，采求经典阙文，四方学士云会京师洛阳，于是立五经博士。永建六年（131），汉顺帝更修黉宇，"凡所造构，二百四十房，千八百五十室"。本初元年（146），更是"游学增盛，至三万余生"⑥。

---

① 《汉书》，北京：中华书局，1962年，第1728页。
② 李昭玘、李似之：《万卷菁华存》前集卷三十四《教化门》，宋刻本，第1547页。
③ 马端临：《文献通考》卷四十《学校考》，清乾隆十二年武英殿刻本，第2794页。
④ 段玉裁：《说文解字注》，上海：上海书店，1992年，第565页。
⑤ 马端临：《文献通考》卷四十《学校考》，清乾隆十二年武英殿刻本，第2762页。
⑥ 《后汉书》，张道勤校，杭州：浙江古籍出版社，2000年，第724页。

苏轼曾称誉："学莫盛于东汉，士数万人，嘘枯吹生。"[①] 汉代太学由博士执教，讲授《诗》《书》《礼》《易》《春秋》等课程。隋唐在汉代基础上，发展了以儒学为主，佛道为辅，兼通六艺的教育模式，隋文帝开国后设立国子寺，逐渐形成了算学、书学、律学三学。唐时承隋制，设立国子监，行政管理有祭酒、司业、设丞、主簿、长史等人，经学教授者有博士、助教、直讲等，另有弘文馆、崇文馆输送优质生源。宋代官学规模空前，除国子监、太学、武学、律学及四门学和广文馆外又设立了书学、算学、画学和医学，书院讲学也愈加兴盛，出现了著名的四大书院——河南商丘应天府书院、湖南长沙岳麓书院、江西庐山白鹿洞书院、河南登封嵩阳书院。应天书院是古代书院中唯一一个升为国子监的书院，居北宋"四大书院"之首。"天下庠序，视此而兴"[②]，"宋兴，天下州府有学始此"[③]；岳麓书院一直没有中断，至今弦歌不辍，今天的湖南大学便是其直接传承者，以岳麓书院基址扩建而成，仍在高等教育中赓续学脉，是名扬四海的千年学府；书院不仅成为学子求学、学者讲学之地，在讲学、藏书之外，书院更成为学术研讨、论道议政、思想交流的中心。书院教育从唐中叶到清末，经历千年之久，其办学形式、教授方式、管理模式成为中国教育史的一大特色。

　　为什么中国古代的太学和书院在当代的"大学"溯源中被严重忽视，只字不提？据说，大学被认为只有融入了"自然科学"，或者说融入了科学知识才能够称为大学。实际上意大利博洛尼亚大学最初也是以教授神学、阐释《圣经》为主，法国巴黎大学的前身就是巴黎圣母院的索邦神学院，神学依然是其核心

---

① 苏轼：《东坡七集》后集卷十五，清光绪三十四年至宣统元年宝华盦翻刻明成化本，第 2408 页。
② 范仲淹：《范文正集》卷七，民国八年上海商务印书馆四部丛刊景明翻元刻本，第 220 页。
③ 陈均：《皇朝编年备要》卷七《真宗皇帝》，清钞本，第 536 页。

教学内容，之后才逐渐涉及文学、法律以及医学等。如前所述，中国汉代太学虽以经学讲授为主，但是太学生须习六艺"礼、乐、射、御、书、数"，而"数艺"包括方田、粟米、衰分、少广、商功、均输、盈不足、方程、勾股九科。① 至隋唐时期便有明确的"算学"，这就是科学知识！"算学"中重要的"十书"为十部重要的数学著作，曾列为隋唐时期国子监"算学科"的教科书，对建立中国古代数学教育制度至关重要。这十部数学著作分别是《周髀算经》《九章算术》《海岛算经》《张丘建算经》《夏侯阳算经》《五经算术》《缉古算经》《缀术》《五曹算经》《孙子算经》。可见，中西大学存在相同的时代性的办学内容、形式等演变。我们不禁要问：为什么西方以神学为主的大学是人学，而中国以经学为主的大学就不是大学？问题还是出在文化自信和文明观上。文明观底座不正，中国古代教育自主知识体系自然是得不到承认的！

四、 中国的自主科学体系

中外学界对于"中国有无科学"争议萦绕百年不休，著名的"李约瑟之问"，即"为什么现代科学只在欧洲文明中发展，而未在中国（或印度）文明中成长？"② 持"中国无科学"观者，如罗素称，"中国文化中有个弱点：缺乏科学"③。爱因斯坦在《西方科学的基础和中国古代的发明》一信中直言："西方科

① 方田即各种田亩面积的计算；粟米即各种比例计算问题，特别是各种谷物之间按比例交换的问题；衰分又称差分，主要讲按等级或一定比例进行分配的各种计算问题；少广即已知面积和体积反求其一边的问题，涉及开平方和开立方的方法；商功即有关土石方和用工量的各种工程数学问题；均输即按照人口数量和路途远近等条件，以摊派赋税和徭役等的比例问题；盈不足即讲盈亏的计算问题；方程即方程式的计算问题；勾股即勾股定理，勾为短面，股为长面，短长相推以求其弦，即直角三角形的解法问题。

② 李约瑟：《东西方的科学与社会》，刘钝、王扬宗编：《中国科学与科学革命：李约瑟难题及其相关问题》，沈阳：辽宁教育出版社，2002 年，第 83 - 101 页。

③ 《罗素论中西文化》，杨发庭等译，北京：北京出版社，2010 年，第 44 页。

学的发展是以两个伟大的成就为基础：希腊哲学家发明形式逻辑体系（在欧几里得几何中），以及（在文艺复兴时期）发现通过系统的实验可能找出因果关系。在我看来，中国的贤哲没有走上这两步，那是用不着惊奇的。"[1] 科学"只是我们所特有的文化中才突显出来的一种特别的知识"[2]。中国的文化体系"如此地非科学性、如此幼稚而不成熟，以至于它只能引起我们发笑"[3]。国人也曾一致认为"中国没有科学"，如 1915 年任鸿隽在《科学》创刊号上发表的《说中国无科学的原因》，1922 年冯友兰发表了题为《为什么中国没有科学：对中国哲学的历史与解释》的英文文章，冯友兰直接将中国的落后归因于中国没有科学（What keeps China back is that she has no science）。[4] 乃至于 1946 年竺可桢仍在《为什么中国古代没有产生自然科学》一文中道，"归根起来讲，中国农村社会的机构和封建思想，使中国古代不能产生自然科学"[5]。"科学"一词源自日译西语，五四时期成为中国学人讨论的焦点。当时对科学的认知不仅有只重自然科学的英文的 Science，更有释为自然、人为各种学问的德文的 Wissenschaft，当时学界更偏向于英语的解释，由此，科学在后世的认知中往往指代自然科学。这样一种以西释中的解释生硬地将中国古代的科学理论、科学经典、科学成就埋没在西方自然科学的定义之中。事实表明，中国古代不仅有科学，还有着丰富的

---

① 《爱因斯坦文集》第 1 卷，许良英、范岱年编译，北京：商务印书馆，1976年，第 574 页。

② Maurice N. Richter, Jr., *Science as a Cultural Progress*, Cambridge：Schenkman Publishing Company Inc., 1972, p. 7.

③ Ian Jakob Maria Groot, *The Religious System of China*, Leyden：E. J. Brill, 1892 - 1910, p. 1050.

④ Yu-Lan Fung, "Why China Has No Science—An Interpretation of the History and Consequences of Chinese Philosophy", *International Journal of Ethics*, Vol. 32, No. 3, 1922, p. 237.

⑤ 竺可桢：《为什么中国古代没有产生自然科学》（重印版），《科学》2015 年第 3 期。

科学资源有待发掘，更有着自主的科学知识体系。

现存中国古代典籍中记载了天文、力学、光学等诸多科学原理，如《考工记》《墨经》《天公开物》等。《考工记》又名《周礼·考工记》，本是齐国官书，是作为"冬官篇"补入的，是目前所见年代最早的手工业技术文献。根据《考工记》记载，当时官府有三十个手工生产部门，各司一职，"凡攻木之工七，攻金之工六，攻皮之工五，设色之工五，刮摩之工五，搏埴之工二"，其中比较重要的几个生产部门涉及车辆制造、兵器制作、钟磬制作、纺织印染、营建等。《考工记》中还记载了"惯性"等物理知识，"劝登马力，马力既竭，辀犹能一取焉"。① 这句话说的是当马力用完，车还能顺势行进一小段距离，即当不受外力作用时，任何物体都力图保持原有的静止状态或匀速直线运动状态。再如往往被当代人忽略的是《墨经》在世界科技史上的重要地位。《墨经》是墨家学派的经典，相传为墨子及其弟子合著而成，里面不仅有逻辑学、哲学，还有光学、力学等诸方面的研究成果。《墨经》中提出了时间和空间、运动和静止等基本物理概念，"久，弥异时也。宇，弥异所也"，"久，古今旦莫。宇，东西家南北"。关于物体的运动和静止，《墨经》认为，"动，或从也"；"止，以久也"。即运动就是物体位置的移动，静止就是物体在某一位置上处有一段时间。其中《墨经》早就提出了"力，刑之所以奋也"② 这一"力"的物理定义，即牛顿第一定律所言力是使物休运动状态变化的原因。但从时间上推算，《墨经》要比牛顿第一定律早一千多年。除此之外，小孔成像、光线直射、光影成像和杠杆原理等都是墨子最早发现并提出的，李

---

① 《周礼注疏·冬官考工》，阮元校刻：《十三经注疏（上）》，第 906、914 页。

② 《墨子》，方勇译注，北京：中华书局，2011 年，第 329、341 - 342、330、326、327 页。

约瑟称赞"光学研究也始于墨家"①，然而，秦始皇统一天下后为了稳固政权，裁撤诸学，墨家由此没落，墨子的科学成就也未能发扬光大。

数学一直以来被视为自然科学中各个学科的基础，但是在国外学者的眼中，中国人没有数学逻辑、没有数学意识。爱因斯坦不无荒诞地在其旅亚日记中记录道，"中国人没有逻辑思维，没有数学天赋"（Chinese are incapable of being trained to think logically and that they specifically have no talent for mathematics）；中国人是"勤劳、肮脏、迟钝"（industrious，filthy，obtuse people）的，"按照我们的标准就是未开化"（barbaric for our taste）。② 爱因斯坦作为具有世界影响力的科学家，他对中国的抹黑言论、无知之言突显了在科学界亦存在着严重的西方文明优越论、西方科学中心论。当下中国科技界解决"卡脖子"问题不仅要在科学技术、科学成果上超越，更需要解决已经根深蒂固的科学文明"失语"的问题。这一点首先要求我们正视、重审中国自古以来便具有的自主科学知识体系。

目前已知中国最早的数学文献可以追溯至秦代，湖南大学岳麓书院藏秦简《数》、北京大学藏秦简中的多种算书即可为证，另张家山汉简《算数书》、湖北云梦睡虎地汉简《算术》都记载着中国古代早期重要的数学思想。岳麓书院藏秦简《数》中"有一道'圆材薶地'算题，与《九章算术》'勾股'章第九题相同，这说明了《九章算术》'勾股'章的内容在先秦数学著作中就有渊源"③。北京大学藏秦简算书中的数学材料最多，有大

---

① 李约瑟：《中国科学技术史》第四卷，陆学善等译，北京：科学出版社，2003 年，第 1 页。

② Albert Einstein，*The Travel Diaries of Albert Einstein: The Far East*，*Palestine*，*and Spain*，*1922－1923*，Princeton：Princeton University Press，2018，pp. 22，129.

③ 肖灿、朱汉民：《勾股新证——岳麓书院藏秦简〈数〉的相关研究》，《自然科学史研究》2010 年第 3 期。

量的数学计算方法和例题汇编，甚至有传承至今的"九九表"。及至汉代，太学生须习六艺，如前文所介绍此时"勾股"已是"数艺"九科之一了。故勾股定理作为"几何学的基石"在中国西周时期便已发现，比毕达哥拉斯要早 300 多年。《周髀算经》第一章就叙述了西周开国时期周公与商高的对话，商高言"故折矩以为勾广三，股修四，径隅五"①，故而明朝末年，黄宗羲在接触到西方数学之后认为其没有超出中国传统经典的范畴，"勾股之术，乃周公、商高之遗，而后人失之，使西人得以窃其传"②。祖冲之更是将"圆周率"精算到小数第七位，《隋书》记载，"……右之九数，圆周率三，圆径率一，其术疏舛。自刘歆、张衡、刘徽、王蕃、皮延宗之徒，各设新率，未臻折衷。宋末，南徐州从事史祖冲之，更开密法，以圆径一亿为一丈，圆周盈数三丈一尺四寸一分五厘九毫二秒七忽"③。汉代以"九科"习"六艺"，其时也出现了中国最完整的一部数学专著《九章算术》。《九章算术》以问题集的形式汇编而成，共收 246 个数学问题，分为 9 大类，内容已经涉及了算术、代数、几何学等知识，其中关于多元一次方程组的解法、正负数概念的提出以及开平方、开立方和一元二次方程的解法都是世界上最早的。《九章算术》曾在隋唐时期传入日本、朝鲜等东亚文化圈，成为这些国家的数学教材用书，该书已经被翻译成俄文、德文、日文等多种语言，促进了世界数学的发展，产生了世界性的影响。由此可见，中国古代科学是有自主知识体系的，我们不可妄自菲薄。

---

① 《周髀算经·卷上之一》，赵君卿注，清光绪二十五年广雅书局刻武英殿聚珍版丛书本，第 11 页。
② 黄宗羲：《叙陈言扬勾股述》，《黄梨洲文集》，北京：中华书局，1959 年，第 330 页。
③ 《隋书·律历志》，北京：中华书局，1973 年，第 387－388 页。

五、 中国的自主医学体系

中医学是我国独创的、具有自主知识体系和民族特色的一门医学科学，为中华民族的繁衍昌盛做出了巨大的贡献，在我国古代得到了高度发展。在西医传入中国以前，中国人民全靠中医治病，从汉到魏晋，从盛唐到宋明，中国人的医学理论与医学自主知识体系，一直支撑着千千万万中国人的身体健康。

众所周知，2015 年，屠呦呦以其在青蒿素研究中的卓越贡献被授予诺贝尔医学奖。诺贝尔医学奖颁奖词中称，"中国科学家屠呦呦从传统中草药里找到了战胜疟疾的新疗法，……（她）是第一个发现青蒿素对疟疾寄生虫有出色疗效的科学家"。屠呦呦曾说："与获奖相比，我一直感到欣慰的是在传统中医药启发下发现的青蒿素已拯救了全球数以百万计疟疾病人的生命。"①这让中医药学的有效性、科学性在世界上得到了充分的证明。中医，又被称为"国医"，作为中华医学文化的自主知识体系，已有几千年的历史，被李约瑟称赞在世界各族关于"疾病记载方面，几乎唯一拥有连续性的著述传统的"② 医学体系。从几千年的文明发展历史中观察，中医在明代之前都处于世界领先水平。远在周代时期，就有了食医、疾医、疡医和兽医之分，③ 早在汉代华佗已经开始使用"麻沸散"对患者进行麻醉并使用砭石进行外科手术。战国至汉期间出现的《黄帝内经》《难经》《伤寒杂病论》《神农本草经》等医学专著便已标志着中医学理论体系的形成。《黄帝内经》为中医学现存最早的经典著作，分为《素问》和《灵枢》两部，共 18 卷，成书于战国秦汉时期。《黄帝

---

① 《"小草"青蒿惠泽世界》，https：// bailiahao. baidu. com/s？ id = 1685650340948831311&wfr = spider&for = pc，2024 年 1 月 6 日。
② 潘吉星：《李约瑟文集》，沈阳：辽宁科学技术出版社，1986 年，第 996 页。
③ 《周礼注疏·天官冢宰》，阮元校刻：《十三经注疏（上）》，第 667 - 668 页。

内经》非一人一时之作，而是集众家编纂而成，是对先秦至西汉医学成就的整理和总结。书中以气、阴阳、五行学说等哲学思想，深刻探讨当时哲学领域中天人关系、形神关系等重大命题，阐明中医学对生命的认识以及养生的原则和方法；研究人体的结构、生理、病因、病机、疾病的诊断、治疗与康复等问题。《黄帝内经》建立了天地人三才一体的整体医学思想以指导保健、养生、防病等；结合当时的解剖知识，构建了藏象学说，较详细地描述了脏腑的生理功能，将人体呼吸、循环、消化、排泄、生殖、精神等生理功能分属于五脏，建立以五脏为中心的功能系统；创立了经络学说，阐述对机体的网络调节作用，并以精、气、血、津液、神的作用维系和调节着脏腑形体官窍的生理功能，从而奠定了藏象经络理论的基础；在疾病防治上提出"大医治未病"的观点，对病因、发病、病机及疾病诊断、治疗等进行了系统的阐述，对临床实践具有重要的指导意义。《黄帝内经》构建了中医理论的基本框架，是中医学形成的基础与发展源泉。

历经数千年，中医药学在人体结构、生理、病理、诊法、辩证及治则、治法等基础理论方面，都积累了丰富的经验，形成了完整的理论体系，为后世中医药学的发展奠定了坚实的基础。从几千年的人类文明发展历史观察，中医在明代之前甚至是处于世界领先水平的，中医创建世界最早医学理论体系，在世界的医学史上创造了许多的"世界第一"！兹列出十个世界第一，我们可以从这些"第一"中看到中国医学自主知识体系的先进性。

其一，中国建立了世界上最早的国家医学院。我国最早的医院是春秋时期的管仲在齐国创立的慈善收容所——"养疾所"，据《诸子集成·管子卷》记载："凡国都皆有掌养疾，聋盲，喑哑，偏枯，握递，不耐自生者，上收而养之疾，官而食衣之，殊身而后止。"① "养疾所"就是我国古代医院雏形，比罗马疗养院创建要早得多。中国最早的官办医学院是隋朝太常寺设立的"太医署"，② 它既是当时最高的医学教育机构，又是中国官方医学管理机构。而欧洲最早的医学院是意大利撒勒诺医学院，比我国的"太医署"要晚 200 多年，而且规模也较小。其二，中国建立了全世界最早的国家药店。我国最早的药店是北宋王安石新法时期建立的"官药局"，也称为"卖药所"，③ 是世界上最早由国家开办的药店。其三，中国的《神农本草经》是世界上现存的第一部药物学专著，成书于秦汉之际，由许多医家加工整理而成，全书分三卷，载药 365 种。以三品分类法，分上、中、下三品，文字简练古朴，为中药理论的精髓。它不仅是我国，也是世界上最早的药物学专著。其四，中国现存最早的医方专书《五十二病方》中记载用汞剂治疗疥疮和痈肿，④ 不仅有油脂剂型，还有其他剂型，比 12 世纪意大利外科医生罗吉尔（Rogerof Polenmon）使用水银软膏治疗皮肤病早了 1400 多年。书中还记载了用酒剂清洁创口，消毒预防感染、促进创伤愈合，比欧洲 10 世纪运用酒精处理伤口早了 1200 多年。其五，中国的《肘后备急方》最早进行了疟疾、疥虫、狂犬病、天花、结核病、羌虫病、脚气病的描述和防治。屠呦呦团队受到葛洪《肘后备急方》"青蒿一握，以水二升渍，绞取汁，尽服之"的启发，采用低沸点溶剂提取等方法，最终发现了青蒿素。如"天花病"的记载，"比岁有病时行，仍发疮，头面及身，须臾周匝，状如火疮，皆戴白浆，随决随生。不即治，剧者多死。治得瘥后，疮瘢

---

① 《诸子集成（下）》，杭州：浙江古籍出版社，1999 年，第 874 页。
② 《隋书·百官志下》，北京：中华书局，1973 年，第 776 页。
③ 李经纬：《中医史》，海口：海南出版社，2022 年，第 204 页。
④ 马王堆汉墓帛书整理小组编：《五十二病方》，北京：文物出版社，1979 年，第 52 页。

紫黯，弥岁方灭。此恶毒之气也。……乃呼为'虏疮'"。① 在数千年的天花治疗探索中，中医发明了"人工免疫法"人痘接种术。② 人痘接种术是指在健康人鼻内接种轻症天花病人痘浆以预防天花的一种免疫法。这种免疫法，宋代时已出现，明代隆庆年间兴盛，且正式设科，称为痘疹专科，专门负责给人进行人工免疫。此免疫法比英国医学家爱德华·琴纳（Edward Jenner）于1796年最早使用牛痘接种的人工免疫法早约500年；葛洪还记载了"狂犬病"的治疗之方，"疗猘犬咬人方。……仍杀所咬犬，取脑敷之，后不复发"③。这一现代意义上的免疫治疗理念比法国著名化学家、微生物学者巴斯德（Louis Pasteur）约在1885年间制成应用于人体的狂犬病疫苗，要早1500多年。其六，中国最早使用麻醉剂进行外科手术。东汉末年的医学家华佗应用"麻沸散"全身麻醉施行外科手术，据《后汉书·华佗传》云："若疾发结于内，针药所不能及者，乃先令以酒服麻沸散，既醉无所觉，因刳破腹背，抽割积聚；若在肠胃，则断截湔洗，除去疾秽，既而缝合，傅以神膏，四五日创愈，一月之间皆平复。"④ 华佗发明麻沸散是公元2世纪左右，西方近代最早的化学麻醉剂发明于19世纪初，中国比西方早了1600多年。其七，中国最早进行剖宫产手术。我国历史记载的剖宫产，来自《史记·楚世家》中的记载："吴回生陆终，陆终生子六人，坼剖而产焉。"⑤ 远比西方历史中剖宫产记录得早。其八，最早提炼性激素。我国最早应用和提取性激素的，是北宋时期的科学家沈括及其著作《苏沈良方》。在国外，一直到1909年，才由德国化学

① 葛洪：《肘后备急方》，北京：中国中医药出版社，2016年，第43、32页。
② 王丽丽、陈丽云：《器物里的中医》，北京：中国中医药出版社，2022年，第131页。
③ 葛洪：《肘后备急方》，北京：中国中医药出版社，2016年，第154页。
④ 《后汉书》，张道勤校，杭州：浙江古籍出版社，2000年，第789页。
⑤ 《史记》，武汉：崇文书局，2010年，第243页。

家温道斯（A. D. R. Windaus）用化学的方法提取成功，比起沈括来，晚了将近 1000 年。其九，中国最早进行兔唇修补术。《晋书》卷八十五魏咏之传记载："魏咏之，生而兔缺，……医曰：'可割而补之，但须百日进粥，不得笑语。'"① 当时经吏部尚书殷仲堪门下的医生给魏咏之做了缺唇修补手术，术后遂获痊愈。可见我国远在公元 4—5 世纪已经掌握了兔唇修补术，这是史籍中关于兔唇修补术的最早记载，比欧洲新医学派创始者法国名医安布洛兹·巴雷（Ambroise Pare）所创的 "8" 字式缝合线修补唇裂要早 1000 多年。其十，中国最早发明穿刺放腹水术。在《黄帝内经·灵枢·四时气第十九》中记载："先取环谷下三寸，以铍针针之，已刺而筒之，而内之，入而复出，以尽其症。"② 这段文字记载了中国最早的放腹水疗法，距今已 2000 多年。

即便在当代，中国医学仍然享誉世界。如前所述，2015 年，屠呦呦以其在青蒿素研究中的卓越贡献被授予诺贝尔医学奖。令人感叹的是，中国的自主医学体系在现当代却被一些人否定甚至抹黑，具有中国自主知识体系的中医遭到了严重的冲击与抵制。20 世纪前期中国甚至发生了 "废止中医案"。1912 年，北洋政府颁布的《医学专门学校规程》没有中医。③ 1913 年颁布的《大学规程》将大学分为文、理、法、商、工、农、医七科，其中医科分为医学、药学，不管是医学还是药学全部按照西医建制，没有任何中医学的规定。当时中医界诸多救亡图存者前往北京请愿，时任教育总长的汪大燮还曾宣言，"余决意今后废去中医，不用中药"④。后来也是诸多请愿者的阻拦，中医才得以不被废止。但中

① 《晋书》，北京：中华书局，2000 年，第 2217 页。
② 胥荣东编：《灵枢经讲解》，北京：中国科学技术出版社，2020 年，第 302 页。
③ 潘懋元、刘海峰编：《高等教育》，上海：上海教育出版社，1993 年，第 510－511 页。
④ 《紧要新闻》，《神州医药学报》1914 年第 2 期第 2 册。

医在中国的地位、在医学中的地位就此一落千丈。西方文明优越观在中医西医的争执中尤为明显，中国人的文明自卑在中医自主知识体系上体现得尤为突出！限于篇幅，兹不赘述。

综上所述，无论是哲学、文艺理论、语言文字学、教育学、科学还是医学、农学、工程技术学等，中国都有自主的知识体系。但中国自古而有的自主知识体系在现当代为什么不被承认，反而被遮蔽、被歪曲、被边缘化，归根结底，是"文明观"认知失衡导致的西方文明优越论、东方文明落后论，极大地影响了中国人对于中华文化知识体系的重视、珍惜、传承与创新。近代以来支撑各学科知识生产的学科标准、学科内涵都带有深刻的西方文明崇拜倾向。文明观是建构中国自主知识体系的底座，文明观不正确，一味学西，盲目崇拜西方，导致当前中国自主知识体系的整体失落。

六、 中国自主知识体系与中国话语走向世界：比较文学变异学理论

中国自主知识体系建构的另一维度在于其世界性意义。我们在《重写文明史》《英美"世界文明史"编撰述评》[1] 等文中已经披露，迄今为止世界文明史书写，存在着严重的西方中心主义倾向，国际上充斥着对包括中国文明在内的第三世界文明的偏见、歪曲和贬低。一方面，西方学者以优越心态倡言"中国没有哲学""中国没有科学""中国没有数学"，不关注文明发展中的交流互鉴，大讲"文明的冲突""历史的终结"，以强势的姿态否定东方文明、否定中国自主知识体系的存在；另一方面，东方学者以自卑心态追随西方文明优越观，缺少文明自信。由此可

---

① 曹顺庆、刘诗诗：《重写文明史》，《四川大学学报（哲学社会科学版）》2023 年第 1 期；杨清：《英美"世界文明史"编撰述评》，《四川大学学报（哲学社会科学版）》2023 年第 1 期。

见，建构中国自主知识体系首先需要突破的便是以西方文明为中心的西方知识体系桎梏，并且需要在新时期世界文明观念重建中，获得对于各个学科知识体系的发言权，真正提出自主性、本土化、区别于西方文明知识体系的创新理论，以国际竞争力、世界影响力为导向，促进多元全球知识体系的形成，为世界贡献中国理论，实现文明互鉴、共建人类命运共同体。

我们不仅要以文明史实来正本清源，更要以国际化的视野与世界性的胸怀，以中国话语引领世界学术前沿。面对当代世界学术前沿，中国学者要积极主动参与，建立自身的"话语权"。进入国际主流学术话语，"嗓子"才能打开，中国自主知识体系、自主理论话语才能真正走出去、传播开、立起来。我们不仅要继承传统的自主知识体系，更重要的是要在传统自主知识体系的传承中弘扬和创新中国自主知识体系。怎样传承创新中国自主知识体系？习近平总书记指出，要"打造融通中外的新概念、新范畴、新表述，更加充分、更加鲜明地展现中国故事及其背后的思想力量和精神力量"①；"我国哲学社会科学在国际上的声音还比较小，还处于有理说不出、说了传不开的境地"，因此"我们要善于提炼标识性概念，打造易于为国际社会所理解和接受的新概念、新范畴、新表述，引导国际学术界展开研究和讨论。这项工作要从学科建设做起，每个学科都要构建成体系的学科理论和概念"。②

以本人为例，笔者主张弘扬传承中华文明自主知识体系，自20世纪90年代后至今相继提出"失语症""跨文明研究""比较文学变异学""重写文明史"等自主学术知识体系命题和理论

---

① 《习近平主持中共中央政治局第三十次集体学习并讲话》，https：//www.gov.cn/xinwen/2021-06/01/content_5614684.htm?eqid=e583bdca0001975c00000002646442c9，2024年1月15日。

② 《习近平：在哲学社会科学工作座谈会上的讲话》，http：//www.xinhuanet.com//politics/2016-05/18/c_1118891128_4.htm，2024年1月15日。

话语，坚持将中国自主知识体系和话语体系推向世界。例如，笔者将源自《周易》的变异思想，提炼成为当代具有标识性的"变异学"概念，打造了一个易于为国际社会所理解和接受的新概念、新范畴、新表述，已经引起国际学术界的研究和讨论。变异学理论实现了中国话语的世界亮相，产生了世界性的影响。

2013 年，《比较文学变异学》（*The Variation Theory of Comparative Literature*）由国际著名出版社斯普林格（Springer）在海德堡、纽约、伦敦同时出版发行，这一英文专著引起了国际比较文学界的强烈反响。国际权威期刊 *Comparative Literature and Culture*（Λ&HCI）2017 年发表专文探讨；前国际比较文学学会主席杜威·佛克马（Douwe W. Fokkema）、欧洲科学院院士西奥·德汉（Theo D'haen）、欧洲科学院院士埃里克·拉森（Svend Erik Larsen）、哈佛大学教授达姆罗什、芝加哥大学教授苏源熙（Haun Saussy）以及索邦大学教授伯纳德·弗朗科（Bernard Franco）等诸多国际著名学者予以关注和评介。佛克马评价道："《比较文学变异学》（英文版）一书的出版，是打破长期以来困扰现在中国比较文学学者的语言障碍的一次有益尝试，并由此力图与来自欧洲、美国、印度、俄国、南非以及阿拉伯世界各国学者展开对话。"① 弗朗科在专著《比较文学：历史、范畴与方法》第三章设置一小节"文化比较与'变异理论'"（La comparaison des cultures et la "théorie de la variation"），专门阐述变异学理论，他认为变异学提出了区别于影响研究与平行研究的"第三条路"，即"变异理论"，这对应于观点的转变，从"跨文化研究"到"跨文明研究"。变异理论基于不同文明的文学体系以相互碰撞为形式的交流过程中产生的新的文学元素，将其定义

---

① Cao Shunqing, *The Variation Theory of Comparative Literature*, Berlin: Springer, 2013, p. v.

为"研究不同国家的文学现象所经历的变化"。因此变异学理论"概括了一个新的方向，并表明了文学比较在不同语言和文化领域之间建立各种桥梁的可能性"。① 苏源熙和欧洲科学院院士多明戈斯（Cesar Dominguez）等在《比较文学新趋势与运用导论》中认为，"对于比较文学发展进程的另一个重要贡献是 2013 年出版的《比较文学变异学》（英文版）一书。与比较文学法国学派和美国学派形成对比，中国学者倡导第三阶段理论，即新颖的、科学的中国学派模式，以及具有中国学派本身的研究方法的理论创新与中国学派"，通过对"中西文化异质性的'跨文明研究'，中国学者的看法会得到更进一步的发展与进步，这对于中国文学理论的转化和西方文学理论的意义具有十分重要的价值"。② 达姆罗什在新近专著《比较的文学：全球化时代的文学研究》中评述变异学"试图将中国学者从全盘西化而罹患'失语症'的困境中解脱"，"通过对比较文学学科可比性的基础——同质性的质疑，提出'异质性'也可构建另一种可比性"，③ 从而突破以往比较文学学科（同质）可比性的霸权。作为比较文学"中国话语"，"变异学"真正实现了引导国际学界讨论与研究的中国话语理论创新，让中国当代学术话语产生了世界性影响。

由此例子可见，中国自主知识体系的建设和中国自主话语体系的建构，并非遥不可及的奢望。士不可不弘毅，任重而道远！

七、 结语

习近平总书记在文化传承发展座谈会上深刻指出，中华文明

---

① Bernard Franco, *La littératurecomparée: Histoire, domaines, méthodes*, Paris: Armand Colin, 2016, pp. 203 - 204.

② Cesar Dominguez, Haun Saussy, and Dario Villanueva, *Introducing Comparative Literature: New Trends and Applications*, London and New York: Routledge, 2015, pp. 50 - 51.

③ David Damrosch, *Comparing the Literature: Literary Studies in a Global Age*, Princeton: Princeton University Press, 2020, p. 312.

具有突出的连续性、创新性、同一性、包容性、和平性，"只有全面深入了解中华文明的历史，才能更有效地推动中华优秀传统文化创造性转化、创新性发展，更有力地推进中国特色社会主义文化建设，建设中华民族现代文明"①。建设中华民族现代文明是世界意义上的"新文明"观念，当今中国正处于全面建设社会主义现代化强国的关键时刻，建构中国自主知识体系亟须抓住"文明"这一底座，这一根本，携手国内外学者重写文明史，重塑文明观，发掘中华文明的世界性贡献，为人类知识体系提供中国智慧，为人类文明新形态提供中国话语，向世界呈坝具有自主知识体系的"理论中的中国"。

原文载《四川大学学报（哲学社会科学版）》2024 年第 2 期

---

① 习近平：《在文化传承发展座谈会上的讲话》，《求是》2023 年第 17 期。

重写艺术史：从驱逐西方中心主义"话语幽灵"开始

支　宇[①]

作为一门学科，"艺术史"首先产生于欧洲，其艺术史观念与写作范式一直存在着根深蒂固的"西方中心主义"色彩。准确地说，"艺术史"最早是在德语国家建立起来的，这使得艺术史或美术史界始终存在着"美术史的母语是德语"这样的说法。[②] 随着西方学术话语的全球化扩张，西方中心主义作为"艺术史书写的话语幽灵"一直或明或暗地支配着世界各国的艺术史书写。无论是"艺术史""欧洲艺术史""世界艺术史"还是"全球艺术史"，艺术史书写术语的翻新固然体现了世界各国艺术史学者对"人类艺术通史"书写的憧憬与努力，但并没有改变现有艺术史书写作为西方中心主义话语实践的客观事实。

在世界文明史上，艺术史一向被认为是诞生于西方世界的一项专利。从 1550 年意大利艺术史学者瓦萨里（Giorgio Vasari）出版第一部艺术史著作《名人传》到 1764 年德国艺术史家温克尔曼（Johann Joachim Winckelmann）出版《古代美术史》，再到 1844 年德国柏林大学设立第一个艺术史教席，艺术史和艺术史叙事在西方已经历经数百年的发展，逐渐成为现代知识系统中的

① 作者简介：支宇，四川大学艺术学院教授。
② 陈平：《西方艺术史学史》，北京：北京大学出版社，2020 年，第 7 页。

一个学科，一门致力于对人类艺术现象进行严谨、客观和中立地描述与书写的人文科学。不过，随着 20 世纪全球化的迅猛发展和后现代思潮的兴起，艺术史叙事与艺术史书写日渐褪去一贯标榜的客观性、普遍性和科学性，而被视为一种基于某一特定社会历史语境而人为建构起来的"权力话语"。从这个角度看，世界艺术史叙事必然渗透着西方中心主义的观念与视野。也就是说，"重写艺术史"的前提是对西方中心主义艺术史的重新审视与再研究，其理论内涵深埋于"重写文明史"的命题之中。曹顺庆先生新近大力倡导中国学者应"建立人类命运共同体，以大智慧重写文明史！并进一步延伸到各个学科史的重写与话语建设"①。面对"艺术史"，我们首先需要梳理的问题必然是："西方中心主义"艺术史叙述机制是如何被建构出来以至于成为世界艺术史书写中的"话语幽灵"的？在艺术史数百年的书写史上，包括东方艺术在内的全世界非西方艺术在其中处于何种境遇？它们被西方艺术史表征为什么样的面貌，又经历了哪些重要的发展阶段？

西方中心主义起源于西方特有的逻各斯主义文化传统，尤其是根植于古希腊哲学所探讨的"本质"问题与"形而上学"视域之中。② 荷兰阿姆斯特丹大学教授迈克尔·温特尔（Michael Wintle）认为，欧洲中心主义（Eurocentrism）虽然作为一个术语出现于 20 世纪 60 年代并在 80 年代才流行开来，但作为一种观念，它从文艺复兴时期产生至今存在于欧洲思想文化领域中已经长达五个世纪。③ 艺术史的书写当然需要理性的推论与科学的

---

① 曹顺庆、刘诗诗：《重写文明史》，《四川大学学报（哲学社会科学版）》2023 年第 1 期。

② 孙周兴：《本质与实存——西方形而上学的实存哲学路线》，《中国社会科学》2004 年第 6 期。

③ Michael Wintle, *Eurocentrism: History*, *Identity*, *White Man's Burden*, London and New York：Routledge, 2020, pp. 1 - 15.

判断，很多时候还需要运用图像志、文献学、考古学、史料学甚至体质人类学等实证主义研究方法。也就是说，艺术史必然受到艺术史家、艺术作品、艺术家及其身处的社会历史、空间地理和文明背景等诸多因素的影响与制约，但这些思想前提和研究方法不应转化为唯我独尊的单一法则，更不应该演化成西方中心主义的话语幽灵。非常遗憾的是，西方中心主义的艺术史并没有因为全球化而消失，相反，它却被法典化为一种"普世性"的艺术史认知模式和话语范式。在"文明互鉴"和"重写文明史"的当代语境中，解构并驱逐艺术史书写领域中根深蒂固的西方中心主义话语幽灵显得尤为迫切。

一、 缺席的东方： 不完整的艺术史

在西方世界中，被公认的第一部艺术史著作是瓦萨里的《名人传》（第一版原书名一般直译为《意大利杰出的建筑家、画家、雕塑家传记》）。瓦萨里在书中以纪传体形式对文艺复兴时期著名艺术家的生平与作品进行了叙述与阐释，将艺术家的身份从手工匠人提升到了人类精神文化生产者的高度。今天看来，这本著作虽然称不上一部严格学科意义上的艺术史，但其作者仍然以敏锐的观察力将个体艺术家置入艺术史和文化史的背景中进行阐释。在西方艺术史上，瓦萨里首先提出了带有生物循环论意味的艺术史发展观，即艺术发展必然经历一个从出生、成长到衰亡的生物学过程。在他看来，造型艺术会在这一过程中不断发展与完善，最终达到理想、自然、逼真的视觉效果，而其原因在于，"艺术之真正根源来自自然"①。基于这些特点，瓦萨里的著作在西方艺术史写作上成为第一个典范，影响了欧洲文艺复兴之

① 乔治·瓦萨里：《著名画家、雕塑家、建筑家传》，刘明毅译，北京：中国人民大学出版社，2004 年，第 390 页。

后的众多艺术史学者。不过，从今天全球史视角看，瓦萨里的《名人传》局限于意大利，特别是他的家乡托斯卡纳地区，还称不上真正意义上的欧洲艺术史或西方艺术史。

真正学科意义上的艺术史诞生在启蒙运动时期的德国。温克尔曼在其《古代艺术史》中首次将"艺术"与"历史"两个词汇结合起来，明确提出了"艺术史"这个术语与概念。温克尔曼不仅不满足于瓦萨里式的"传记艺术史"，而且还提出要超越"编年艺术史"。在《古代艺术史》序言中，温克尔曼说："我撰写的这部《古代艺术史》，不仅仅是一部记载了若干时期和其间发生变化的编年史。我是在希腊语的更为广阔的含义上来使用'历史'这一术语的，其意图是要呈现出一种体系。……艺术史的目标是要将艺术的起源、进步、转变和衰落，以及各个民族、时期和艺术家的不同风格展示出来，并要尽可能地通过现存的古代文物来证明整个艺术史。"① 如果说瓦萨里的著作是关于艺术家的个人生平史，那么温克尔曼的艺术史则可以被称为严格意义上的"艺术之历史"。在西方艺术史上，温氏首次运用实证与考古学的方法，将艺术与历史结合起来，并运用艺术史分期理论从宏观视野出发挖掘并阐释艺术作品在特定时代文化背景之中的含义，从而在学科史意义上促成了艺术史写作的完善。

其后诸多学者的著述，如布克哈特（Jacob Burckhardt）的《意大利文艺复兴时期的文化》、沃尔夫林（Heinrich Wolfflin）的《艺术史的基本原理》、潘诺夫斯基（Erwin Panofsky）的《图像学研究：文艺复兴时期艺术的人文主题》和《视觉艺术的含义》等不断拓宽了艺术史研究和书写的视野，最终确立了西方艺术史的书写范式和学科形态。从瓦萨里、温克尔曼到"维

---

① 温克尔曼：《〈古代艺术史〉［1764］》，陈研、陈平译，《新美术》2007年第1期。在大陆汉语学界，温克尔曼的《古代艺术史》中文全译本名为《论古代艺术》，邵大箴译，北京：中国人民大学出版社，1989年。

也纳艺术史学派"再到"新艺术史"（New Art History），西方艺术史的研究中心与研究对象有一个从"中心"向"边缘"逐渐挪移并扩展的过程：从意大利至德国、法国、英国、美国，最后扩展至全球，这恰恰与西方工业文明和哲学思潮的全球化拓展乃至人类社会的现代化进程密不可分。在世界艺术史的写作中，尤其是在19世纪末至20世纪上半叶这一历史时期，西方学者尽管有时也会涉及非西方艺术现象，但其叙述均以西方艺术为主体，非西方艺术尤其是东方艺术呈现为不清晰、不完整乃至缺席的状态。从这一角度看，20世纪以前的艺术史乃是一种受制于西方中心主义话语幽灵和书写机制的"不完整的艺术史"、一种"前世界史"的无意识书写。

法国艺术评论家和历史学者艾黎·福尔（Élie Faure）于20世纪上半叶相继完成了5卷本的《艺术史》（Histoire de l'art，1919—1921）。这部著作由五大部分构成：艺术发轫、东西并进、复兴与崛起、理性沉浮、解构与再生。相较于传统艺术史，福尔的艺术史写作不拘泥于客观事实，同时也超越了传统艺术史写作的学院派理性桎梏。尽管福尔的文字细腻、充满诗意，且视野开阔，但在他的无意识中仍寓居着西方中心主义的"话语幽灵"。在这部著作的五大主题板块中，只有第二部分"东西并进"谈到了东方艺术。尽管全书在其他部分里也曾将太平洋岛国、美洲地区的原始艺术纳入叙述之中，但纵观整部著作，福尔仍将西方艺术作为叙述的主体，其他非西方地区的艺术事实上被有意无意地忽略且基本处于"缺席"的状态。对于东方艺术尤其是中国艺术，福尔在其《艺术史》中只用了极为有限的笔墨对中国绘画与雕刻进行了非常粗略的叙述与介绍。受制于西方中心主义思维方式，福尔并没有从历史时代背景来梳理中国艺术史不同阶段的艺术家与作品，而是简单地从整体特征来概述中国艺术。他在书中不无偏见地提出："中国紧紧缩成一团，在时间上没有反映出任何变化，在空间里没有表现出任何运动。"① 毫无疑问，在这部艺术史中，包括中国在内的非欧洲艺术之所以被表征为一个无足轻重、可有可无的"他者"，是因为其艺术史书写方式与价值判断完全被西方中心主义的话语幽灵笼罩。

与福尔类似的是另一位荷裔美籍文化史学者——亨德里克·威廉·房龙（Hendrik Willem van Loon）。房龙试图以散文式的叙述结合当下现实与个体感受将世界各国艺术呈现于其著作《艺术的故事》中。这部发行量可观的艺术史书首次出版于 1937 年，共分为 62 节，它没有按照时间顺序进行书写，而是采用了每个部分一个主题的灵活方式。与其说它是一部有关世界艺术史的散文集，不如说它更像是一部世界艺术史的专题性教科书或课堂讲义。在标题为"中国、印度和日本"的第 42 节，房龙论及了东方艺术。与福尔相似，房龙既没有对艺术作品或艺术家进行具体的分析和探讨，也没有对中国艺术史的发展阶段进行分期，而是概述式地泛论中国艺术的特征。在与西方艺术进行简要的对比之后，房龙相当武断地提出了自己的看法："中国艺术家们不善于创新，他们推崇的是讲求技巧，恪守传统。"②

如果说福尔和房龙的世界艺术史叙述更多地诉诸作者个体的主观感受，那么，1926 年首次出版的《加德纳艺术通史》则提出"艺术史的首要任务是明确艺术品的背景知识"③。该著作力图以严谨和理性的艺术书写方式尽可能地还原艺术史现象的史实和语境。经过众多艺术史学者的多次修订与完善，这部著作最终成为西方高校艺术史学科很有代表性的教科书。在全书的构架

---

① 艾黎·福尔：《写给大家的世界艺术史》，张泽乾等译，长沙：岳麓书社，2020 年，第 255 页。

② 亨德里克·威廉·房龙：《房龙：艺术的故事》，夏云海等译，长沙：湖南大学出版社，2009 年，第 344 页。

③ 弗雷德·S. 克莱纳、克里斯廷·J. 马米亚：《加德纳艺术通史》，李建群等译，长沙：湖南美术出版社，2020 年，第 2 页。

上，《加德纳艺术通史》不仅包含了丰富的作品图片和大事年表，而且坚持以"全景化"的视角梳理世界艺术的发展，叙述了自石器时代一直到当代的艺术现象，并注重将艺术作品置入时代文化和社会背景中进行阐释。全书共 22 个章节，每个章节都具有鲜明的时代与地域特征，广泛涉猎了绘画、雕塑与建筑等艺术门类。不过，这部巨著虽然将非洲、近东地区的艺术纳入了叙述领域，但更为广阔的东方艺术作品和艺术史实却在其中处于微不足道的边缘和缺席状态。无独有偶，同样以通史著称的经典艺术史著作《詹森艺术史》也未对东方艺术和其他非西方艺术给予足够的关注与叙述。《詹森艺术史》英文原版首次出版于 1962 年，作者为美国著名艺术史家 H. W. 詹森（Horst Waldemar Janson）。作为美国高校又一本标准教科书，《詹森艺术史》同样以时间顺序为书写框架，一共包含四个部分：古代世界、中世纪、从文艺复兴到洛可可、现代世界。全书总共 30 个章节，叙述主体仍为西方艺术。仅在第 29 章，《詹森艺术史》才简略地叙述了以白南准（Nam June Paik）为代表的东方现代艺术。即使在这里，该书也并未对白南准艺术作品的文化内涵进行深入阐释，而是简单地称其"单纯展示了电视界定当代生活的力量"[①]。这两部持续出版了近半个世纪并至今仍在不断进行修订的著作，对东方艺术的书写很典型地体现了世界艺术史叙事的西方中心主义书写范式的文明偏见及其强大的"话语霸权"。

二、 替补的东方： 不平等的艺术史

第二次世界大战之后，西方殖民体系快速解体，世界各国家和各民族之间的交流日益频繁，"一些历史学家因而强调，必须

---

① H. W. 詹森：《詹森艺术史》，艺术史组合翻译实验小组译，长沙：湖南美术出版社，2017 年，第 1065 页。

以一种世界眼光而不是欧洲视角，才能洞穿当代历史的发展趋势与本质"①。二战后世界史观和全球史观的兴起突出地体现在美国历史学家威廉·麦克尼尔（William H. McNeill）1963 年出版的《西方的兴起：人类共同体史》一书上，这本书一般被认为是在明确的世界史或全球史观指导之下写就的第一本重要著作。与此同时，西方史学思想和学术话语发生的剧变促使世界艺术史的书写逐渐更多地向着非西方世界敞开。然而，西方中心主义的"话语幽灵"并未随着世界史或全球史的到来而消解，相反，它以一种更为隐秘的方式被缝合进了艺术史叙事的话语体系中：在这里，非西方艺术（尤其是东方艺术）的出场被作为一种"点缀"和"装饰"，来衬托西方艺术的主流地位。可以说，虽然二战之后历史学界已经出现了较为明确的"世界史观"，但世界艺术史的书写仍未给予东方艺术以应有的位置和足够的重视。作为"替补的东方"和"不平等的艺术史"，20 世纪中后期的世界艺术史写作不过将其隐蔽的西方中心主义立场藏得更隐蔽一些而已。

伴随着艺术研究视野与方法的拓展，西方学者尝试以更多的方式与视角阐释、分析艺术的发展。其中，英国艺术史家 E. H. 贡布里希（Ernst Hans Josef Gombrich）综合运用图像学和心理学研究方法来进行艺术研究，最终成为 20 世纪世界范围内一位成就卓越的艺术史家。他在 1950 年出版的著作《艺术的故事》中提出了著名的一句话："没有艺术这回事，只有艺术家而已。"实际上，贡布里希所探讨的艺术史并非仅仅是艺术作品的历史，而是作为"制图"的艺术史，作为"风格"的艺术史，即所谓"艺术家创作艺术作品"的历史。贡布里希提出了独特的艺术史

---

① 王晴佳、张旭鹏：《当代历史哲学和史学理论》，北京：社会科学文献出版社，2020 年，第 209 页。

观，也很有说服力地论述了艺术家如何在"所见"（what they saw）与"所知"（what they knew）的互动与调适中不断发展出"制图"的新方式与新风格。然而，当他在运用艺术史观来阐释东方艺术的特征与历史时却依然显得相当的方枘圆凿或削足适履。在谈到佛教对中国艺术的影响时，贡布里希写道："中国艺术家不到户外去面对母题坐下来画速写。他们竟至用一种参悟和凝神的奇怪方式来学习艺术，这样，他们就不从研究大自然入手，而是从研究名家的作品入手。"① 诚然，"师古人"和"临摹"确是中国传统绘画修习的重要手段，也是中国艺术史发展的一个重要特征，但这并不代表中国艺术仅以"参悟和凝神"的方式和"研究名家"的路径来进行艺术创造。事实上，中国绘画美学向来讲究"外师造化，中得心源"，何尝像贡布里所武断论说的那样，只知道一味要求艺术家闭目塞听和泥古不化？在这里，贡布里希明显流露出他对中国艺术史的陌生与误解。作为20世纪中期西方最杰出的艺术史家之一，贡布里希的确扩展了艺术史的写作视野，也的确将基于格式塔心理学、图像学、生理学和科学哲学等多学科所形成的"制作与匹配"（making and matching）艺术演进观运用于艺术史叙事，从而将艺术史写作提升到了一个空前的高度。不过，从全球艺术史视角看，贡布里希有意无意中依然以西方话语的眼光来审视世界不同文明区域的艺术现象。这表明，西方中心主义话语幽灵仍然像一道无形的枷锁支配着也束缚着他的艺术史书写。

法国艺术史家热尔曼·巴赞（Germain Bazin）1953年出版的著作《艺术史：史前至现代》运用时间和地域相互交替的方式来书写世界艺术史。在该书中，巴赞以实证、严谨的态度对艺

---

① E. H. 贡布里希：《艺术的故事》，范景中等译，南宁：广西美术出版社，2008年，第15、150-153页。

术作品进行分析，注重通过历史背景或时代精神来讨论艺术作品的内涵和艺术史的不同发展阶段。其中，东方艺术被巴赞纳入"远东文明"的部分进行探讨。巴赞以分期和分门类的方式梳理了中国艺术，在时间线索上虽然较为完善，但其体量却远不及他浓墨重彩地叙述的西方艺术。[①] 法国另一位艺术史家雅克·蒂利耶（Jacques Thuillier）在《艺术的历史》前言部分提出了艺术史书写的四点要求，即"拒绝边缘的表达""摒弃历史上的俗套""摒弃过时的决定论"和"摒弃发展的神话"。尽管蒂利耶在主观上希望尽可能以全面和中立的态度来书写艺术史，但与巴赞一样，他在实际书写过程中依然无力摆脱西方中心主义话语幽灵的纠缠。这突出地体现于这部著作在叙述西方艺术与非西方艺术时所呈现出来的篇幅与数量上的"不平等"状态。蒂利耶将人类艺术史分为七大历史阶段，仅在第二章"从古希腊的'奇迹'到'罗马的和平'"中才将"远东"和"非洲"单列出来写作。而在其他六大章中，非西方艺术均淹没在欧洲艺术的纷繁叙述之中。即使在第二章里，作者也仅用区区 24 个页码就匆匆地将印度、中国与日本这三大东方文明国家的艺术史叙述完毕。而作为对比，单单是欧洲文艺复兴这一个并不太长的历史时期，蒂利耶就动用了整整两章共 120 页的篇幅来进行浓墨重彩的书写。世界艺术史书写的"不平等"状态由此可见一斑。也就是说，尽管东方艺术开始在 20 世纪中后期的西方艺术史书中出场，但它仍然未被西方学者给予与欧洲艺术同等的重视，依然处于一种边缘的状态。似乎蒂利耶也意识到了这一点，他在书中写道："其实，我们应该给中国、朝鲜、日本等同于我们给西方各地的篇幅。不幸的是，我们说过，远东艺术的各个时代与西方艺术的

---

① 热尔曼·巴赞：《艺术史（史前至现代）》，刘明毅译，上海：上海人民美术出版社，1989 年。

时代完全不同步。"① 蒂利耶在这里进一步暴露了他对非西方艺术的偏见。在他的西方中心主义视角里，东方艺术的价值与其发展路径只有与西方艺术史"完全同步"才能够得到认可。这表明，在西方的世界艺术史叙事中，非西方艺术永远只能是西方艺术的绝对"他者"。

如果说，20 世纪初期西方艺术史学者对东方艺术的忽视主要源于陌生与未知，那么，20 世纪中后期世界艺术史书写中东方与西方艺术的"不平等"状态则根源于艺术史家的西方中心主义话语偏见。从艺术史学的发展来看，艺术史书写在西方各国经过数百年的发展，到第二次世界大战之后已经基本建构起一套较为完善的叙述模式和书写体系，其中包括艺术家传记叙述、考古学分析、文献和史料考证、风格学分析和图像学阐释等具体方法。毋庸置疑，这套艺术史研究的理论话语与叙事模式基于西方艺术史演进的史实与逻辑产生，在叙述与梳理西方艺术史时确乎具有较强的阐释能力和理论说服力。但是，在面对东方艺术时，西方艺术史叙事却必然会暴露出西方中心主义的话语偏见和认知盲区。显然，世界艺术史的书写要从西方中心主义话语体系出走，必须首先从根本上颠覆将东方艺术作为"点缀"与"装饰"的叙事模式。

三、 易容的东方： 不真实的艺术史

20 世纪中后期，随着后现代主义思潮的兴起，世界各国学者对东西方文化、艺术与思想的差异更加敏感也更加关注。在艺术史领域，既有艺术史叙事对文化差异的抹杀以及所引发的不平等书写现象开始引起学者们越来越多的警觉、反思与批判。著名

---

① 雅克·蒂利耶：《艺术的历史》，郭昌京译，天津：百花文艺出版社，2009 年，第 90 页。

后殖民主义理论家爱德华·萨义德（Edward Wadie Said）在
1978 年出版的《东方主义》中首次提出了"东方学"观念。在
萨义德看来，"东方学"属于西方话语的建构物，其目的是要在
东方与西方之间建构一堵坚不可摧的分离墙，从而将东方表征为
一个野蛮、奇特、落后的异域，以此实现西方对东方话语、文化
的控制并突显西方文化的优越性。"它（指东方学）是地域政治
意识向美学、经济学、社会学、历史学和哲学文本的一种分配；
它不仅是基本的地域划分（世界由东方和西方两大不平等的部
分组成），而且是对整个'利益'体系的一种精心谋划。"① 后
殖民批评思潮的出场反映了学术界对西方中心主义话语的又一次
警醒与更深入的解构，它敦促学者们关注处于被西方文明观排斥
和边缘化的非西方文化与非西方人群。在艺术史界，一些拥有宽
广学术视野的艺术史家开始尝试新的书写范式，这一倾向首先从
20 世纪 80 年代兴起的"新艺术史"研究中鲜明地呈现出来。
"新艺术史"的出现"彻底打破了原有地域性的观念，使艺术史
研究真正成为一项国际性的事业"，也促使"传统的大学艺术史
学科有了大规模扩展，并设立了诸多西方以外国家与地域艺术的
研究方向，逐渐形成世界艺术史的格局"。② 如果说"新艺术史"
确实体现了西方艺术史学的新发展与新阶段，那么，它的世界艺
术史或全球艺术史书写实践却只能体现为西方中心主义"话语
幽灵"更深度的伪装与隐藏：将非西方艺术史呈现为一种"缺
席的在场"。从弗朗西斯·哈斯克尔（Francis Haskell）、迈克
尔·巴克森德尔（Michael Baxandall）和斯韦特兰娜·阿尔珀斯
（Svetlana Alpers）的社会学艺术史、到迈耶·夏皮罗（Meyer
Schapiro）、于贝尔·达弥施（Hubert Damisch）和乔治·迪迪－

---

① 爱德华·W·萨义德：《东方学》，王宇根译，北京：生活·读书·新知三联书店，2019 年，第 16－17 页。
② 陈平：《西方艺术史学史》，北京：北京大学出版社，2020 年，第 350 页。

于贝尔曼（Georges Didi-Huberman）的符号学艺术史，再到琳达·诺克林（Linda Nochlin）和格里塞尔达·波洛克（Griselda Pollock）的女性主义艺术史，"新艺术史"固然从不同角度对传统西方艺术史的观念与方法发起了一波又一波的冲击，但从根本上看，世界艺术史书写中隐藏的西方中心主义"话语幽灵"并未受到彻底的清算。

与"新艺术史"相呼应，西方汉学家也进一步尝试对东方艺术进行更为深入的阐释。比如，高居翰（James Cahill）的《隔江山色：元代绘画》《江岸送别：明代初期与中期绘画》《山外山：晚明绘画》、柯律格（Craig Clunas）的《中国艺术》《明代图像与视觉性》等著作就为东方艺术史研究提供了全新的视野。从表面上看，西方汉学促成了东方艺术研究在欧美学术界的价值提升。但从深层次看，西方中心主义的话语幽灵依然深埋在西方汉学的话语实践之中。正如萨义德所揭示的，"西方汉学"不过是"东方学"的一个支脉，它越是将"东方文化"从"世界文明"的整体中隔离出来进行专题研究，东方艺术与非西方文明就越是处于全球文明史的边缘地带。即是说，无论"西方汉学"还是"新艺术史"，西方学者通过不断建构的理论体系对东方艺术审美特征、文化内涵与发展阶段所做出的阐释，依然是西方中心主义话语对非西方艺术的一种"改写"与"易容"。

西方中心主义并不仅仅存在于上述"西方汉学"家和"新艺术史"家的学术著作中，而且还作为认知模式和话语系统对20世纪90年代以来的艺术史写作产生着深度制约作用。在雅克·马赛勒（Jacques Marseille）主编的《世界艺术史图集》（法文原版：1993，Larousse；中文译本：1999，上海文艺出版社）、约翰·基西克（John Kissick）的《全球艺术史》（英文原版：1993，William C Brown Pub；中文译本：2013，海南出版社）、保罗·约翰逊（Paul Johnson）的《艺术的历史》（莫文原版：

2003，Harper Collins；中文译本：2008，上海人民出版社）、修·昂纳（Hugh Honour）与约翰·弗莱明（John Fleming）的《世界艺术史》（英文原版：2005，Laurence King；中文译本：2013，北京美术摄影出版社）、帕特里克·弗兰克（Patrick Frank）的《视觉艺术史》（英文原版：2006，Pearson Prentice Hall；中文译本：2008，上海人民美术出版社）、史蒂芬·法辛（Stephen Farthing）主编的《艺术通史》（英文原版：2010，Thames and Hudson；中文译本：2012，中央编译出版社）和玛丽琳·斯托克斯塔德（Marilyn Stockstad）与迈克尔·柯斯伦（Michael Cothren）的《艺术简史》（英文原版：2011，Prentice Hall；中文译本：2013，上海人民美术出版社）等著述中，东方艺术虽然同样被纳入了书写范围，但西方艺术所占比例依然远远超过东方艺术和其他非西方艺术。其结果必然是，这些艺术史著作对非西方艺术的叙述只可能沦为挂一漏万的粗疏概述。除了体现为艺术史书写篇幅和分量上的不均衡，西方中心主义"话语幽灵"还表现在这些著作所隐含的刻板印象和认知偏见上。例如，加拿大艺术史家基西克在《全球艺术史》中简单地将东方艺术划入到"艺术与宗教"的主题之下，[①] 在叙述时有意无意地将丰富多彩的东方艺术简化为形态单一的"宗教艺术"；英国艺术史学者约翰逊则以西方绘画"技术进步论"眼光来审视中国艺术，认为中国艺术家竭力"贬低技术"由此致使"中国书画技术数千年不变"。[②] 显然，作为西方中心主义的话语产物，这些艺术史叙事完全忽略了人类基于不同空间、区域与历史所形成的文明差异，不仅否定了不同文明体系的多元文化内涵，而且也抹杀了非

---

① 约翰·基西克：《全球艺术史》，水平、朱军译，海口：海南出版社，2012年，第152页。

② 保罗·约翰逊：《艺术的历史》，黄中宪译，上海：上海人民出版社，2008年，第416页。

西方艺术的审美自主性与特殊文化内涵，其结果必然是世界艺术史客观性、全球感和合法性的丧失。

21世纪以来，艺术史书写进一步向跨学科比较和跨文明比较方向发展，贡布里希的一位学生——英国艺术史家约翰·奥尼恩斯（John Onians）在这方面显得尤为突出。奥尼恩斯并未囿于贡氏的学术传统，而是从中开辟出自身独特的研究路径。奥尼恩斯认为，全球艺术史研究需要承认传统艺术史在方法论上的局限性，应当从空间、地理、环境、人性乃至人类大脑的神经系统等角度来分析艺术的发生与发展。在他看来，只有这样，世界艺术史才能摆脱"文化自主错觉"（autonomy of culture delusion），因为"研究自然的一个强有力的原因是这样做可以帮助我们理解文化"。① 从这一观点出发，奥尼恩斯首先尝试运用环境史和地理学方法来书写世界艺术史，并于2004年主编、出版了《世界艺术地图》一书。这部著作以长时段的世界史视野和多学科交叉为特色，一经出版就引起了艺术史学界的高度关注。它以时间为叙事线索，从地理学角度叙述了人类从早期冰河时代直到当代的艺术史，被称为第一部以地图形式呈现世界艺术史全貌的著作。在书中，奥尼恩斯将世界艺术的发展分为七大阶段，每一阶段为一编，共七编。这七编各有侧重，分别从狩猎与采集、农业与城市化、战争与帝国、宗教与统治者、开发与宣扬、工业与科学、观念与技术这七个主题出发进行分析与阐释。通过大量精致的地图，这部著作以非常直观的视觉样式提供了不同历史时期世界各地在地理特征、艺术中心、艺术品出土地点、生产力状况等方面的艺术史关键信息。尽管奥尼恩斯通过地理学研究的方法变革为非西方艺术提供了更多的出场机会与空间，但在具体的叙述

---

① John Onians, "World Art: Ways forward, and a Way to Escape the 'Autonomy of Culture' Delusion", *World Art*, Vol. 1, No. 1 (2011), pp. 125 – 134.

过程中，他仍难以摆脱西方中心主义"话语幽灵"的控制。在谈到近代中国艺术的发展时，奥尼恩斯不无遗憾地写道："社会、政治和经济的不稳定削弱了中国按照西方道路实现现代化所作的努力。"① 言下之意，仿佛中国近现代历史理所应当地必须"按照西方道路"来完成"现代化"。在这里，奥尼恩斯的所谓"现代化"其实不过是西方近代历史走过的"西方式现代化"道路。近代以来，随着"中国式现代化"理念的提出，我们对奥尼恩斯观点会看得更加清楚，这其实不过是美国汉学家费正清（John King Fairbank）关于中国现代史"传统—现代""冲击—回应"演进模式这一西方中心主义史观的另一种表述而已。

奥尼恩斯对世界艺术史的研究并未止步于此。沿着贡布里希的图像生物学观点和博德曼（Iohn Boardman）环境决定论的思路，奥尼恩斯进一步发现当代神经科学有可能为自然环境系统与生物神经系统之间、客观物质条件与主观审美感受之间的联系提供一种全新的论述。通过大量阅读和引用当代神经科学文献，奥尼恩斯提出了一条全新的艺术史研究路径——"神经艺术史"（Neuroarthistory）。神经科学认为，神经元之间的信息传递与化合作用离不开个体的体验、经历乃至所处的环境。神经元既为人类所共有，同时也包含了每个个体所独有的经验。基于当代神经科学的观点，奥尼恩斯重点论述了镜像神经元在艺术创作与发展过程中所发挥的关键性作用。在人类的神经系统和大脑皮层中，镜像神经元的性质与功能都非常独特。神经科学实验证实，当一个个体观察到另一个个体移动自身的肢体或发生情绪变化时，其大脑神经皮层中的一些神经元会被突然激活，并通过放电的方式来"响应"或"模仿"另一个个体的动作或情绪。除测定镜像

---

① 约翰·奥尼恩斯：《世界艺术地图》，冯华年译，上海：上海人民出版社，2007年，第250页。

神经元变化的实验，神经科学家还可以通过其他一些实验手段深入研究和揭示神经活动与审美体验之间的关系。这促成了"认知神经美学"（cognitive neuroaesthetics）或"神经美学"（neuroaesthetics）这一跨学科研究范式在 20 世纪末和 21 世纪初的兴起。"在人类历史上，艺术研究与美学思辨都普遍将反思与内省作为主要的入思方式，而认知神经美学则继承了'实验美学'（experimental aesthetics）和'心理美学'（psychology of aesthetics）的研究思路并进行了认知升级，主要研究艺术审美的神经机制，取得了许多有意义的研究成果，为传统艺术学研究提供了全新的思路。"① 奥尼恩斯的"神经艺术史"正是这些"全新的思路"之一。通过消化和吸收"认知神经美学"或"神经美学"实验研究成果，奥尼恩斯认为，神经科学可以在艺术史研究中极大地增加科学实证性，而大量"减少我们对艺术家话语的依赖"②。在 2007 年出版的《神经元艺术史》中，奥尼恩斯阐述了自古希腊至当代的 25 位美学家和艺术史家潜藏的神经艺术学思想。而在 2016 年出版的《欧洲神经艺术史》中，他进一步运用神经科学和神经美学的理念与原则重构了欧洲的艺术史，并指出"作为一门诞生于 21 世纪第一个十年的新学科，'神经艺术史'（Neuroarthistory）运用神经可塑性、镜像神经元、神经奖励系统等神经生物学原理，辅之以神经科学实验技术，致力于融通当代认知神经科学和传统艺术史生平传记研究两种学术话语，既具有浓重的科学实证主义色彩，又体现出强烈的思辨性特征"③。尽管奥尼恩斯的目的是要用神经美学的方法来书写一部属于全人类而非仅仅属于西方的艺术史，但"神经艺术史"却

---

① 支宇等：《认知艺术学导论》，北京：文化艺术出版社，2023 年，第 239 页。

② 约翰·奥尼斯恩：《神经元艺术史——从亚里士多德和普林尼到巴克森德尔和萨基》，梅娜芳译，南京：江苏凤凰美术出版社，2015 年，第 233 页。

③ 支宇、李天鹏：《艺术史终结之后的新范式——论神经艺术史的理论范式与方法论特征》，《艺术探索》2021 年第 4 期。

似乎有可能将自然科学"普遍主义"转化为另一种"西方中心主义"。比如，在比较欧洲油画家与中国水墨画家不同的创作方式时，奥尼恩斯提出，欧洲艺术家采用了骑士用剑和盾牌的姿势使用画笔与调色板，而中国艺术家则采用农耕式的姿势。不过，即使如此，二者仍然根植于同样的神经机制。[①] 在《欧洲神经艺术史》绪论中，奥尼恩斯又指出："艺术活动的出现与智人或'现代人'（Homo sapiens, or 'modern type' humans）独特的神经资源（the distinctive neural resources）有着直接的联系。"[②] 不难看出，"神经艺术史"的阐释可能具有方法论上的新颖性与创新性，但有可能让世界艺术史书写重新陷入一种西方当代神经科学的普遍主义和实证主义泥淖。

四、 结语

总之，重新审视世界艺术史的写作，我们可以区分出三大发展阶段。作为一种"不完整的艺术史"，20世纪以前的艺术史长时间处于一种"前世界史"的无意识书写状态，非西方国家的艺术往往被直接无视或被直接忽略。20世纪初至二战前的艺术史书写开始出现较为明确的"世界史观"，艺术史家逐渐有意识地将亚洲、非洲和美洲纳入书写领域。但受长期以来西方中心主义"话语幽灵"的影响，这一时期的"世界艺术史"可以称为"不平等的艺术史"。这体现为这一时期的艺术史著作往往将中国、日本、印度等国的艺术作品与现象作为"世界艺术史"的点缀和装饰，并未给予东方艺术一种与欧洲艺术同等的艺术史地位。20世纪中后期以来，艺术史写作进入第三个时期。虽有

---

① John Onians, "Neuroarthistory: Reuniting Ancient Traditions in a New Scientific Approach to the Understanding of Art", in Maria Burguete and Lui Lam, eds., Arts: A Science Matter, 2011, pp. 78 – 98.

② John Onians, *European Art: A Neuroarthistory*, New Haven: Yale University Press, 2016, p. 9.

"全球史观"的引导，这一时期的艺术史写作仍然未能逃离西方中心主义"话语幽灵"的笼罩与控制。作为"不真实的艺术史"，新一轮艺术史书写用"全球性""新艺术史""艺术地理学"或"神经艺术史"等各种书写策略来对东方艺术的审美特征与文明内涵进行改写或"易容"，这就更为隐蔽地掩饰了其西方中心主义"话语幽灵"的实质。从"不完整的艺术史""不平等的艺术史"到"不真实的艺术史"，西方中心主义话语幽灵让东方艺术反复辗转于"缺席的东方""替补的东方"和"易容的东方"三种大同小异的失语状态。要完成世界艺术史的重写与重构，必须从驱逐西方中心主义"话语幽灵"开始。

进入 21 世纪以来，艺术史书写中的西方中心主义话语幽灵并未随着更深广的全球化运动而消解，反而是以更为隐秘的方式寄居于其间。驱逐西方中心主义"话语幽灵"是重写世界艺术史的第一步，但这并不意味着我们要完全摒弃一切西方艺术学理论与艺术史学科的话语体系。我们需要做的是在现有世界艺术史话语谱系的基础之上努力建构出平等、多元、开放的书写范式。蒋勋在《写给大家的西方美术史》中说："美术反映一定的历史条件。今天无论西方或中国，都不再是封闭的体系"，"有主体性的认知，有世界性的视野，才可能从迷失中清醒，再创新的美术高峰"。① 不过，即使有着这样的认知，蒋勋依然未能写出一个大众普及版的完整"世界艺术史"，而是在写完《中国美术史》之后另写了一部《西方美术史》。这表明，即使在最基础的普及性读物领域，要写出一部将东西方艺术融为一体的世界艺术史或全球艺术史仍然很有难度。无论如何，只有将现成艺术史书写的话语体系视为有待审视和批判的资源，我们才有可能从中提

---

① 蒋勋：《写给大家的西方美术史》，长沙：湖南美术出版社，2015 年，第 3 页。

取出有益的元素，并通过东西方文明的对话、交流与互鉴，让更多被西方艺术史遮蔽的非西方艺术作品与文化现象得到显现、展示与认可。

原文载《四川大学学报（哲学社会科学版）》2024 年第2 期

重写法律史：中国法律史学研究现状及知识体系建构

侯欣一①

在法学学科中，法律史属于基础性学科，其研究深度与广度深刻影响法学学科的整体进步。但由于种种原因，法律史学处于学科极为边缘的位置，少有人留意法律史学者的工作，更无心关注法律史学科的发展状况。这种现状一定程度影响了法律史从业人员的心态。在法律史学圈内，有关本学科的发展现状、存在的问题以及学术未来等讨论经久不衰，以至于人们常说法律史学是法学家族中危机感最强的学科。鉴于此，本文提炼出几个具有普遍性的议题进行再讨论，求教于学界同仁。

一、 重提传统及转型： 对中国法律史学的再认识

对法律史学科学术研究的观察应该包括两个层面：作为学者个体的研究旨趣和作为法律史学科的研究现状。前者是学者个人的志业，学界应该充分尊重其个人兴趣。但作为一个学科，则有必要凝练、概括出好的议题，引导学界对学科发展的重大、核心问题予以关注。当前，法律史学科的主要议题可以用两个议题和

① 作者简介：侯欣一，山东大学法学院特聘教授。

一种方法进行概括。

（一）两个议题：从法律传统到法律转型

第一，法律传统。在传统中国，国人对制度的重要性有着深刻的认识，"凡将立国，制度不可不察也，治法不可不慎也，国务不可不谨也，事本不可不抟也"①，坚信无规矩不成方圆。为此，历代统治者制定了大量的典章制度，其中仅中央政府制定的典章制度，其种类和严密程度与同时代的世界各国典章制度相比都堪称详备；史学家们也极为重视对典章制度的记载，先后发明了"志"（正史中用以记述某一类制度的篇目），"会要""会典"（记载一代典章制度）和"通典""通志""文献通考"（贯通式记载各朝典章制度）等书写方式，文献数量可谓汗牛充栋。这些典章制度基本是以法律的形式确定下来的，因此称之为"传统法律"并无不妥。这一切无不表明，中国是一个拥有原创法制文明的国度，其法制文明早与中华民族相伴相生数千年之久，既保存在历史文献中，也存留于中华民族的精神深处。

事实上，以中国法律史研究为志业的当代学者，其工作本质上都是在研究、阐释中国"法律传统"，只是每个人的兴趣点、切入点及结论不完全相同而已。经过接近一个世纪的探索与研究，在许多人看来，学界对中国法律传统的认识已足够清晰。②

但问题远非人们想象的这般简单。一方面，学界对中国传统法律的认识原本就是一个不断变化的过程；另一方面，中国传统法律与西方传统法律以及当代中国法律又并非一种知识系统。因而，知识类型和话语体系的差异，不可避免地导致法律史学界理

---

① 《商君书·壹言》，石磊译注，北京：中华书局，2009年，第88页。
② 历史学者吕思勉曾著《中国制度史》一书，将中国传统典章制度分为工商业、财产、钱币、饮食、衣服、宫室、婚姻、宗族、国体、政体、户籍、官制、赋役、征榷、选举、兵制、刑法十七大类。见吕思勉：《中国制度史》，上海：上海教育出版社，1985年。

解中西、古今之间的法律问题绝非易事，学人对于古今中西之间的议题甚至很难形成有效的对话。

此外，如何认识传统中国的法律实践，特别是对中国传统法律价值的判断则更为复杂和棘手。众所周知，法律实践与法律文本的规定之间总会存在一定差异，对于有着数千年法制文明的中国来说更是如此。而价值层面的判断，又极易受到其他因素，特别是意识形态的影响，许多时候难以定论。

在传统中国的官方话语体系中，中国的典章制度（即本文所说的"传统法律"）是天下唯一可以称为"文明"的系统。《唐律疏议》开篇即云"夫三才肇位，万象斯分。禀气含灵，人为称首。莫不凭黎元而树司宰，因政教而施刑法。……今之典宪，前圣规模，章程靡失，鸿纤备举"。当代学者钱大群将此翻译为"天、地、人三才开始形成定位，然后世界万物纷呈。其中得天地之气而具灵性者，以人为最高，历来之为治者莫不因百姓而设立职官，为实施政教而施行刑法。……现行之刑典是先皇定下的规模，典章法式毫无缺失，无论巨细都完备齐全"。① 在传统中国儒家文化指导下构建起来的典章制度，其恢宏大气，可见一斑。这种对中国传统法律的自信与自负态度延续了数千年之久。

然而，晚清以降，西学东渐，儒学逐渐退出公共生活领域，求"变"成为一种普遍的心态。官方和学界对中国传统法律以及西方法治的态度和评价开始迅速反转。如陈独秀就评价道："西洋民族之重视法治，不独国政为然，社会家庭，无不如是。商业往还，对法信用者多，对人信用者寡；些微授受，恒依法立据。浅见者每讥其俗薄而不惮烦也。父子昆季之间，称贷责偿，

---

① 钱大群：《唐律疏议新注》，南京：南京师范大学出版社，2007 年，第 1－3 页。

锱铢必较，违之者不惜诉诸法律；亲戚交游，更无以感情违法损利之事。"① 晚清以降，中国传统法律一度成为贬义词，"一部大清律，全是压迫人民保全皇位设的，无微不至，残酷非常"②，即中国传统法律成了制约中国步入现代国家的历史羁绊。为了论证此点，一些学者从浩如烟海的文献中挑选出中国传统法律制度和法律文化中的糟粕并汇总在一起，使读者阅读后形成"铁证如山"的印象。改革开放之初，这样的评价和学术研究仍然为学界的主流。

伴随着中国的崛起及西方中心主义的逐渐退场，在官方的鼓励下，继承、弘扬中华优秀传统法律文化成了学界的主流话语，中国法律传统的形象和对其的评价又趋于单一的正向，即便是无法回避的糟粕，学者们也都给予了温情的理解。

在经历了对传统法律的自豪、迷茫、批判、再承认之后，面对百年未有之大变局，历史再次来到新的节点。此时，有必要明确提出这样的问题：究竟什么是中国法律传统？在新时代，我们究竟应当如何面对"传统法律"？换言之，"何为中国传统法律"又一次成为无法回避的宏大命题。对这一问题的回答不仅关涉从事传统法律研究者的学术水准，某种程度上还将影响当下中国的法治实践。

是故，重提"法律传统"无疑是在提醒从业人员需要对中国传统法律进行理性的再认识。已有学人感受到上述问题的重要意义。例如，晚近以来，杨一凡牵头整理、影印出版中国传统法律文献已超一亿字，极大丰富了传统法律研究的资料库，并提出"质疑成说，重述法史"。此外，还有诸多学人从不同的立场和视角对这些典章制度进行阐述，将之概括为"礼法体系"抑或

---

① 《陈独秀文章选编》（上），北京：生活·读书·新知三联书店，1984 年，第 99 页。

② 谢觉哉：《谢觉哉日记》（下），北京：人民出版社，1984 年，第 1119 页。

"律令体系"，并试图沟通这两个"体系"。面对时代的转折点，法律史学人需要保持足够的定力，用专业技术、科学态度为世人准确、完整地概括出中国法律传统的真实样态，揭示中国法律传统的特征以及它所秉持的价值观，同时预留与其他学科的学者、不同知识系统之间平等对话的空间。

第二，法律转型。法律转型问题研究的展开需以"何为中国法律传统"的确定为前提。鉴于这一基础性的前提尚在讨论中，有关法律转型问题的研究自然也有重新被强调的必要。目前国内学界有关中国传统法律转型过程、动力、内容等方面的研究已有了相当积累，真正困难的是转型的方向研究和对转型内容的评价。

中国传统法律必须转型，这一点国人似乎早有清晰的认知，就如同中国必须融入世界且这种融入只能借助现代化的方式是同样的道理。早在 1902 年，面对存亡压力，清光绪帝下谕变法，"我朝《大清律例》一书，折衷至当，备极精详。惟是为治之道，尤贵因时制宜。今昔形势不同，非参酌适中，不能推行尽善。况近来地利日兴，商务日广，如矿律、路律、商律等类，皆应妥议专条"①。自清末修律至今，法律转型一直都是中国法律实践中的重要议题。对此现象，法律史学界的基本做法是把传统中国的法律界定为传统法律型，将晚清以降中国法律制度发生的变化，界定为从传统法律型向现代型法律的转变或中国法律的近代化、现代化，即强调"传统"是一个与"现代"对应的概念，中国法律"现代"的判断标准是制度内容的"现代化"。换言之，无论是传统、现代抑或现代化都具有一定的客观标准，中国传统法律制度唯有实现现代化才是其根本的出路。当然，在这一

---

① 《大清德宗景皇帝实录》卷四九五，转引自李贵连：《沈家本年谱长编》，济南：山东人民出版社，2010 年，第 101 页。

过程中无疑应继承或创造性地保留传统中国法律制度中的一些合理元素。显然，如何处理好"传统"和"现代化"之间的关系问题，也至关重要。

党的二十大报告明确提出要建设中国式现代化。从"中国法治现代化"转变为"中国式法治现代化"绝非一种简单的修辞变化。在中国式现代化的命题中，中国是核心，现代化必须服从于当代中国的现实，服务于未来中国的需要。这一新的提法背后蕴含着主体的自觉和时代的需要，给以中国法律近代化或现代化为研究对象的法律转型研究提出了全新的判断标准。当然，现代化本身并非一个内涵极为清晰的概念。中国学界已对此进行过广泛的讨论，但似乎并未达成共识。西方亦有学者指出："现代化并不指一种特殊的变迁，如工业化、西化、或希腊化，而是指一种'历史的相对性'的现象，指一个社会或国家，自愿或不自愿地所发生的一种'形变之链'的过程，而这种形变乃在减少他自己与其他他认为更进步、更强大或更有声威的社会之间的文化的、宗教的、军事的或技术的差距者。"① 故而，如何回应中国式现代化语境下的法律转型自然也成了法律史学者当前的主要议题。

（二）方法反思：立足三种法律体系的学术创新

学术创新、建构自主知识体系不是口号，它既体现在新的领域、新的问题、新的史料、新的研究范式、新的研究方法、新的价值观等诸多方面，也体现在新的学术观点上。尽管人们常说法学学科还处于发展的幼稚阶段，一个突出的现象就是新异观点层出不穷，令人目不暇接。就法律史学科而言，站在当下的时间点上从事学术研究，不管学人是否愿意，在研究的过程中，思维都

---

① 转引自金耀基：《从传统到现代》，北京：中国人民大学出版社，1999 年，第 106 页。

不能过于飘忽，观点也切忌随意。科学的法律史研究，应当以中华大地上曾经及正在拥有的三种法学知识和法律实践为立论和研究出发点。这三种法学知识和法制实践具体为：传统中国的法学知识和法律规范，清末民初传入中国的西方近现代法学知识和法律规范，根据地政权创建的法学知识和法律规范。

第一，传统中国的法学知识和法律规范。尽管体系化的中国传统法律自清末便已退出了历史舞台，但其中包含的中华民族对待权力、人际关系、财产、社会秩序的思考，处理纠纷的经验和智慧以及不可避免的教训，是无法忽视的本土资源。有学者曾云："上个世纪百年的经验和教训告诉我们，中国人离不开自己的文化，只有具有坚实、鲜明的中华文化传统的现代化中国，才能使中华民族在世界民族之林中立于不败之地。"[①] 如何对待传统？胡适给出了他对这一问题的思考："今天我们打算来检讨中华传统，不是把它当作一种现成静止的事物，而是把它当作一长串重大的历史演变的终极产品，采取这种史学途径——即是说，对中华传统的性质及优点缺点，都从造成中华传统现状的那些历史变化着眼——也许是获得对中华传统更佳了解的一个有效方法。"[②] 这段话，对于今天的我们仍不失为智慧的告诫。

第二，从西方移植的现代法学知识和法律体系。清末民初，在强势物质文明的庇护下，西方近现代法治文化大举进入中国。尽管时间不长，又裹挟着复杂的民族情感，但由于其知识自洽程度较高，法律体系开放，加之其所推崇的诸如民主、平等、自由、人权等价值观与现代社会高度契合，其中一些带有公理性的知识和规则便对中国传统法律构成了强烈冲击，不仅直接导致了中国传统法律体系的解体，还成为民国时期公共领域及私人交往

---

① 楼宇烈：《中国的品格——楼宇烈讲中国文化》，北京：当代中国出版社，2007 年，第 1 页。

② 胡适：《中华传统及其未来》，转引自金耀基：《从传统到现代》，第 218 页。

中的基本规则。

第三，根据地政权创建的法律制度。中国共产党早期法制工作的领导人董必武曾指出："大家知道，在过去国内革命战争的各个时期，各个革命根据地，在党的统一领导下，制定了许多代表人民意志和符合革命利益的政策法令。尽管它们在形式上较为简单，而且不可避免地带有地方性，但是它们有力地保障和促进了革命事业的发展。不仅如此，它们并且是我们现在人民民主法制的萌芽。"① 根据地政权的法制实践，特别它所坚持的党的领导、服务大局等经验，作为中国共产党自主法制实践初始阶段的积累，与中国和西方的法律传统有着明显的不同。

这些分属不同时代、不同文化、不同性质的法制，有的是民族性及民族精神的体现，有的具有鲜明的时代特色，决定着法学学科的专业属性，有的是中国走向世界大舞台的制度通道，有的则是理解中国当下法制实践的独特视角……总之，都是研究中国法律制度史不可或缺的知识前提和历史维度，都与当下中国的法治实践，即法治中国建设有着明显的历史渊源。

如果认可上述判断，并想在学术上得出真正有意义的新观点，就不应忽视在中国法治发展的历史进程中，这些不同的法制实践曾经出现过的冲突、替代、继承、融合等复杂关系，也不能无视这一过程呈现的规律性及沉淀的经验、智慧。纵观法律史学界，基于上述前提进行思考论证的原创性学术观点尽管有，但数量偏少，洪钟大吕式的作品还在我们的期待之中。回答好上述议题是时代留给这一代法律史学同仁的严肃命题。

二、 近年法律史学界研究旨趣梳理

近年来，国内法律史学界的研究旨趣出现了明显的转向趋

---

① 董必武：《进一步加强人民民主法制　保障社会主义建设事业》，《董必武法学文集》，北京：法律出版社，2001 年，第 340 页。

势，即从宏观研究转入中观和微观研究，从研究传统史料到发掘与回应新史料提出的新问题，从关注中国传统法律体系样态到探寻传统法律文化的世界坐标，从构建法律知识体系到实现学科良性发展。以下仅以笔者所见的部分论文为例加以说明。

第一，对中国传统法律制度、法律思想、法律文化的再思考。如马小红的《儒家的"自然观"对古代法律的影响》、周东平的《论中国古代法典条标的起源问题：兼与〈唐律疏议〉（唐律）首创条标说商榷》、柴荣的《宋代女性的土地权利保护》、霍存福的《官无悔判：往日遭际、古代语境及其现代意义挖掘》、胡兴东的《元代司法中的"量"裁问题》、陈新宇的《认真地对待秋审——传统中国司法"正当程序"的新诠释》、刘晓林的《唐律中的"杀"与"死"》、孙家红的《〈红格字式〉：解读清代司法官文书的一把钥匙》、杜正贞的《中国传统产权实践中的界——区域史视野下的山林川泽产权研究》、聂鑫的《中国最高审判体制的刑民分立——传统与现代化》、张生的《中国律例统编的传统与现代民法体系中的指导性案例》、刘昕杰的《纸面上的统一：传统中国状纸的近代变革》等。

晚近以来，国内法律史学界学术研究的旨趣正经历着从宏观研究向中观或微观层面转型的变化，上述研究中，宏观层面的讨论明显减少，中观、微观的研究正在成为主流。与此相适应，观点上真正富有启发性的文章也以微观研究为主。之所以会有如此变化，或许与国内外的学术交流有关。伴随着学术交流的增多，越来越多世界各国、各地的学术作品被译介进入大陆，扩大了大陆学者的学术视野，导致法律史学界对涉及中国传统法律整体性方面的表态更为审慎。

第二，对新史料的回应。史料是历史学研究的基础。在相当长的一段时间里，国内法律史学界以论带史的现象较为突出，成为法律史学与历史学交往的基础性障碍。这一现象近来有了较大的改观，重视史料正在成为法律史学的一种自觉行为。突出表现为，对既有史料的搜集、整理热情持续不断，成果丰硕；对传世文献的熟悉程度日益提高；对以简牍等为代表的新史料高度敏感。最近一二十年，简牍、墓志、碑刻、司法档案、官府文书、日记等大量新史料不断出现，其中一些已被公开出版，为学者准确了解、科学把握中国传统法律史提供了难得的机遇。李力的《如何面对考古文物资料？——关于夏商西周法律思想研究的反思》、张剑虹的《北魏礼法与女性形象的建构——基于故宫院藏北魏妇女墓志的考察》、彭炳金的《唐代墓志中的法律史料》、王沛的《刑鼎、宗族法令与成文法公布——以两周铭文为基础的研究》、冯学伟的《晚清底层经营地主生活中的纠纷及其应对——以福建苏怀墀日用账〈生财大道〉为中心的考察》、徐忠明的《有图自东方来：明信片上的清末司法场景》等即是如此。这些论文或对新史料本身进行辨别，或用新史料检验既有研究成果的可信程度，或用新史料证成、证伪已有的观点，或用新史料拓展法律史研究的边界，其重要性毋庸置疑，但由于涉及的专业知识过多过专，很难引起普遍性的回应。

第三，寻找中国传统法律、中国法律史学在世界范围内的定位。作为一种缺乏实用性的基础学科，法律史学少了几分现实利益的诱惑，一些志向远大的学者便目不转睛地盯着西方学界、日本的汉学界，孜孜以求把探寻、确定中国传统法律制度在世界法律发达史上的地位、中国法律史学在世界学术之林中的定位作为己任。

改革开放后学术交往重启之初，大陆学者对问题的讨论大都坚持从中国看世界的视角，学术上也难以摆脱模仿的状态。此后，伴随着国门的大开，一批年轻的学者在宽松的学术环境中逐渐成长，步入学术研究最佳的中年时代。他们有着良好的语言优势，较好的学术视野和开放心态，熟悉国际学界的动态，并有了与西方、日本学者平等对话的想法，研究中也开始更多地使用外文材料。陈煜的《中国法在西方的传播与影响——以〈大清律例〉为中心》、王志强的《中华法的政治机理——基于秦汉与古罗马时期的比较研究》、赵晶的《海外搜遗游未倦，不厌重洋十往还——1970—2000 年间日本法制史学者访华纪闻笔下的中国学界》即是这类研究中的代表。陈文借助外文文献，对《大清律例》在西方的译介过程进行了详细的考察，在此基础上指出，《大清律例》在西方的译介与传播使西方形成了所谓"法律东方主义"的"主流观念"，影响了几代西方学者和官方对中国法律的认知；王文从秦汉时期这一中国传统法形成的重要阶段入手，揭示了政治上的集权体制对法的形式渊源、施行方式、侧重内容等诸多方面产生的影响。秦汉时期中国法律与同时代的罗马帝国法律的差别与政治权力结构密切相关。这种以历史为试验场的解释性比较可能超越中西法律比较的东方主义，同时揭示法与其他要素之间的关系；赵文以丰富的图文资料，考述了滋贺秀三、高见泽磨等日本法史学者在赴华访问、留学等学术活动中见闻的中国法律史学相关研究机构的概况、学术研究方向等诸多方面的特点，真实再现了改革开放后的 20 年中日法律史学界密切交往的学术史。作者通过细腻的文笔，对这段历史进行梳理和回顾，再现了中日学者间坦诚交流的学术画面，令人感慨万千。

第四，对法律史学科良性发展的思考。在法学界，法律史学科是危机感最强的学科，从业人员既关心如何改进学科不受人待见之现实，又担心学科后继无人。于是，学科的生存及发展便成为萦绕于学者心头挥之不去的话题。胡永恒的《有没有"正宗"的法律史研究?》、尤陈俊的《中国法律史料中数据记载的双重特性及其学术利用》、张仁善的《民国法科教育的奇峰——国立中央大学法学院》、朱腾的《走出中国法律史学"危机"论——

从缺乏共享平台的学科间的对话说起》等均属此类。①

与此前同类相比，上述论文在切入的角度、材料的新颖、预设的问题、对学科现状的把握和思考以及尝试解决问题的方法等方面都值得关注和思考。这些文章所讨论、涉及的问题时间段基本上涵盖了中国法律史学界的研究现状，呈现多元化的特征；此外，研究方法、使用的材料以及观点也具有相当代表性。研究的多元化是法律史学的显著特征，也是一种可贵的品质。多元既体现在所讨论问题的多样性上，也反映在研究方法中，还体现在观点的开放度中，每个人的学术旨趣千差万别，有的人偏重于纯知识的梳理，有的人则偏重于学理层面的思辨，有的人想为当下的国家治理从历史中寻找经验。

严格意义上的中国法律史学发端于清末民初。其产生的动机，既是变法之政治需要——变法需先整理国故，弄清法律的家底和特色，又受西方现代社会科学学科分类的影响。此后，这一状况一直未根本改观。在法学家族中，法律史学科既小众又边缘。处于边缘，有弊也有利，其利在于，处于学科边缘能够为学者带来相对较高的自由度，减少物质与利益的诱惑，使学者安心地思考自己感兴趣的问题，利用自己的专业知识和技能对传统中国的法律、传统中国的法律文化进行观察，形成不一样的结论，其弊则是学科的自主性仍需加强。

三、 书写真实的中国法律史

中国法律史学是一个以传统中国的法律制度为观察对象的学

---

① 以 2023 年为例，据不完全统计，2023 年全年中文主要法学期刊共计发表中国法律史论文 106 篇，中文主要高校学报期刊发表法律史论文 86 篇（涉及刊物 37 种），中文主要历史学期刊发表法律史论文 103 篇（涉及刊物 29 种），中文主要综合社会科学类期刊发表法律史论文 100 篇（涉及刊物 35 种），仅此 4 项总计 395 篇。"法律史评论"公众号，https：// mp. weixin. qq. com/s/PWHgXNr33XS6gmAJiz8FKA，2024 年 3 月 16 日。

科，且以研究典型形态下的制度为己任。社会处于常态，各利益群体相安无事，秩序、权利、尊严自然成了不太被人关注的东西，法律史学者们会理所当然地将这一切归结为法律制度发挥的作用。这一思路既忽略、简化了法律制度背后各种规则（中央政府、地方政府、民间习惯）、思想、观念，各种群体、利益阶层乃至无数个体复杂的博弈过程和为此付出的艰辛努力，不自觉地夸大了法律制度的功能和作用，又在一定程度上导致学界的研究变成了各种法条的简单罗列、各种制度的平淡介绍，变得抽象、空洞和想当然。于是，如何书写真实的法律史便成了一个需要认真思考的问题。

第一，个体评价与学科立场。晚近以来，一些学者习惯以治理为切入点，在浩如烟海的中国传统文献中搜寻一些个案，从中挖掘传统中国法制的成功经验。此种研究偶尔为之并无不可，却不能成为潮流。《资治通鉴》中记载着一个此前法律史学界鲜少关注的历史事例。周显王四十四年，卫国国君平侯逝世，子嗣君即位。卫国有一逃犯，逃到魏国。逃犯精通医术，为魏国王后治病。卫嗣君要求以五十金交换逃犯，五次交涉，魏王拒绝五次。卫嗣君欲再以左氏城交换，臣下阻止说，用一座城换一个人逃犯，实在不值。卫嗣君说："非子所知也。夫治无小，乱无大。法不立，诛不必，虽有十左氏，无益也。法立，诛必，失十左氏，无害也。"显然，在卫嗣君看来，对治理国家来说，法律远比土地和财富更为重要，且只有法律得到坚决有效的执行，法制才有实施之可能。魏王得知后，说"人主之欲，不听之不祥"，于是下令把逃犯还给卫国。① 历史对这一事例的描述为后人预留了足够的思考空间：卫嗣君说的是法律实施的问题，魏王的行为

① 《资治通鉴》卷二《周纪二》，第 1 册，北京：中华书局，1956 年，第 75 页。

则体现了理智之宝贵。两者站在不同的立场，都做了自己认为正确的事情。换言之，站在不同角度，可以对同一历史事件做出完全不同的评价。还原到当时的时空，省察时人所思所行，固然可以增强对历史人物的"同情之理解"。但是，"理解"也不意味着需要完全的"支持"或"赞同"。其原因在于，卫嗣君所言的"法"，不等于现代意义上的"法治"。如何看待、区别古代的"法"与现代的"法治"，也是法律史领域的重要议题。就法律史研究者而言，应当深刻意识到，尽管可以对古代的治理、法制做出理解，但也应当深刻认识到现代法治的重要性，坚持法学学科立场。在现代社会，唯有法治才能保证人类享有基本的尊严，激发人类的智慧和创造力。从这个意义上说，法治无疑应成为社会治理的最大公约数。这一"公约数"是辩证认知古代法制的重要共识。

第二，如何接近历史真相。法律史学者的责任是寻找、书写法律历史的真相。作为以制度为观察对象的学科，法律史研究大都停留在对法律制度的观察层面，或者说是对理想化的法律制度、常态下的法律制度的观察，即以国家制定的法律文本、各类文献，特别是法律文献中的法律制度、法律组织，各种民间惯习以及被历史筛选后留存下来的少数思想家们对法律的理想，以之为观察素材，经过汇总、甄别、思考撰写成相对系统的法律制度，同时给出研究者独到的评价。当然，为了所谓的结论严谨，研究者也会刻意寻找几个常态下官方审理过的案件作为补充，检验这些制度的实施状况。不少研究者精通此道，沉迷于此，并主观地认定这就是中国历史上的法律事实。也就是说，研究者容易陷入一个误区，那就是将文本、制度、少数人的理想当作历史的事实，将身处当下所能看到的、为数不多的案件当作法律的真相。法律文本、法律制度不等于事实，学者能看到的诉讼档案也不完全就是历史的真相。这一切提醒学界和学人，在研究工作中，下结论时一定要格外谨慎，对于"理所当然"多一分警醒。

历史学者葛兆光在新近出版的学术随笔集《到后台看历史卸妆》一书的序言中说，历史学者一定不能被你看到的历史迷惑，"因为历史本身就是两面，一方面它告诉我们过去发生的真实故事，揭示曾经有过的爱与恨、剑与火、血与泪，提醒后人谨记教训；但另一方面也常常会粉墨登场，演经过权力粉饰过的肥皂剧，赚取观众的眼泪、同情和服从。所以，有良心的历史学者不仅应当讲述真实的历史故事，而且有必要到后台，去看卸了妆的历史。也许，那时看到的历史才是没有乔装打扮，没有矫情说教，没有编造剧情的'真相'。所以我总觉得，历史学家的责任之一，就在于到后台看历史卸状，或者去帮历史去卸妆"①。帮历史卸妆，既然是法律史学者不应忘记的工作之一部分，就更不能让不真实的历史在自己的笔下粉墨登场。

第三，留心观察普通人的法律生活。法律是为人制定的，我们对此耳熟能详。学者应经常提醒自己，研究工作中要关注制度背后的人，没有人，法律制度的历史便残缺不全，故而应尽可能地追求人、制度、历史事件、特定案例等材料的有机结合，展现相对立体的法律史。在传统中国，法律与其说是给人制定的，不如说主要是给普通民众制定的，普通民众对法律制度的感受、普通民众在特定法律制度下的生活状况对于评价法律制度来说更为重要。不仅如此，在既往的研究中，每每评价法律制度、法律思想、法律文化时，研究者还有意无意地简单以王朝的光荣、帝国的强大、族群的智慧为立论的根基，忽略了对普通民众的观照。

历史学者罗新的著作《漫长的余生：一位北魏宫女和她的

---

① 葛兆光：《到后台看历史卸妆》，成都：四川人民出版社，2021 年，"序言"。

时代》则尝试改变这些单一的研究理念。① 他利用墓志等史料讲述了北魏时期一个叫王钟儿的宫女漫长而又跌宕起伏的一生，"并以她的眼睛去看她身处其中的时代，把皇帝、后妃、外戚、朝臣、宦官和宫女都还原为具体的人，看到他们面对权力时的喜悦、疑惧、张狂、绝望，……随王钟儿人生故事展开的，还有从献文帝、孝文帝到宣文帝、孝明帝半个多世纪的北魏历史"②。将研究视线投向以往少有人关注的宫女，又成功地将底层民众与大的历史做了有机结合。

关注普通民众在特定法律制度下的生活状况，不仅涉及学术立场或价值观，即坚持人民立场，坚持对普通民众生命的关怀，而且与法律史或者历史研究的专业技能相关。前文已经指出，法律史学界对史料的重视程度在显著提高，但同时，对历史学家应有的技能训练则强调不够。一些年轻学者写作时，尽管有心，也想眼睛向下，却无从下手、力不从心，经常因史料的缺乏感到困扰。反观优秀的历史学家，他们无不对史料既有猎人般的敏锐，又有猎人般的耐心，知道也能够将散落在各处、各种类型中的相关史料一点点地发掘出来，小心翼翼地拼接在一起，形成一个系统，然后用点石成金的功力处理自己想要解决的具体问题，巧妙而不生硬地揭示特定时代的底色。这种技能训练应该是法律史学者努力的方向。

四、 结语

法律史学属于法学和历史学的交叉学科，因而，需要尽可能地从制度层面推动不同学科学者之间的学术对话，这或许是建构

---

① 台湾学者李贞德的《公主之死：你所不知道的中国法律史》（重庆：重庆出版社，2023 年）异曲同工，还是一本严格意义上的法律史学作品。
② 罗新：《漫长的余生：一个北魏宫女和她的时代》，北京：北京日报出版社，2022 年，"封底"。

法律史学自主知识体系的一条必由之路。作为交叉学科，法律史学自然有专属的学术特色，但或许就是法律史学鲜明的特色以及法律史学界对鲜明特色的坚守，一定程度上限制了法律史与法学其他学科、与历史学的对话与交流，导致法律史学长期处于一种自说自话的封闭状态。这里所说的封闭，指的是作为学科的法律史学与其他学科之间的整体交流状态，不包括分属于不同学科的学者之间的私下交流。如何从制度层面打破学科间的壁垒，增进法律史学与其他学科之间的交流，让知识成果共享和互惠，共同推动中国人文社会科学的良性发展，是一个极为重要的问题。对此，可以借鉴近些年法律史学领域学术会议的一些做法，为法律史学研究的跨学科交流形成制度化的改进与规划：

一是主动邀请法学中与法律史学在知识结构上较为相近的理论法学、宪法学等学科的学者与会，与专业视角相同但表达方式不同的学者一起讨论法律史学的问题，验证法律史学自主知识体系的法学属性。近几年有的会议采取这一模式，但尝试之后，发现难度比预想大得多。究其原因：在经历文字简化和印刷方式改革后，当代文化与传统文化的关联度逐渐降低，即便是受过高等教育的人，除历史学专业者外，对中国历史的了解有限，对传统文献的阅读能力普遍下降，久而久之对历史文献已无基本语感；而法律史学科的历史学属性又导致一些学者对史料的偏爱，在成果中过度使用史料，进一步放大了这一矛盾。一些法律史学者对法学界的研究现状、主题也存在着关注不够的问题，其结果就是尽管大家同处一个被称为"法学"的大家族，却少有共同对话的空间。

二是与历史学者的对话。晚近以来，个别学术研讨会集合了法律史学、历史学、文物学、档案学界的一些对中国传统法律感兴趣的学者共同研讨，当面对话，检验法律史学知识体系的学术底蕴。与第一种形式相比，这种对话效果更佳。但来自不同学科的学人对议题的理解、对学术热点的关注、对史料的运用乃至对观点的阐述等同样存在不小的差异。在中国人文社会科学的大家族中，历史学取得的成绩有目共睹，法律史学者自然希望法律史学的一些高质量研究成果，法律史学界对中国历史中的法律问题、对中国近现代法制实践的观察和思考，能够引起历史学、法学以及其他学科学者的关注。

总之，建构法律史学自主知识体系，不仅需要立足传统，更新方法，更需要多元对话，以开放的心态，书写真实的历史，回应时代议题。中国法律史学的自主发展，仍任重道远。

原文载《四川大学学报（哲学社会科学版）》2024 年第 2 期

重构中国古代文学自主知识体系

过常宝①

　　文学在中国传统文化中一直处于核心的位置，凭诗赋水平选拔录用政府官员可以算是个典型例子。文学创作、文学传播和文学教育，几乎存在于社会各阶层、各类活动中，并且受到朝廷和社会的鼓励，缔造出绚丽多彩的历史文化景观。在文化传统的影响下，文学在现当代中国文化中也有着十分重要的影响力，社会上形成了浓郁的文学氛围，大学文学学科的设置和发展很是充分。古代文学作为中国文学的一部分，也受到高度的重视，已经发展为一个相当成熟的学科，形成了较为完整的知识体系。但在近数十年来，随着社会文化形态的变化、媒介技术的发展，文学的社会影响力逐渐衰减。与此同时，人们越来越意识到继承和创新传统文化对于民族振兴的重要意义，而传统文化却难以在学科层面得到落实。在此背景下，有必要重新思考古代文学的学科内涵和文化价值，立足于民族文化传统重构中国古代文学自主知识体系。

一、 古代文学传统的消解

　　最早的"文学"观念来自孔子的社会教育。《论语·先进》

---

　　① 作者简介：过常宝，北京师范大学教授。

云：“德行：颜渊、闵子骞、冉伯牛、仲弓。言语：宰我、子贡。政事：冉有、季路。文学：子游、子夏。”此所谓孔门四科。范宁注云：“文学，谓善先王典文。”① 因此“文学”就是精通“诗书礼乐”，包括文献和礼仪。而德行、言语、政事三科则是在“诗书礼乐”教化下形成的人格修养，以及利用“诗书礼乐”进行外交活动和治国理政的能力。“文学”是其他三科的知识基础。以“文学”著称的子夏、子游，都以学术传承闻名。子夏接受了孔子“为君子儒”的教导，没有像其他弟子一样成为一个家宰，而是西河设教，在魏国创建了一个儒学中心。子游虽曾做过武城宰，但热衷于以礼乐教民，后来专事收徒讲学，成就了“子游氏之儒”。所以，先秦时期的文学指的是诗书礼乐之教，其目的一是成就君子人格，一是培养政事能力。

礼、乐本是行为方式，但随着教化的发展，它们也被转化为文献的形态，如《周礼》《仪礼》《礼记》《乐论》等，与《诗》《书》《易》《春秋》一同成为教化的经典。文学则进一步明确为“六经”之教。《礼记·经解》载孔子云：“入其国，其教可知也。其为人也：温柔敦厚，《诗》教也；疏通知远，《书》教也；广博易良，《乐》教也；洁静精微，《易》教也；恭俭庄敬，《礼》教也；属辞比事，《春秋》教也。”② 这是说各门经典文献在能力培养、人格塑造等方面，都有着自己的特点。这一观点在汉代得以深化、体系化。如《诗大序》云：“正得失，动天地，感鬼神，莫近于《诗》。先干以是经夫妇，成孝敬，厚人伦，美教化，移风俗。”③ 这里认为《诗》的价值在于社会伦理的建构，在于以美刺干预政治等。《易》《书》《礼》《春秋》各经的思想

---

① 皇侃：《论语义疏》卷六，高尚榘点校，北京：中华书局，2013 年，第 267 页。

② 《礼记正义》卷五十，阮元校刻：《十三经注疏》，北京：中华书局，2009 年，第 3493 页。

③ 《毛诗正义》卷一，阮元校刻：《十三经注疏》，第 564－565 页。

价值和文化功能也都得到更为具体的阐释。

汉代以后，经典的范围有所扩大，"六经"的传疏笺注、诸子文献、史记政论、诗赋辞章等，其中的优秀作品，也都通过种种途径被经典化，成为教化的载体，文学的领域得到极大的拓展。三国曹丕所作《典论·论文》谓文章乃"经国之大业，不朽之盛事"，此处的"文章"指建安七子所作之奏议、书论、铭诔、诗赋，亦指"西伯幽而演《易》，周旦显而制《礼》"，可谓无所不包，但仍立足于立言、教化、辅政，只是更加强调创作者的才情，更加重视风格、文辞等审美因素，并没有颠覆此前的文学观念。① 唐代魏徵云："文之为用，其大矣哉！上所以敷德政于下，下所以达情志于上，大则经纬天地，作训垂范，次则风谣歌颂，匡主和民。"② 以文传道，以文化人，以文辅政，以文抒情，这是中国古代文学的主要功能。

古代也确实存在着某种纯文学意识或观念，但那只是主流文学观的细化或扩展，而且往往会遭到主流文学观念的纠正。晚清章太炎云："鸿儒之文，有经、传、解故、诸子，彼方目以为上第，非若后人摈此于文学外，沾沾焉惟华辞之守，或以论说、记序、碑志、传状为文也。"也就是说经传诸子等，才是文学之正宗。他认为"以有文字著于竹帛，故谓之文。论其法式，谓之文学"。③ 有学者指出："这里的法式，显然不仅仅是指'词法'、'句法'、'章法'以及'修辞炼字'之'技法'，还应该包括'明道'、'宗经'、'征圣'等作文之'义法'。"④ 也就是说，一切文字著述都是"文"，而有关"文"的义理、形式之学

---

① 夏传才、唐绍忠：《曹丕集校注》，石家庄：河北教育出版社，2013年，第238页。

② 魏徵等撰：《隋书》卷七十六，北京：中华书局，2009年，第564－565页。

③ 章太炎：《国故论衡·文学总略》，北京：商务印书馆，2010年，第74、73页。

④ 赵敏俐：《文学研究方法论讲义》，北京：学苑出版社，2005年，第12页。

谓之"文学"。可以说，中国古代的所谓"文学"，以经典文献为载体，以教化、辅政、抒情为主要功能，强调思想性、应用性、审美性并重。文学负有建构精神价值和社会价值的责任，并为社会制度所支持，是传统文化的根基之学。

近现代以来，社会政治文化形态有了根本性的变化，文言文为白话文所代替，古代文学与现当代文学之间的历史延续被切断了。1902 年，梁启超发表了《论小说与群治之关系》，提出："欲新一国之民，不可不先新一国之小说。故欲新道德，必新小说；欲新宗教，必新小说；欲新政治，必新小说；欲新风俗，必新小说；欲新学艺，必新小说；乃至欲新人心，欲新人格，必新小说。何以故？小说有不可思议之力支配人道故。"[①] 五四时期，胡适作《文学改良刍议》独推白话小说以"奋发有为，服劳报国"[②]；陈独秀发表《文学革命论》，论"革新政治，势不得不革新盘踞于运用此政治者精神界之文学"，号召向雨果、左拉、歌德、霍普特曼、狄更斯、王尔德等西方文学家学习。[③] 所谓"新民""群治"之论，在一定程度上是对传统文学教化观念的继承。但更为重要的是，文学革命论以西方的文学观念代替了传统的文学观念，认定小说、戏剧、诗歌为文学的主要体裁，顺理成章地，抒情性被认为是文学的本质特征。郑振铎说："文学是人们的情绪与最高思想联合的'想象'的'表现'，而它的本身又是具有永久的艺术的价值与兴趣的。"[④] 崇尚以"情绪性""文艺性"为特征的"纯文学"观念，中国传统文学的传道、教

---

① 梁启超：《饮冰室文集之十》，《饮冰室合集》，北京：中华书局，2015 年，第 6 页。

② 胡适：《文学改良刍议》，《胡适全集》第 1 卷，合肥：安徽教育出版社，2003 年，第 8 页。

③ 陈独秀：《文学革命论》，《胡适全集》第 1 卷，《文学改良刍议》附录一，第 19 页。

④ 郑振铎：《文学的定义》，《郑振铎全集》第 3 卷，石家庄：花山文艺出版社，1998 年，第 394 页。

化、讽谏、修身等社会功能遭到贬抑。

现代古代文学学科建设也正是在这一历史背景下开展的。1917 年，北京大学规定文学课程设置为："以一时期为范围者，如先秦文学、两汉文学、魏晋六朝文学、唐诗、宋词、元曲、宋以后小说、意大利文艺复古时代文学、法国十八世纪文学、德国风潮时期文学等是。"① 古代小说和戏曲正式进入课堂，而且对中国各朝代文学的认知需向西方文学看齐，强调"纯文学"，以"情"为文学的本质性特征，从而架空了古代的政教观。"文学自觉"说亦随之而起，也是为了佐证"纯文学"的存在。以经典教化为主的传统文学观念被终结。在此后数十年的学科建设中，我们确立了思想性、抒情性、修辞性为古代文学的三大要素，以文体发展为脉络，评论作家作品在批判社会、个体抒情、文体和风格创新等方面的成效，并且区分批判社会的现实主义和抒发情感的浪漫主义，等等。为了在特定的发展模式和理论框架下建构古代文学学科，一些学者非常热衷于古代神话、史诗的挖掘，将小说、戏曲的起源追溯到遥远的上古时期，赋予民间歌谣、敦煌变文、鼓子词等更为重要的地位，等等。

在现当代学术和教育体制下，古代文学的思想性、抒情性和修辞性，都被赋予了认知的目的：一是借由作品认知古代社会，一是借由西方文学理论认知古代作品。古代文学由此成为一门纯粹的知识性学科。由于古代文学从历史文化语境中被剥离出来，在"这种将文学片面化、静态化、单一因素化、抽象概念化的'本体论'"的视角里，"所见都是文本语言形式抽象概念的表层意；而无法契入古代作者的社会文化存在处境，贴切地理解其所

---

① 潘懋元、刘海峰编：《中国近代史教育资料汇编·高等教育》，上海：上海教育出版社，2007 年，第 392 页。

遇所见所感所思，以揭明文本隐含的深层意"。① 也就是说，当代的古代文学的学科形态，使得古代文学概念化、静态化，从而造成了创作主体以及创作情境的双重缺失。如钱志熙所说："古代文学领域，传统的以实践为主的旧学体系，完全转化为以客观研究为主的新学体系。这一系统更替式的变化，使得中国传统学术差不多被中断，传统学术的主体部分被淹没、遮盖。"② 所谓"传统学术的主体部分"，实际就是指古代"士人意识"中特有的"追求生命存在所关乎'政教'的'理想性'价值"。③ 当代的古代文学推翻了传统的政教观，同时也取消了传统文学介入社会、安身立命的功能，消释了其丰富而鲜活的文化内涵，因此难以承担起文化传承和创新的使命。

不光是中国古代文学，中国古代史学、中国古代哲学等学科，也都经历了同样的脱胎换骨，都是在西方的学术、学科制度影响下建立起来的，其文化逻辑和知识体系也都远离了它们的传统形态。一般看来，文史哲三门学科，就应该等同于中国的传统文化，但实际上，它们不过是中国传统文化在不同视角下模糊的侧影。法国学者弗朗索瓦·于连指出："我们正处在一个西方概念模式标准化的时代。这使得中国人无法读懂中国文化，……因为一切都被重新结构了。"④ 这一点已经引起了学术界乃至全社会的关注，我们认识到，基于文化自信，需要有一门建立在民族文化传统和传统文化逻辑之上的文化根基之学。

---

① 颜昆阳：《学术突围：当代中国人文学术如何突破"五四知识型"的围城》，新北：联经出版事业股份有限公司，2020 年，第 81 页。
② 钱志熙：《略论二十世纪初期古代文学研究学科的新旧递嬗》，《国学学刊》2014 年第 1 期。
③ 颜昆阳：《学术突围：当代中国人文学术如何突破"五四知识型"的围城》，第 72 页。
④ 秦海鹰：《关于中西诗学的对话——弗朗索瓦·于连访谈录》，《中国比较文学》1996 年第 2 期。

二、 经学和古典学的启示

数十年前，学术界已经认识到传统文化对于当代中国的重要意义，也认识到古代文学等学科的局限性，于是重新提倡"国学"。所谓"国学"，胡适云："中国的一切过去的文化历史，都是我们的'国故'；研究这一切过去的历史文化的学问，就是'国故学'，省称为'国学'。"[①] 胡适们倡导"国学"的目的并不在于传统学术本身，而在于通过"整理国故"为建构新的文史哲学科提供合法性，而且"国学"这个概念与日本学术纠缠过深，带有民族主义情绪，所以最终没能形成一个常设学科。[②] 20 世纪末至 21 世纪初，学术界虽采取多种方法希望重兴"国学"，如成立国学院、创办国学杂志等，但仍未能界定清楚"国学"的性质和范围，无法与文史哲学科划清界限，结果是无疾而终。

在这种情况下，有专家提出恢复传统经学，并提出了多种经学研究或经学学科设置的方案。[③] 经学在中国古代有着两千多年的传统，它是以先秦时期《诗》《书》《礼》《易》《乐》《春秋》"六经"为主要研究对象，疏通其字句，阐发其义理，由此而形成儒家思想体系的一门学问。自汉武帝"罢黜百家，独尊儒术"之后，经学就成为国家意识形态，处于传统学术的核心地位，并有了科举等制度性保障。经学也正是在这一文化背景下，承担起价值和秩序构建的理论使命，发展得十分充分。但近代以来，随着社会文化历史的断裂，尤其是意识形态的差异，经

---

① 胡适：《〈国学季刊〉发刊宣言》，《胡适全集》第 2 卷，第 7 页。
② 参见桑兵：《晚清民国的国学研究》，上海：上海古籍出版社，2001 年，第 5－7 页。
③ 参见陈璧生等：《重建经学，可能吗？必要吗？》，《天府新论》2014 年第 5 期；郭晓东：《论经学与中国哲学自主知识体系的建设》，《国学学刊》2023 年第 3 期；杨国荣：《人文研究与经学探索》，《江西社会科学》2024 年第 1 期。

学中所包含的信仰、古老的记忆与生存经验、政教合法性与核心价值、时代精神及问题意识等，都已经失去。① 经学的思想建构功能难以凸显，也必然不能保持原先的特质和形态。

实际上，早在清代，有识之士就开始了经学改造，企图用更为客观的小学、考证的方法来研治经学。王鸣盛《十七史商榷》云："经以明道，而求道者，不必空执义理以求之也。但当正文字，辨音读，释训诂，通传注，则义理自见，而道在其中矣。"②对事实的追求超过了对义理的追求，主张实事求是、无征不信，使得经学向史学靠拢。钱大昕《廿二史札记》序云："经与史岂有二学哉？昔宣尼赞修六经，而《尚书》《春秋》实为史家之权舆。……初无经史之别。厥后兰台、东观，作者益繁，李充、荀勖等创立四部，而经史始分，然不闻陋史而荣经者也。"③ 史学讲事实，而经学讲义理。在经学观念中，为了义理可以牺牲事实，所以经书中存在不少事实性谬误，如《春秋·宣公二年》"晋赵盾弑其君夷皋"之类。④ 古史辨学派也正是从史实的角度，攻击其处处皆伪，使得经学一蹶不振。两千多年的经学历史，累积了很多有价值的思想、知识和学术方法，但由于与国家意识形态紧紧缠绕在一起，所以，它从传统的政治文化制度中被剥离开来之后，很难调整到一个合适的轨道上来。而且，经学所涉及的基本经典只是有限的几种上古文献，远不能涵盖整个中华传统文化，其学术目的在于揭示符合儒家思想的义理，文化功能单一，所以，经学并不适合成为一门面向当代的传统文化根基之学。不

---

① 参见姜哲：《经典诠释与信仰重建——中国传统经学现代化的三种路向》，《湖南大学学报》2016 年第 1 期；郭晓东：《论经学与中国哲学自主知识体系的建设》，《国学学刊》2023 年第 3 期。

② 王鸣盛：《十七史商榷·十七史商榷序》，北京：中华书局，2010 年，第 2 页。

③ 王树民：《廿二史札记校证》，北京：中华书局，2013 年，第 928 页。

④ 《春秋左传正义》卷二十一，阮元校刻：《十三经注疏》，北京：中华书局，2009 年，第 4051 页。

过，重兴经学作为中国哲学的学科体系和研究方法的本土化方案，有着一定的启发意义。

另有学者提出要建设一门中国古典学，形成了以中国人民大学《国学学刊》和北京大学《中国古典学》等杂志为阵地的阵营，相当多的知名文史专家都加入讨论，呼声很高。大部分学者都认可中国古典学的概念与西方的古典学（Classical Scholarship）有关。西方古典学形成于16至19世纪，主要是对古希腊、古罗马文献进行研究，目的是"利用科学的方法来复活那已逝的世界"，在古典学的学术领域内，虽然有"语言学和文学、考古学、古代史、铭文学、钱币学以及稍后出现的纸草学等各自独立的学科"，但它特别强调一种整体性的观点，也就是对"希腊－罗马文明"统一体的研究。① 由于西方文化与古希腊、古罗马的密切关系，古典学在西方一度被视为文化根基之学，并在19世纪成为欧洲大学甚至中学的重要课程。由于这个学科以古代文献，尤其是《圣经》相关文献为研究对象，特别重视语言学、历史学的研究，在很大程度上与中国传统学问，尤其是经学相契合，所以有学者认为中国早已有了自己的古典学，眼下只是需要再次振兴而已。②

比照西方古典学，大部分专家认为中国古典学主要是对先秦典籍或下延到两汉典籍的研究。③ 也有一部分学者认为，"中国文明没有中断，典章文献绵延不绝，并不存在独立的古典时

① 维拉莫威兹：《古典学的历史》，陈恒译，北京：生活·读书·新知三联书店，2008年，第1页。

② 刘钊、陈家宁：《论中国古典学的重建》，《厦门大学学报（哲学社会科学版）》2007年第1期。

③ 如裘锡圭认为："中国'古典学'，应该指对于作为中华文明源头的先秦典籍的整理和研究。"裘锡圭：《出土文献与古典学重建》，李学勤主编：《出土文献》第四辑，上海：中西书局，2013年，第1-18页；徐正英：《扎实推进"中国古典学"学科建设》，《中国古典学》2020年第1卷。

代"①，或认为中国古代学术、思想及社会生活均受到同一个"典型性知识体系"所支配，② 所以应将"中国古典学"的研究对象延伸到近现代。③ 从西方古典学的语文学（Philology）着眼，专家们特别强调"文字"或"小学"在中国古典学中的重要意义，承继汉学"由声音文字以求训诂，由训诂以求义理"的方法。④ 也有学者谈到了对文献学、历史学、文学等多门学科的整合，认为中国古典学当"以先秦时期元典性文献和上古文明为中国古典学的主要研究对象和基本任务"，应"从'文字''文本'和'文化'等维度入手展开综合性整体研究"。⑤

由上可知，关于中国古典学学科建设的最大分歧，在于研究对象的时代限定。若限定为上古时期的经典文献，则类似于经学研究，难以概括中国传统文化的内涵；若将整个中国古代都包括其中，则与当代古代文学、古代历史、古代哲学等学科形成重叠，且在后代文献研究中，难以体现以小学、阐释学为主要研究方法的学科特征。西方古典学强调一种综合性的研究，却在知识化的道路上不断分裂，发展成为多种学科。即如其中最为核心的语文学，也演变成为历史语言学、比较语言学和民族语文学等学科，虽然在知识获取方面有很大的进步，但语文学中所蕴含的古典思想和文化精神也就被削弱，其结果是古典学在当代西方也逐渐边缘化。当代学者所提倡的中国古典学不再和儒家思想捆绑在一起，在某种程度上更像是清代的经学，强调研究手段的客观性，目标是还原经典的历史面貌，有着明显的知识趣味。那么，

---

① 刘玉才：《中国古典学的建构刍议》，《中国古典学》2020 年第 1 卷。
② 张齐明：《知识视域下的中国古典学》，《国学学刊》2022 年第 3 期。
③ 孙玉文：《略谈中国古典学》，《中国古典学》2020 年第 1 卷；肖永明：《回归与创新：关于中国古典学学科建设的几点思考》，《国学学刊》2023 年第 1 期。
④ 方东树：《汉学商兑》，漆永祥点校，南京：凤凰出版社，2016 年，第 107 页。
⑤ 黄德宽：《楚简〈诗·召南·驺虞〉与上古虞衡制度——兼论当代中国古典学的构建》，《中国社会科学》2023 年第 12 期。

中国古典学如何能够保持其综合性、生动性，而避免重新分裂回语言学、历史学、文献学，或者其他什么新的学科呢？

在目前的学科体制中，重兴经学或者建构中国古典学都有一定的困难。但这两类学科方案中所包含的文化整体意识、文献本体观念、传统阐释方法等，很有启示意义，为我们勾勒出一门传统文化根基之学的轮廓：首先，它是有关中华民族传统的精神、文化、生活的整体学问；其次，它以古代经典为载体，通过经典阐释、创新来发扬、继承传统文化；再次，它能够连接沟通古今文化，具有民族文化人格塑造的功能。本文认为，与上述理念最为贴合的是中国传统的文学观念及实践，将中国古代文学学科重构为一门传统文化的根基之学，这是更有效的方案，也是完全可能的。

三、 古代文学知识体系构拟

中国传统文学，是关于经典文献的学术，不限于经学文献，也不限于纯文学文献；学术目的在于知识创新、传承传统、革新社会、锻造人格、抒发情志等；注重文献、文本的形式特点和美学风格。中国经学和西方古典学的式微，是因为古今文化形态和学术传统的异质性。而传统文学的文化底色不同于经学与古典学，它在近现代出现的错位和断裂，是人为原因造成的。从长远的角度来看，中国文化发展保持着连续性，当下的中国正处在一个文化传承和发展的关键点，在经过深刻的历史反思而重获民族文化自信之时，人们有理由期待一场更加持久且意义深远的"文艺复兴"，期待着古典学术文化重放异彩。在此背景下，让中国古代文学回归传统，使其成为民族传统文化的根基之学，是非常合适而且必要的。

古代文学的发展过程，也是文献经典化的过程。所谓《易》《诗》《书》《礼》《乐》《春秋》，孔子及其弟子凭着"六经"

开展社会意识形态建设，养成君子人格，服务社会，教书育人。此后，《论语》《孟子》等也被经典化，成为阐释和教学的元文本。文献经典化途径逐渐多样化：学术活动中的阐释、征引、评论，教学活动中的习诵、模拟、编订，日常生活和社会交往中的鉴赏、传播等，都可以使得文献经典化。所以，文学经典以"六经"为核心，但又不限于"六经"，历朝历代都有经典，各门类文化都有经典。中国历史悠久，文化发达，也造成了经典繁荣的局面，这些经典都应该被纳入文学领域，但应按照传统文化自身的格局、层次和阶段性做好安排和选择。

孔子所谓"兴于《诗》；立于礼；成于乐"，体现了他的经典功能意识和文学教育思想。"兴"代表的是价值观念认知，"立"代表的是行为规范形成，"成"则代表了精神境界充盈，三个阶段体现了主体修养逐层提升，最终成就君子人格的全过程。而这三个方面也就奠定了后世文学经典体系的基本架构：思想类经典、社会制度及历史类经典、文学艺术类经典，大致与后世经、史、子、集四部分类相通。人格培育这一文学目标，能让这些不同类别的经典文献融合为一个整体，而不至于成为静止的、片面的历史知识。儒家经典是传统主流思想和价值的根源，诗赋辞章则是审美文化的渊薮，属于孔子教育的"兴"与"成"两个阶段。这里要说一下史著和诸子百家之作。首先，史著除了说明天理循环、国运盛衰的道理外，还是治国理政的借鉴，历史理解其实就是一种政治训练，甚至就是政治实践；其次，传统史著的主体部分是传记，是不同人生形态的展示，传主的伦理修养、政治选择、行为方式、最终命运，都足以对后世的人生实践形成深刻的影响；再次，史著还包括典章制度、博物舆地等，所以，中国古代的史著教学，其目的并不在形成历史认知，而在于促进当下的社会政治实践和个体自我成长，是实用性的。子书中，除《荀子》及后世理学诸子本身就是儒家思想的一部分外，其他各派都能从不同侧面对儒家思想形成支撑和补充。老庄等道家学说可以算得上是儒家思想的后院，在自然观、人生观、美学观等方面完美地填补了儒家思想留下的空白，丰富了士人的世界认知和人格理想；而墨家、法家、名家、纵横家等著作则可以在政治、思维、文章等方面提供借鉴，具有一定的实用性。史书和子书中包含了社会治理、做人行事的道理，也就是孔子所谓"立"。传统文学经典以思想性、应用性和审美性三大要素构成体系。经典既是思想和话语的资源，也是教化的材料，还是文本形态的楷模。

遴选经典，是古代文学的基础性工作之一，历代都非常重视这项工作。清初陆世仪曾在东林书院讲学，他按诵读时期、讲贯时期、涉猎时期三个年龄段为学生开列书目。① 曾任莲池书院山长、京师大学堂总教习的吴汝纶，开列有《学堂书目》。近代梁启超、胡适都曾开列出不同程度的很有影响的国学书目。这些书目虽然出自个人之手，但也是历史累积的结果，能够在不同程度上体现传统文学的经典选择。原典研究和原典教育，是传统文学最为重要的形态特征。而每一部经典，虽然有着类别和文体的不同，但大多本着文化继承和人格教育的目标，讲思想，讲应用，讲辞章，从"六经"到诗赋概莫能外，从而形成一门综合性的学问。

在长期的学术和教育实践中，古代文学围绕经典大致形成了自身的知识体系，其学术标志当数南朝刘勰所著《文心雕龙》。该书荟萃各类文献，以"宗经"为核心，兼及各类实用性及抒情性文体，揭举"六经"之"道"，并着重论及文献的风格、写作技巧、创作主体的才性等，形成一个较为完整的理论体系。由

---

① 陆汉荣：《浅谈古代书院藏书与书院教学的关系》，《大学图书馆学报》1990年第1期。

于时代风尚和个人志趣，《文心雕龙》较为偏重于文章作法或者文学批评，但当代学者都认可其为"中国古代文化的百科全书"，是传统文学理念的产物。① 《文心雕龙》呈现以经典为核心的较为完整的文学知识体系，因此被章学诚称为"体大而虑周"。② 不少学者探讨了《文心雕龙》知识体系的内在学理逻辑，如赵树功认为《文心雕龙》"以道为体，以才为用，形成一个以'才'贯穿始终的完整的理论体系"③，陈特认为《文心雕龙》有个"圣人/经典"与"非圣人/非经典"的二分法，形成了"人－文"二重结构，成为"贯穿《文心雕龙》全书的关键线索"，等等。④ 除了《文心雕龙》外，古代还有更多的或专门或零散的文学史论著述，积累了丰富的学科知识的认知。可以说，传统文学虽然没有充分体制化，但已经形成了自己的知识体系，为我们建构新的古代文学学科奠定了基础。

近百年来古代文学的学科实践也积累了不少经验，在知识体系建构方面尤其有成就，是我们进行学科重建的重要支撑。当代学者基于国学、经学、中国古典学等理念，提出了不少很有价值的学科建设方案，比如黄德宽关于中国古典学"文字""文本""文化"三层次知识结构的设想，就非常具有启发性。⑤ 基于传统文学的知识积累，结合现当代各类学科经验和学术反思成果，本文认为新的古代文学在以经典文献和经典文本为中心，以传统文化精神阐发为基本目标的同时，还应特别关注民族审美精神和

---

① 汪春泓：《〈文心雕龙〉的传播和影响》，北京：学苑出版社，2006 年，第 136 页。

② 叶瑛：《文史通义校注》，北京：中华书局，2014 年，第 648 页。

③ 赵树功：《道贯"三才"与骋才创体——论以"才"为核心的〈文心雕龙〉理论体系》，《文艺研究》2017 年第 10 期。

④ 陈特：《〈文心雕龙〉的"人－文"二重结构及其理论体系》，《文艺理论研究》2023 年第 5 期。

⑤ 黄德宽：《楚简〈诗·召南·驺虞〉与上古虞衡制度——兼论当代中国古典学的构建》，《中国社会科学》2023 年第 12 期。

表述方式。本文从学术素养角度出发，认为新的古代文学学科主要应包括如下几个层面的知识：

一是古代汉语相关知识。由于传统文献是用古汉语写成的，在研究先秦文献时还会涉及甲骨文、铭文、简帛文字等，所以，不通古代汉语就无法释读经典文献。在传统学术尤其是经学研究中所形成的文字、音韵、训诂（所谓"小学"），是古代文学学科的基础性知识。当下，古代汉语研究和古代文学研究各自独立，导致了双方发展路径变窄，造成了经典文献阐释的种种困境。让"小学"服务于经典，让古代文学研究从经典阐释入手，是纠正以西方理论指导中国古代文学研究的门径之一。

二是经典文献相关知识。在长期的学术实践中，传统文学已经形成了关于文献生成、文献制度、文献整理、文献阐释等的学术理论和研究方法。传统文献学之目录、校勘、注释等，已经成为专门的学问。近数十年来，大量金石简帛文献的问世，关于口传文献、写本文献、图像文献等的研究，使得我们对上古文献形态、文献存在状态的认知，都得到极大的拓展。此外，有关文献的辨伪、辑佚、收藏、传播等，都是经典文献研究离不开的学问。

三是传统文化相关知识。主要是指与价值观念、民族认同、社会形态、个体存在，尤其是与民族核心价值和审美精神相关的学派教派、思维方式、家国意识、制度习俗、人物事件、文献文物等。这些是关于中华传统文化的基本素养，也是传承和发展传统文化的重要内容。

四是民族审美相关知识。无论是先秦时期儒家经典文献，还是汉魏六朝以下的诗词歌赋等创作文献，都包含着中国文化的审美理想和精神追求，构成了深厚而绵长的中国美学传统。在此观念下形成的文学性经典，所呈现的社会理想、生活方式和美学品质，描绘了讲究伦理秩序、积极进取、向往和谐安宁的社会生活图景。同时，古代审美理论也很丰富，值得深入研究。

文字、文献、文化和文学是古代文学的四根支柱。以语言文字为前提，以经典文献为载体，以传统文化为目标，以文学审美为特色，形成一个主体突出、层次完整、相互支撑的知识体系，可以勾勒出传统文化的基本样态和特征，可以将一个悠久的文化传统与当代社会联结起来，从而形成中国特色的古代文学学科知识体系。

四、 古代文学话语方式变革

从知识角度对新的古代文学学科进行定位，难免与既有的经学、文学、语言学、历史学等形成重叠和交叉，容易退回到当下的学科体系之中，从而影响了传统文化的整体性呈现。维拉莫威兹说："把古典学划分为语言学和文学、考古学、古代史、铭文学、钱币学以及稍后出现的纸草学等等各自独立的学科，这只能证明是人类对自身能力局限性的一种折中办法，但无论如何要注意不要让这种独立的东西窒息了整体意识，即使专家也要注意这一点。"① 西方古典学由于过分追求知识而不断专业化，不断边缘化，这值得我们深刻反思。整体文化观念，是新的古代文学学科的核心理念，维护这一理念需要独特的知识体系，更需要独特的话语体系。

话语与一个特定的意义世界有关，它依据特定的规则，建构起自己的知识型。经学利用"六经"建构出符合封建大一统社会的思想体系和价值标准，是国家意识形态；现行古代文学是基于古代抒情文体或修辞性文体而进行的审美文化研究和教育。而重构的中国古代文学则是以传统文化认知、继承、发展为目的的现代学科，有着特定的意义世界，因此，应该有自己的话语形

---

① 维拉莫威兹：《古典学的历史》，第 1 - 2 页。

态。福柯将话语对象、陈述方式、概念和策略当作是话语的四个维度。就古代经典研究而言，传统学术和现代学术有着共同的研究对象，话语形态的区别在于议题设置、研究策略，以及研究者的自我认知和所呈现的姿态等。所以，围绕中国传统文化的根本问题和重要特征设置论题，以及建构一套同时具有历史连贯性、文化综合性并具有当代学科特征的概念体系、研究方法，就成为一项关键性的工作。

研究和总结传统文学的话语实践和话语理论，能为新学科提供很好的借鉴。比如"诗言志"这个概念，传统经学从"在心为志，发言为诗"出发，认识到人心为世所感而成诗，诗亦能感化人心，由此推断："故正得失、动天地、感鬼神莫近于诗。先王以是经夫妇，成孝敬，厚人伦，美教化，移风俗。"① 在教化和讽谏这对观念的引导下，《诗经》成为意识形态的重要经典。在近现代的文学研究中，《诗经》被当作文学作品，"诗言志"则成为一个文学范畴。如闻一多认为"志"有三重含义："一记忆，二记录，三怀抱"，其中"怀抱"兼有"记事"和"抒情"之意。② 这个论断否定了传统"诗言志"中的伦理教化说，强调了文学意义上的表现说和抒情说，从而将"诗言志"当成关于文学本质、文学功能、文学理解的理论，是中国古典文学最为重要的、具有奠基石意义的命题之一。但是，从传统文化早期发展来看，"诗言志"是一个不折不扣的话语概念，它产生于礼仪乐舞和乐教活动之中，具有早期宗教礼乐文化赋予的神圣性，可以为初期的世俗思想提供合法性。"诗言志"作为一种话语方式，在春秋时期就已经被士大夫和儒家所充分认识并加以利用，通过赋诗、引诗的形式发表观点。由"诗言志"所引发的

① 《毛诗正义》卷一，阮元校刻：《十三经注疏》，第 564－565 页。
② 闻一多：《神话与诗》，上海：上海人民出版社，2006 年，第 151－157 页。

"赋诗言志""引诗言志""教诗言志"以及"兴观群怨""诗亡隐志""以意逆志"等概念，展示了从贵族士大夫到儒家士人是如何利用《诗经》这一经典文献建构起思想体系的过程。① "诗言志"等一系列概念，体现了这一建构过程中话语体系的发展，其中包含了话语权、话语方式、话语功能等内涵，也内在地包含了儒家的价值指向、主体地位、理论畛域、阐释方式等，构成了一个稳定的知识型。在康吉汉、福柯的话语理论中，话语是功能性的，它同时和真理、历史相关联。而"诗言志"正是从真理性、历史性角度使得儒家话语权得以实现。

同样，史著文献，诸如《左传》《史记》《汉书》等，在今天属于历史学科的研究对象（文学史也会研究这些文献中的"文学性"因素），而历史研究则是一门追求历史真实和历史发展规律的学科，文献的价值和研究导向，也都指向实在真实性。比如孔子论晋国史官董狐"书法不隐"②，班固言司马迁"其文直，其事核，不虚美，不隐恶"③ 等，被史学家理解为史著对历史真实性的追求。但这并不是事实，且不说"赵盾弑其君"不真实，《史记》中想当然之载录亦复不少。这两个评论赞扬的是史学家对某种价值观念的坚持，以至于为了凸显观念而不惜变更事实。显然，传统史著是以建构和维系特定的意识形态为宗旨的，追求的是某种"应然"，并因此而形成了一套独特的话语方式，如"微言大义""春秋笔法""夷夏之辨""正统论"等。学术界有所谓"六经皆史"的说法，这里的"史"也可指史识，史识不等同于史实，史识中的意义建构超越了对历史真实性追求，属于传统文学的范畴。

---

① 参见过常宝：《诗言志：从思想建构到教化诗学》，《中国社会科学》2022 年第 9 期。

② 《春秋左传正义》卷二十一，阮元校刻：《十三经注疏》，第 4054 页。

③ 班固：《汉书》卷六十二，颜师古注，北京：中华书局，1962 年，第 2738 页。

意义建构只是传统文学话语功能的一个维度，它还有一个实践的维度，合起来称"知行合一"，这也是传统文学话语体系的重要部分或重要特征。王阳明强调知行并举，一方面是为了保证知识本身的正当性，因为外在知识离却了本心之真，便容易被私欲所利用，或者使人沉溺其间。只有知行合一，才能复归于良能良知，"知良能是良知，能良知是良能，此知行合一之本旨也"①。另一方面，知行合一也意味着认知的目的在于研习者价值主体养成和呈现，所以说"知是行之始，行是知之成"，"真知即所以为行，不行不足谓之知"。② 有学者总结王阳明知行同源论云："'知'是向内所指，其所获即是真知，也就是'良知'；'行'是向外所指，其充满无数可能，因为从其源头来说它是以'知'而'行'，但是，就其发用来说，它必然关涉形下万事万物。"③ 其实，从实践的角度强调知识的意义，早在孔子"学而时习之"那里就埋下了种子。传统经学讲"微言大义"，更讲"通经致用"。总之，以自我反思、社会实践作为认知的途径和方式，是传统文学的策略机制之一，对传统文学的话语方式有很大的影响。

传统文学在其漫长的发展过程中，对话语方式有着相当程度的自觉，并形成了丰富的话语理论，但在当前学科体制中，它们被淹没在文论、史论、哲学方法论中，一些重要的话语观念被误解曲解，削弱了其文化学术价值。话语是在一定的文化实践中产生的，同时它也在很大程度上建构了相应的文化，建构了研究者、学习者的主体性，建构了学科自身。所以，清理出传统文学

---

① 黄宗羲：《明儒学案》卷十三《说理会编》，沈芝盈点校，北京：中华书局，2008 年，第 277 页。

② 王守仁：《王阳明全集》上册，吴光等编校，上海：上海古籍出版社，2011 年，第 5、47 页。

③ 罗伯友：《浅析王阳明的"知行合一"研究》，《汉字文化》2022 年第 23 期。

的话语体系，对于重建一个古老的学科有着十分重要的意义。只有独特而自成体系的话语方式，才能保证学科的独立性和民族性。新的古代文学学科以传承传统文化为目标，但却有着新的文化背景，必须符合当下的学科规范，成为一个现代学科。在充分借鉴传统话语方式的同时，也必须自觉探讨、尝试话语方式的变革，形成自己独有的话语体系。已有学者对此进行反思，如杨国荣论现代经学研究四原则云："一是综合研究与经学探索之间的协调；二是经学的历史形态与现代形态的互动；三是史与思的关系，即历史意识和理论意识统一；四是中西之学的互动。"① 这对我们建构新的古代文学话语体系有着很大的启发意义。新的话语体系应该有自己的核心命题，有自己的文献方法，有自己的阐释模式，而且，它还必须清楚自己的学科边界在哪里，以便能和其他学科，诸如中国古代史学、中国古代哲学等划清界限，能够进行有效的交流，能够保证新的古代文学学科顺利发展。

五、 结语

近百年的学术和教育实践，使我们认识到中国特色的学科体系、话语体系才是中国文化创新的关键，而中国特色的学科体系、话语体系必须立足于民族文化传统，面向未来，在继承中发展。曹顺庆指出，由西方学者（包括在西方学术理念下）所撰写的文明史（包括中国文化史和学科史）是不真实的，由此导致了中国话语及自主知识体系的缺失，并倡导"中国学者应该以文明发展的基本史实来正本清源"，以文明互鉴代替向西方看齐。② 这一论断十分重要，它切中了当下中国人文学科的弊端，振聋发聩。西方学科理念和学术思想，使得数千年的中国文学传

---

① 杨国荣：《人文研究与经学探索》，《江西社会科学》2024 年第 1 期。
② 曹顺庆、刘诗诗：《重写文明史》，《四川大学学报（哲学社会科学版）》2023 年第 1 期。

统被悄然遮蔽，使得传统文化的继承和创新也无法落到实处，是一件令人痛心的事。当务之急，是从中华文明发展历程和传统文化构成形态出发，重回传统文学现场，重建古代文学学科，使其能够承担起文化传承的历史责任。本文所提出的建议和方案只是一孔之见，不见得尽合学理，更谈不上完善，希望能得到有识之士的批评、指正，群策群力，建构中国文学自主知识体系，并使之成为中国传统文化根基之学。

原文载《四川大学学报（哲学社会科学版)》2024年第4期

论人类命运共同体视域下的文化与文明

——兼榷亨廷顿 "文明冲突" 观

刘京希①

放眼今日世界，关乎人类前途与命运的诸般社会思潮，或潜或显，迭起涌动，甚或因日趋极端化而不无互搏，由此对人类文明走向和进程乃至对人类命运共同体建构所造成的强烈冲击，已然危及全球社会结构的基本稳定及其文明共识，乃至人类社会演进的总体路向。甚而至于，在与文化地方主义的缠斗过程之中，人类文明又一次走到了何去何从的十字路口！当此"重写文明史"的历史关头，秉持个性与共性、特殊性与普遍性、形下与形上相结合的方法论，再行讨论文化与文明这对矛盾体及其各自的本质属性，梳理现代人类所共有的普遍性价值理念，窥察由此所决定的人类文明前景，看似不免有些老套，但因了时代背景和历史契机的不同，无疑被赋予当下价值。

进言之，在当下之全球化时代，以地缘、种族或利益纠葛为表现形式的、不时爆发的国际冲突，其本质缘起，究竟是人们所惯常认为的意识形态分歧，还是由文化精神之演进方向的差异所决定的不同文化共同体之间的矛盾纠葛？如若肯认后者在其中发挥着本质作用，即认同由文化精神之演进方向的差异所决定的不

同文化共同体之间的矛盾纠葛，给人类发展前景造成深度困扰，则如下论题的提出便顺理成章：究竟应当以怎样的价值观看待文化与文明？二者各自的内在属性和本质特征究当如何？在精神层面，文明究竟是多元文化存在的扩展与演化，还是共识性普遍价值理念的提炼与升华？在极端思潮暗流涌动的当今世界，不同国族或文化共同体之间时有发生的龃龉与对撞，其实质到底如亨廷顿所断言，是谓"文明的冲突"，还是本文所指，乃"文化与文明间的冲突"？将诸般关涉人类文明前景的时代性重大课题，置于文明互鉴的场域进行必要的省思与讨论，对于人类命运共同体的建构乃至文明史的重构，相信定会大有裨益。

本文认为，人类命运共同体赖以建构的文化与文明观前提，是文化与文明的"双重自觉"。尤其是"普遍主义文明观"之文明自觉，正可超越与全球化趋势背道而驰的民族主义之狭隘视界，以解当今世界体系进步的困局；亦为我们所欲构建的人类命运共同体提供理论资源。如此，多样态地域文化方可在互鉴互融中不断演进与升维，增进自身的普遍性文明质素，生发而成具有扩展价值的文明秩序，进而实现共同文明之普遍性价值对于多样态文化发展的统摄，最终消弭以意识形态冲突为表征的"文化与文明间的冲突"，以助益于人类命运共同体的建构进程。

一、 文化与文明： 究当如何定义与比勘？

作为概念范畴，"文化"与"文明"，在很长一段时间里是作为同义词为人们所看待与使用的。只是随着文化与文明的实然性发展及各自的质性分殊，国际人文学界始觉有必要对二者加以概念性界分。① 但直到今天，在世俗生活世界，人们仍习惯于把二者混同起来使用。②

我们首先来看学界有关"文化"之定义。究竟何谓"文化"？梁漱溟先生以为，广义而言，"文化就是吾人生活所依靠之一切"；"文化之本义，应在经济、政治，乃至一切无所不包"。③ 美国人类学家露丝·本尼迪克则对"文化"做如此定义："文化是通过某个民族的活动而表现出来的一种思维方式和行为方式，一种使这个民族不同于其他任何民族的方式"，是"他们所具有的观念和准则"。④ 作为现代社会人类学家的 E. A. 霍贝尔之于文化的定义与本尼迪克异曲同工——文化乃"某一社会的成员所独有，非生物遗传结果的，后天习得的行为模式之完整制度"⑤。比较而言，前一定义缺乏对于文化之内在本质及其特性的提炼，失之宽泛和笼统；后二者无疑抓住了文化更关涉人的"思维方式、行为方式及完整制度"这一内在本质。因此，笔者更为赞同后一定义。

换言之，文化乃以国族为地域界分的知识和思维传统及其制度化传承。具象而言，文化是指人在改造客观世界、协调群体关系、调节自身情感的过程中所表现出来的时代特征、地域风格和民族样式。⑥ 因此，它有从器物、制度到行为和观念，以及从传

---

① 在布罗代尔看来，"文明"一词，出现得较晚，在 18 世纪的法国还不太引人注目。该词最早见于 1756 年出版的《人口论》。作者维克托·里凯蒂提出了"文明的范围"的说法。参见费尔南·布罗代尔：《文明史纲》，肖昶等译，桂林：广西师范大学出版社，2003 年，第 25 页。

② 萧功秦先生在一篇文章中，即是在文化与文明混同的意义上论及欧洲文明的演化方式。参见萧功秦：《从千年史看百年史——从中西文明路径比较看当代中国转型的意义》，《社会科学论坛（学术评论卷）》2007 年第 1 期。

③ 梁漱溟：《中国文化之要义》，上海：上海人民出版社，2005 年，第 6 页。

④ 露丝·本尼迪克：《文化模式》，王炜等译，北京：生活·读书·新知三联书店，1988 年，第 18 页。

⑤ 转引自克莱德·M. 伍兹：《文化变迁》，何瑞福译，石家庄：河北人民出版社，1989 年，第 4 页。

⑥ 陈炎：《文明呓语》，济南：山东教育出版社，2012 年，第 2 页。

统到现代的不同呈现维度与形态。"一个社会把它的庞大的文化上层建筑建立在对青春期的理解之上，而另一个社会则把这建立在对死亡的理解之上，还有的则是把它建立在对来世的期望之上。"① 不言自明的是，它以文化共同体的地方性知识的体现为典型性特征，凸显的是民族或国别的独特精神气质。"地方在此处不只是指空间、时间、阶级和各种问题，而且也指特色，即把对所发生的事件的本地认识与对可能发生的事件的本地想象联系在一起。"②

显然，文化的秉性在于其以精神生产与消费的方式，凸显基于乡土和族群的特殊性或曰独特性，凸显一国一族之迥异于他者的地方，因而在这里找到的多半会是国族间的差异。问题在于，不同种类的文化并非不存在相通和共同之处；否则，人类不同族群的和平共处与交流互动便失去了共同的基础。不同文化之间相交叠的这一共同基础之普遍性存在，即是人类共同文明的基因，及形成扩展性文明秩序的基质。因此，人类不同族群赖以求得和扩大共识的可能性空间，存在于不同文化相交叠通约的普遍性畛域。质言之，存在于深具本体论意义的文明层面而非文化层面。由此，话题便由文化层面升维而及文明层面。

已如前述，文化是不同民族基于自身实践经验的物质和精神的双重结晶。设若仅就精神层面而言，文化便是身处地球村的人们借以识别族群身份的精神符号；文明则是人类基于普遍人性对相异文化类型所做出的通约性普遍价值的理性提炼，是让身处地球村的人们互通互融、平等对待、互相尊重的规则性融合剂。换言之，作为由文化所孕育、以文化为依托的文明，以普遍人性为其生发的根基，以普遍性知识及共识性价值的追求为其典型性特

---

① 露丝·本尼迪克：《文化模式》，第 26 页。
② 克利福德·吉尔兹：《地方性知识：事实与法律的比较透视》，《法律的文化解释》，北京：生活·读书·新知三联书店，1994 年，第 126 页。

征，彰显的是超越民族或国家的共识性精神气质。由文化而文明，实则是由经验而超验、由形下而形上的渐进演化历程。①

故而，作为不同文化的凝练和抽象，文明所表征的是文化间的共识，这正是不同族群或文化赖以互动互融的理念空间所在。按照20世纪德国著名社会学家诺伯特·埃利亚斯的看法，"文明"使各民族之间的差异有了某种程度的减少，因为它强调的是人类共同的东西；或者说，应该是共同的那些东西。② 也因此，维基百科以"共识"为根基来定义"文明"：文明，是许多人因共同生活于同一社会集团之中，而达成某些共识，并形成某种协作的状态。这种较为先进的社会发展状态，所涉领域极广，包括民族意识、礼仪规范、宗教哲学、风俗习惯、科学技术等。由此文明观可知，文明是相对而言更为先进的社会发展状态，它实则对应于蒙昧和野蛮。职是之故，美国学者伯恩斯和拉尔夫在所著《世界文明史》一书中，将文化看作尚未有文字、总的发展水平比较低下的社会或时期的产物，而把文明认作文化高度发展的产物。上述所谓之文明，包括人类历史各个发展阶段的政治、经济、法律、宗教、哲学、科学、文学、艺术、建筑和音乐等诸方面。文化是文明的基础，或者说是文明的基本内涵；而文明则包括历史与文化的含义，是高度发展的人类文化，"文明即一种先进文化"③。英国学者、艺术批评家克莱夫·贝尔在其名作《文明》中，把文明的主要特征抽象升维而为价值观念和理性思维，而把生产的发展、社会分工的出现视作文明赖以产生的

---

① 刘京希：《何种观念？怎样的制度？——不同人性观视域下的制度演进与建构》，《孔学堂》2021年第1期。
② 埃利亚斯：《文明的进程：文明的社会起源和心理起源的研究》，王佩莉、袁志英译，上海：上海译文出版社，2009年，第3页。
③ 爱德华·麦克诺尔·伯恩斯、菲利普·李·拉尔夫：《世界文明史》第1卷，罗经国等译，北京：商务印书馆，1985年，第29页。

必要条件。① 有关文明的如此认知，把文明视作随时代进步而不断演进的理性思维和社会价值观，无疑切中肯綮。

因此，文化与文明之间虽然不乏内在关联，甚或你中有我，我中有你，让人一时难以辨识，却又分明是两种不同的事物。如埃利亚斯所指，文化表现的是民族的特色和差异，因而没有高下之分；但当文明出现，民族之间的内在精神差异便慢慢缩小，文明所更偏重于表现的，是人类普遍的规则和成就。概言之，文化各异，文明趋同。如孟德斯鸠所称，尽管所有人都追求同样的事物，即幸福、满足感、安宁、正义、自由，但是，鉴于每个人所处的环境不同，他们获取这些事物的手段必定各有不同。② 也因此，我们更为欣赏杜兰特对"文明"的如下定义："文明乃促进文化创造的社会秩序。"③ 在这里，文化与文明各自的追求虽有特殊性与普遍性之别，但二者并非因此趋于对立，而是互为成就的有机统一关系，即互动共生和价值整合关系。比如，世界宗教会议于 1993 年 9 月签署的《走向全球伦理宣言》，提出要使隶属于不同宗教和文化的人都能接受的全球伦理构想："'己所不欲，勿施于人'或者换用肯定性的措辞，即'你希望人怎样待你，你也要怎样待人'，应当在所有的生活领域中成为不可取消的和无条件的规则。"④ 这段文字至少包含两层不乏启迪的内涵：一是文明的价值内核源自多彩文化的孕生，被升格为全球伦理准则的"己所不欲，勿施于人"，便是中华优秀传统文化结出的硕果；二是源自多彩文化的文明因子一旦超越具体文化环境而上升为普遍性价值，由经验而超验，由特殊而普遍，便成为先验性文

---

① 参见克莱夫·贝尔：《文明》，张静清等译，北京：商务印书馆，1990 年。

② 参见以赛亚·伯林：《浪漫主义的根源》，吕梁等译，南京：凤凰出版传媒集团、译林出版社，2008 年，第 37、31 页。

③ 威尔·杜兰特、阿里尔·杜兰特：《历史的教训》，倪玉平等译，北京：中国方正出版社，2015 年，第 151 页。

④ 《走向全球伦理宣言》，https://baike.baidu.com，2023 年 3 月 10 日。

明准则，"一种高于人且独立于人的真理"，进而返身指导和规范更为广泛的经验生活世界。①

从人类不同文化形态间的生态层位关系来看，文化因其生发的地域性、族群性限制而获得具体性、特殊性、经验性与多元性特征；文明则是对于多样化之"软性文化"的高度凝练、抽象与超越的形上果实，因而带有通约性、公共性与普遍性特征，体现的是具有内在超越性的价值追求。② 一言以蔽之，文化具有多元属性，文明则带有鲜明的一元特征。更进一步地看，文化与文明不仅有特殊性与普遍性之别，更有外在形态与内在质性之差，此类差异共同决定了文化与文明之间的不同层位结构。如果说，文化是暗夜初升的新月，那么，文明就是清晨明媚的阳光。新月虽然明媚，但需要借助阳光的反射；比起明媚的月光，阳光则是本源之光，更是普照之光。③ 就日常认知而言，文明与蒙昧、野蛮相对立，表征人类社会在整体上为摆脱蒙昧与野蛮状态而不断进化的历程及其成果。"文明是指一个过程，至少是指一个过程的结果，它所指的是始终在运动，始终在'前进'的东西。"④在前现代被视为"文明"的事物，在现代社会则有可能成为不文明甚至野蛮的事物。比如，因于生态文明观的进步，既往人们视为理所当然的对于野生动物的滥杀，在今天看来则属无视环境正义的野蛮行为。换言之，文明及其内核并非一成不变，而是对多样态文化的普遍性质素进行不间断抽象与凝练的演进历程。在

---

① 理查德·M. 维沃：《思想的后果》，王珀译，南昌：江西人民出版社，2015年，"导论"，第4页。

② 刘京希：《中西文化互鉴与"人类命运共同体"的构建——以政治生态学为视角》，《华东师范大学学报》2020年第4期。

③ 以"政教分离"为例，作为一项政治原则，在欧洲中世纪封建专制制度下几无踪影，在文艺复兴时期也还只是少数人的主张，到启蒙运动时期逐渐成为政治理性的强烈呼声，而在现代社会则成为政治建构的普遍法则。参见阎孟伟：《对形而上学的实践哲学反思》，《哲学研究》2019年第4期。

④ 埃利亚斯：《文明的进程——文明的社会起源和心理起源的研究》，王佩莉、袁志英译，上海：上海译文出版社，2009年，第2-3页。

这一动态进程之中，不同国族的人们通过多种样态的交流，互鉴互融，不断习得有关文明之普遍性价值的时代性内涵，进而践行于对自身所处文化环境的潜移默化的改造与提升。有鉴于此，我们所不能认同的，是亨廷顿之于文明与文化之关系的如下看法："文明和文化都涉及一个民族全面的生活方式，文明是放大了的文化。"① 显然，在亨廷顿看来，文明不过是多元文化实体的扩展。这一表达认为文化与文明之间只是量级的差异，而无质的区别。实则，随着文明概念在内涵上的演化，文明与文化之间的质性差异日趋显明。

"道不自器，与之圆方"。此语出自唐代司空图《二十四诗品·委曲》，意思是说，器是道的载体，品貌各各不同的器，以各自不同的形象显现着道。道的本质虽然既定，但在不同的事物即器之上，会有不同的呈现样态。此语所言甚是。其实，言及文化与文明之关系，也可以借用"道""器"之说予以解读。在这里，从多元文化观与一元文明观来看，文化即为特殊之"器"，文明则为普遍之"道"。作为"道"而存在的文明，其普遍性或共通性价值，即内蕴于各各不同、各具特色的文化样态即"器"之中。而人类文明的历史进程，无非就是通过理性自觉，将丰富多彩的国族特殊文化经验之中所潜含的共识性文明质子，予以发现、提炼、升维和抽象，使之由经验而超验，由形下而形上，升华而为人类共通性精神财富，并作为共同价值准则，指导与匡正由不同族类所型构而成的人类观念和行为。东方文化之"中庸""道法自然"等思想，西方文化之人权、民主理念，已然被抽离其特定文化场域，转换而成人类共享之文明准则。

概言之，文明也可以说是一种基于人类共同经验的共通性知

---

① 塞缪尔·亨廷顿：《文明的冲突与世界秩序的重建》，周琪等译，北京：新华出版社，2010年，第20页。

识与价值准则，虽起于人类具体经验而地域性、民族性地生发，却最终超拔于人类具体经验文化，而被赋予超验性、通约性和普遍性特征，形成其共通性价值标准。① 举个最为通俗的例证，如果说文化表征着来自不同国家、风格特色鲜明且实力各有差异的足球队，那么，文明便是让不同足球队赖以同场公平竞技而共同遵守的比赛规则。② 这一规则虽然会随时代的进程而有所演化，但它所秉持的公平、公正、和谐、契约、守信的核心要义，则永恒不变，因而具有本体论之意义。

二、 文化与文明： 怎样的关系结构？

通过上述讨论，在笔者看来，文化与文明之间存在如下关系结构：文化是地域与族群的独特性物质和精神呈现形态，它凸显的是不同地域或族群的共同体意识，可谓之"各美其美"，或曰"和而不同"，因而"尚和不尚同"；文明乃不同文化基于互鉴、互融欲求所通约而成的普遍性理念欲求，此即人类命运共同体的共有价值，可谓之"美美与共"，或曰"既和且同，和中求同"。概言之，文化与文明乃支流与主流的关系结构；文化乃文明的源泉，文明是文化的归宿。如果说前者是偏于地方性知识的多形态呈现，那么，后者则属人类在历史进程之中对多样态文化的理念性通约与凝练。或者说，文化的使命在于强化地域与族群的共同体认同，文明的使命则在于推进世界多样态文化共同体基于共识

---

① "客观理性不是某种依靠权力从外部输入的系统化的意识形态，而是对人类之行动、互动以及由此衍生出的规则、制度的洞察所产生的具普遍性意义的知识；更重要的是，它并不保持抽象封闭的形态，而是持续地对经验世界开放且由此修正、发展自身。"钟诚：《国家转型、主体性与文学的作用——重思"左翼鲁迅"》，《文史哲》2020 年第 6 期。

② 正是在此意义上，本文的有关讨论在本质上区别于洋务运动时期多元文明论者的"全盘西化论"主张，也不同于新文化运动时期的"文明自觉"论说，更不同于 20 世纪 30 年代的"文化自觉"追求（参见许纪霖：《两种启蒙：文明自觉，还是文化自觉？》，《中国启蒙的自觉与焦虑》，上海：上海人民出版社，2016 年，第 3 页），而是主张超越中西之争，向着文化与文明有机统一的"双重自觉"进发。

性规则的和合共生，为生存于不同文化环境之中的人们提供共通的行为准则，以助益于人类命运共同体的建构与互融。即是说，文化孕生文明，脱离文化基础，文明即无以存活；文明引领文化，失去文明的指引，文化的发展便因随波逐流而失去方向。但在文化的特殊性与文明的普遍性之间，又存在着显明的内在张力。对于人类个体来说，拥有文化不一定意味着言行举止文明得体；对于族群而言，亦同此理。某些地域或族群共同体之文化底蕴不可谓不深厚，但所反映出来的文明程度却并非同步增益。这更加说明，文明之于文化的共通性价值的一统性凝练和升华的极端重要性。

需要引起人们警觉的是，就事物的本质而言，虽然卓越和伟大往往源自一统，包括文化的一统，但历史实践也反复申明，此"一统"不是彼"一统"，它不是事物内部结构"同一化"背景下的无机一统，而是事物内部结构基于多样性的"和而不同"样态下的有机统一。借用亨廷顿的说法，它不是"马赛克"式的同质化拼装，而是"大熔炉"或"番茄汤"式的异质间融会。① 此正所谓"和羹之美，在于合异"，或谓"文明的交响曲"。正如前述，文化之为"器"，则文明即为"道"。道不自器，与之圆方。因此，多样性中的统一性，构成了文化生态学意义上的一条重要法则和主要信条。所谓建立在多样性基础上的统一性，自然是向着更高级文明迈进的有机统一性；换言之，它是人类共同理念对文化多样性的通约，是普遍性对特殊性的选择性吸纳而非割除——这为独特性文化之中所内在的普遍性因子所决定。正如冯友兰先生在论及中国哲学在现代社会是否还有价值这一问题时所指："任何民族或任何时代的哲学，总是有一部分只

---

① 塞缪尔·亨廷顿：《谁是美国人？美国国民特性面临挑战》，程克雄译，北京：新华出版社，2010 年，第 143 页。

相对于那个民族或那个时代的经济条件具有价值，但是总有另一部分比这种价值更大一些，不相对的那一部分具有长远的价值。"① 此一文化通约颇类于"和实生物，同则不继"等中国古代朴素的辩证法思想；② 也与好莱坞以艺术化的形式对于各（移民）民族的价值共识的表达过程相近似。③ 只是，这一通约进程从来都充满坎坷，而非一帆风顺。比如在中世纪，作为人类饮食文明进步的体现，以叉子代替手抓进食的发明及其饮食行为，在今天看来自然是文明和进步的表现，但因为这一发明打破了人们的饮食习惯，在彼时则被视为大逆不道，甚至认为是对上帝的亵渎。与之相类，直到1993年世界伦理大会闭幕式上发表的《走向全球伦理宣言》，全球社会方才充分认识到两千余年前即为孔子所珍视的"己所不欲，勿施于人"的道德信条，在各民族文化中都有所通契，足可被视为人类普遍性道德金律。

反过来说，对于文化之共通性价值即文明的追求，同样不能打破或超越文化多样性的前提性，不能无视诸般文化类别在其通约性价值之外，尚存在不可化约之特性；不言自明的是，一致性和整体性以多样性及其所激发的创造活力为根本。无视多样性之基础意义的所谓一致性和整体性，便失却了文明赖以存续的根基与源泉，而走向自身的反面。从方法论的角度来看，如果说文明

---

① 冯友兰：《中国哲学简史》，涂又光译，北京：北京大学出版社，1985年，第37-38页。

② 庞朴先生对于事物的"一分为三"的卓见，便分明隐含着生态多样性思想，一下子将"一分为二"的对立斗争性思维扭转向"多样性统一"之"和实生物"思维。因为在这里，"三"并非实数，而是虚指，实则谓"多"。同时，这个"三"，还有"第三方"之居中、居间价值。如王利所谓，无论是亚里士多德还是孟德斯鸠、托克维尔，都赞扬并呼唤具有中庸精神的"中间层"或"中间力量"。他们普遍认为，只有这个力量壮大了，才能形成一个稳定、有序、充满活力的良序社会。参见许纪霖等：《文明与帝国：西方的两张面孔》，《知识分子论丛》2009年第9辑。

③ 好莱坞突破异质文化隔阂的关键在于它表达的并非某一具体的民族经验，而是各民族的价值共识。参见李晓红、李晓昀：《从移民视角看早期好莱坞电影的文化与政治》，《厦门大学学报（哲学社会科学版）》2019年第2期。

之于文化的提炼是一个归纳和综合的往复过程，那么，文明对于文化的反哺则是从公理、公设向着经验世界的演绎过程。在这里，一旦文明理念升华而为形上独立存在，文明之于文化的反哺，在某种程度上即带有体现建构者主体理性与具体文化之特殊性相互适应的意味，而非简单生硬的挹盈注虚。比如，美利坚近现代文化共同体的诞生过程，即是来自英格兰的清教徒们带着高度成熟的思想理念异地嫁接建构的成功典范。[①]

"每一个国家都倾向于形成自己的文化世界，但一种现实不必把另一种现实排除在外。"[②] 社会及其相应的文化演化与自然万物的演进一样，都需要以不同事物或文化共同体之间的多元交互性生态关系建构为前提。因为相同事物之间的交流，属于同构叠加，难以形成激荡式创新，并推动社会发展与进步；反之，不同性质事物之间的交互作用，才能在异构互补中产生相辅相成的生态效应，进而推动社会及其文化进步。就此而言，"融合"意味着不同文化之间的交融互促，而非走向僵死的一统。按此社会生态法则，"封建社会"这一既往为人们所指斥的社会政治形态，即有其存在的历史合理性。我们以往一股脑地把它与"专制"等同起来看待，视之为需要批判的东西。其实，封建并不等同于专制。显然，封建意味着在大一统之下的纵向与横向分权；而只有分权，才有所制衡。正是西周的分封制，塑造了随后

---

① 1620 年 11 月 11 日，一艘载有 102 名乘客、来自英国的名为"五月花"的大帆船向美洲陆地靠近。为了建立一个大家都能受到约束的自治基础，这群乘客在上岸之前签订了一份公约——"五月花号公约"。签署人立誓创立一个自治团体，这个团体的创立基于被管理者的同意，而且将依法而治。

② 费尔南·布罗代尔：《文明史纲》，肖昶等译，南宁：广西师范大学出版社，2003 年，第 370 页。

之春秋战国的"轴心时代"。① 封建制事实上更是奠定了欧洲走向现代文明的基础——八百年前的英国《大宪章》，正是当时的国王在拥有自己的封地与军队的封建贵族的压力下所签署。而以法治、民主与自由为核心的现代文明也只能孕育于一个分权而不是集权的社会或文化共同体之中。

2001 年 10 月召开的联合国教科文组织第 31 届大会，投票并一致通过《文化多样性世界宣言》；四年后，教科文组织又通过了一份重要文件——《保护和提升文化表达多样性公约》。文化多样性是人类的共同遗产，尊重文化的多样性无疑是世界和平发展的重要保障。只是，"文化多样性"的主张并不等同于"文化例外论"。前者以遵循人类文明共同价值为前提，以文化多样性之中的交流、互动与会通为本；后者则脱离开人类文明的共同准则与普遍价值，拒斥文化共同体之间的互动与融会，鼓吹不同的文化无论是否有违文明之共同准则，都应当受到平等的对待和同样的尊重。此种主张的不可避免的后果，是因其背弃人类共同文明的价值准则而走向文化相对主义，甚至招致文化冲突，即如纳粹所主张之"日耳曼种族优越论"而引发种族灭绝悲剧那般。试问，如果某个群体实践"一夫多妻"或者"一妻多夫"的婚姻文化（其实，类似婚姻文化在当今世界个别国族仍然存在），国际社会应否尊重并容忍这种文化？如果某个群体流行包办婚姻

---

① "封建专制"这一表述，就"封建"与"专制"的本义来讲，其实自相矛盾。"封建亲戚，以藩屏周"，指的是西周开国者发展出来的一套政治制度。小国周虽然打败了强大的殷商，但是在殷商原来所控制的广大土地上，于周而言，敌国林立。对此，周的开国者们把他们的亲信（亲戚、功臣）封到帝国尚未牢牢控制的地方，建"国"以慢慢控制周边地域。这里的"国"，其实是有城墙的城。与此相对，"专制"通常是指一个中央政府有权决定其统治下的各级事务。如此，"专制"便与"封建"所包含的自治理念恰恰相反。因此，"封建专制"是个自相矛盾的说法（白彤东：《中国是如何成为专制国家的?》，《文史哲》2016 年第 5 期）。袁伟时先生甚至认为，中国并没有国际学术界界定或多数学者公认的封建制度。如果是封建制度，国王、诸侯之间是契约关系；而中国没有这样的关系（袁伟时：《中国传统文化的陷阱》，《长江》2007 年 9 月号）。

的文化，国际社会应否尊重之？如果某个群体奉行烧死寡妇的文化，国际社会应否容忍之？如果某个群体流行弃婴文化，国际社会应否接受之？正如有学者所指："为什么我们要尊重多元文化、多元价值？是否意味着多元价值、多元文化是没有前提的？比如说恐怖主义也是一种文化，集权主义政治也是一种文化，包括我们传统里面女性裹小脚也曾经是一种习俗文化。那么我们是否可以以多元为理由，来尊重和维护这样的文化呢？如果不可以，为什么？像这些问题，我觉得理论上是需要思考的。"①

其实，客观看来，文化之间并非纯然平等，也并非没有高下之分。换言之，我们尊重文化多样性，但这种尊重应当是有条件的，它以文化的"合文明性"为前提——这是文化互补、互鉴与互融的基础。如上所述，文化常常与价值观念密不可分，不同的文化体现的是不同的价值观念，因而存在文明的文化与野蛮的文化（野蛮的文化甚至不应被定义为"文化"）、先进文化与落后文化之别。② 先进文化孕育了自由和繁荣，落后文化则导致了奴役和贫穷。在此意义上，正是由于文化的民族差异也即存在高下之别，才会不时出现落后文化共同体对于先进文化共同体的追慕与仿效。

文化间的这种此消彼长，潮起潮落，在历史的时光隧道之中看似充满随机性甚至不可察知，实则蕴含一条若隐若现的主线，那就是祛蒙昧野蛮而向开化文明。不论是对于个体还是族群而言，祛蒙昧野蛮而向开化文明的确定性进程，正是我们所不时称颂和讴歌的人文启蒙历程。当然，必要的社会批判与反思自然也是人文启蒙的应有之义。或许，在数学家的眼中，世界的本质都

---

① 黄裕生：《论华夏文化的本原性及其普遍主义精神》，《探索与争鸣》2016年第 1 期。

② 王建勋：《身份政治、多元文化主义及其对美国秩序的冲击》，《当代美国评论》2019 年第 2 期。

是随机的，处处都存在着不确定性和随机性；对于因文化多元而
异彩纷呈的人类社会而言，表面看来，似乎同样充满不确定性和
随机性，实则不然。拂去"不确定性和随机性"的尘埃，显露
出的是关乎世界本质的确然性存在。而这个确然性存在，即是人
类通过代际层累所共同创造、传承和拥有的，以通约性、公共性
与普遍性价值为内核的共享文明。

"东海西海，心理攸同；南学北学，道术未裂。"① 需要指出
的是，文化间的互补、互鉴与互融，必得有一个相互之间的充分
比较与鉴别的过程。如若舍弃这一必要的过程而急躁冒进，急于
融合，则必然产生文化互融进程亦即文明进程的紊乱，甚至引发
不同文化共同体之间剧烈的冲突。② 近年来在欧美时有发生的因
非法移民的大量涌入而形成的社会文化冲突与撕裂，即是明证。

三、 文明的普遍性决定于人性的共通性

需要强调的是，文化虽因其发端及其所附丽的地域与族群差
异而具有鲜明的独特性，但受普遍人性的规训，不同文化之间又
先天地带有普遍人性之"被认可"的内在需求。之于精神层面，
人与动物最为根本的区别，在于人类个体之间普遍存在渴望得到
同类认可的、推己及人的"共善"情感诉求，以及基于此类诉
求而生发的智力与意识能力，此为动物界所远不及。"己所不
欲，勿施于人"的"共善"色彩的近似基因，便是人类共同文
明赖以生发、人类命运共同体赖以建构的人性基因。易言之，各
各不同的多彩文化若无相互交流与碰撞，人类共同文明即无以孕
生；如缺乏以人类普遍价值为内质的文明精神反哺，文化的演进
即注定步履蹒跚。"人类的共同价值是世界各民族的'共善'，

---

① 钱锺书：《管锥编》第 1 册，北京：中华书局，1979 年，第 50 页。
② 邓晓芒：《真理——在哲学与神学之间》，http：// www. aisixiang. com/data/
47706. html，2024 年 5 月 10 日。

这种'共善'并不是抽象的普遍性，而是与世界各民族的文化个性和特殊性结合在一起。所以，它并不会湮灭各民族传统文化的个性和特色，而是充分涵纳这些文化个性和特色作为自身的有机部分，并使各具特色的不同文化间的交流成为可能。本质上，人类的共同价值是世界各民族文化共性和文化特殊性、文化特色的辩证统一：没有世界各民族文化的'共善'，文化的交流就会由于缺乏共同基础而无法进行，文化便会基于个性而原子化、相对化并趋于保守；没有文化各自的个性和特色，世界文化就失去了活力和丰富性。"①

因地因时而生的文化，自有其特殊性；但在特殊性之中又不乏普遍性的道德或理性质素，这为人性的共通性和道德潜能的近似性所决定。② 恰如福泽谕吉所肯认，就抽象层面而论，"人的天性本来是趋向于文明的"③。换言之，异质文化间的共性为人性的共通性所决定。限于地理环境隔绝的约束，在人类文明的早期阶段，不同文化共同体各自所探索的，只能是民族化的特殊性路径；但为人性的普遍性和道德潜能的近似性所决定，各相隔绝的诸文化共同体，仍然不约而同地生发出可通约的文明质子，为近现代以来不同程度的文化互动、互鉴与互融奠定了观念基础。温良恭谦、诚信宽恕、仁慈同情、公平正义等道德观念，为不同

---

① 丁立群：《人类命运共同体承载全人类共同价值》，《中国社会科学报》2020年10月29日，第A03版。

② 有一种文化特殊性主张，等同于"文化例外论"。"美国例外论"即是此类"特殊性"的典型表现。它是一种强调美国与其他国家完全不同、因而是独特国家的"美国例外主义"的意识形态主张。

③ 福泽谕吉：《文明论概略》，北京编译社译，北京：商务印书馆，1982年，第14页。

族群的人们所不谋而合地共同追求与拥有，即是明证。① 人之为人，心同此理，这是不同文化得以通约融会的普遍人性基础和人性原则，也是人类由野蛮迈向文明的人文基石。不同文化之间相通约所融会而成的诸般普遍性质素，也就是人类共同文明的普遍法则赖以构建的源头活水。例如，阿拉伯数字的发明和二进制及其世界化进程，就是特殊走向普遍、文化走向文明的过程。职是之故，我们看待文明的视角，不应当如看待文化那般，限于地域与国族，而应立足于"无问东西、但问时代"之超越性的普遍主义视域，也即人类命运共同体的宏阔视野。此一普遍主义视野，又可等同为表征宽广胸襟的外向心态与"地球村"情怀。只有秉持如此之情怀，而非民族与地域视界，眼中所见，心中所思，才会是人类命运共同体赖以凝聚之普遍性准则，进而促动民族文化融入人类文明共同体，开启吸纳普遍性、公共性文明质素的进程。易言之，人类共同文明所内蕴之通约性理念，一方面作为普遍性法则判定和约束着人类社会及其个体的行为，另一方面作为精神资源充盈和滋润着人们的心灵。阿伦特所著《艾希曼在耶路撒冷》一书，对第二次世界大战中纳粹犹太政策进行全面总结，提出著名的"平庸的恶"概念。作者认为，对于战犯艾希曼所犯种族灭绝罪行，按照普遍人性法则或人类共同文明法则定性，是"反人类罪"，而非"反犹太罪"；易言之，在本文视角看来，则是"反文明罪"，而非"反文化罪"。②

也有一种观点认为，"现代文明的基础是现代科技和自由市

① 德国思想家卡尔·雅斯贝尔斯在《历史的起源与目标》一书中第一次把公元前500年前后同时出现在中国、西方和印度等地区的人类文化突破现象称之为"轴心时代"。轴心时代的四大文化共同体，在相互隔绝的地理状态下，不约而同地以理性思维和超越性哲学理念，探讨宇宙之本质和人之存在的根本意义，这是否可以说是普遍或共通的人性在促发不同地域的思想者展开各自的思考与追问？

② 参见汉娜·阿伦特：《艾希曼在耶路撒冷》，安尼译，南京：译林出版社，2017年，第23-47页。

场经济的结合，与政治组织方式关系不大"①。此言大可商榷。如果离开政治制度或者说政治组织方式来谈现代文明，皮相而已。恰恰是对于人性以及为其所决定的人的基本权利比如财产权、自由权、政治参与权的不同的政治法律安排，决定了文明形态的高下。作为现代文明成果之集大成者，由联合国所制定的《公民权利和政治权利国际公约》以及《经济、社会及文化权利国际公约》，恰恰说明现代文明的基石，不仅包含经济、社会和文化权利，更包括公民权利和政治权利。正如《公民权利和政治权利国际公约》序言所谓："按照联合国宪章所宣布的原则，对人类家庭所有成员的固有尊严及其平等的和不移的权利的承认，乃是世界自由、正义与和平的基础，确认这些权利是源于人身的固有尊严；按照世界人权宣言，只有在创造了使人人可以享有其公民和政治权利，正如享有其经济、社会和文化权利一样的条件的情况下，才能实现自由人类享有公民及政治自由和免于恐惧与匮乏的自由的理想。"②

就普遍人性而言，不论地域与族群，类存在意义上的个体都具有尊重进而保守传统的类特征。问题在于，置身现代文明，我们究竟应当如何理解世纪之交以来在全球不同文化圈所出现的传统文化复兴与认同潮流？这一潮流是否与人类普遍性文明共同体建构背道而驰？按照许倬云先生的划分，现代文明从开始至今，已经有五百多年的历史。"第一阶段是从教廷神权和封建制度的欧洲秩序中解放出来，这一阶段就是宗教革命和启蒙时代。第二阶段则是工业革命以来，现代的生产方式和相应的都市化现象。

---

① 李录：《从外国投资人角度看中国经济的未来——2019 年在国际投资人会议上的主旨演讲》，https://www.sohu.com/a/412642842_ 555060，2024 年 3 月 4 日。

② 《公民权利和政治权利国际公约》，https://baike.baidu.com/item/% E5% 85% AC% E6% B0% 91% E6% 9D% 83% E5% 88% A9% E5% 92% 8C% E6% 94% BF% E6% B2% BB% E6% 9D% 83% E5% 88% A9% E5% 9B% BD% E9% 99% 85% E5% 85% AC% E7% BA% A6/1620114?fr＝ge_ ala，2024 年 3 月 20 日。

第三阶段应当是从 20 世纪 30 年代经济大恐慌以后，美国逐渐恢复活力，而欧洲陷入战争，从那时开始美国崛起，成为现代世界霸主。"① 与现代文明进程的主潮相映成趣的是，在全球不同文化圈，皆不同程度地闪现传统文化复兴与认同趋向。正如有论者所看到的，不管我们在价值判断上对所谓的"文化保守主义"持何种态度，我们都不得不在事实层面上承认，无论是在东方的伊斯兰教文明、印度教文明或中国儒家文明中，还是在西方的基督教文明中，"文化保守主义"在 20 世纪末叶和 21 世纪肇始都已经成为一个毋庸置疑的事实。② 问题在于，这一不约而同的文化复兴运动，它的本质是强调各自文化的独特性进而回归自闭隔阂传统，还是从中彰显各相通约的共通性文明质素，异中求同，从而促进不同文化之间的融合？设若把其本质定性为前者，进而强化文化及其共同体的殊异性，则人类社会不同文化体将无可避免地走向各相冲突之危途；设若将其本质定位为后者，则人类社会不同文化体势将趋于各相融会之坦途。

虽然，立足亨廷顿的"多元文明"视角，看到的无疑是不同文明间冲突的可能。但在笔者看来，国际冲突并无既定模式。换言之，历史地看，既可能是文化间的冲突、文化与文明间的冲突，也可能是政治意识形态的冲突，还可能是地缘政治冲突。尤其是按照本文所秉持的"普遍主义文明"观来看，唯独不是如亨廷顿

---

① 许倬云：《许倬云说历史：这个世界病了吗?》，上海：上海文化出版社，2014 年，"前言"，第 1 页。
② 赵林：《〈文明的冲突?〉再反思》，《浙江大学学报》2007 年第 4 期。

所谓之"文明间的冲突"。① 而对于传统文化复归的全球性潮流，更应视作人们对于全球共同面对的时代性问题——比如日益恶化的生态环境问题、与全球化相抵牾的狭隘民族主义潜流——的解决之道的一种历史性寻求。在这一寻求过程之中，不乏对于各自文化之中共通性文明质素的发掘。而这一不断发掘的过程，就是人们以"超越意识"之自觉，由经验出发而试图超验地发现与提炼理性精神的过程；进而，也是把超验形而上学转化而为先验知识，返身指导和规训经验世界，使之更趋文明化的过程。② "这种客观理性不是某种依靠权力从外在输入的系统化的意识形态，而是对人类之行动、互动以及由此衍生出的规则、制度的洞察所产生的具有普遍性意义的知识；更重要的是，它并不保持抽象封闭的形态，而是持续地对经验世界开放且由此修正、发展自身。"③

四、 走向普遍文明： 多元文化的共同精神归宿

一种文化，其内在质性是普遍人性、民族气质、国民性、生活与生产方式及其所处地理环境综合作用及演化的结果，非个别精英人物自力所能主观建构或改变。也因此，文化的演进与革

---

① 不同于亨氏"多元文明"的文明观，在笔者看来，人类文明本质上是对于不同文化的通约性价值的凝练与生发，因而具有"一元文明"或"普遍文明"的价值属性。这样一种通约性价值虽然源于文化共同体之经验世界，却是作为人类共享性超验价值而存在。也因此，世间并无如亨廷顿所谓"文明的冲突"，也不存在所谓"文化的冲突"。我们在纷繁复杂的国际关系中的日常所见，虽然呈现的往往是不同文化共同体之间的直接冲突，但此类冲突的内在本质并非隐于文化内部，而是须另行揭橥。所谓"文明的冲突"，实质上是"文化与文明的冲突"——文化"接受了平凡的事物"，文明则"承载了高贵的精神关注"。在"平凡"与"高贵"之间，因为价值理念的生态层位的不同甚至矛盾而发生冲突，自然也就可以理解了。按照本文有关"文明"的理解，可以认为，文明不仅不会如亨廷顿所指，会有兴起与衰落；相反，只要人类继续存在，文明即与之相始终，也便不会走向衰弱。

② 张灏：《从世界文化史看枢轴时代》，《二十一世纪》2000 年 4 月号。

③ 钟诚：《国家转型、主体性与文学的作用——重思"左翼鲁迅"》，《文史哲》2020 年第 6 期。

新，并非是仅限于文化本身的事情，而是涉及国民性、社会生产与生活方式、民族精神、价值观念以及制度规则等因素在内的综合性演化进程。如此就意味着，文化系统一旦定型，就因其深植于一国一族的普遍性社会心理及对传统的惯性承袭，而具有自身的超稳定结构。由此也便意味着，文化天然地是一种基于地域共同体或民族共同体因而深具主体性甚或独特性意味的存在。只是，在普遍联系的现代世界，这一基于地域和族群的主体性或独特性存在，仅是相对于其他诸多文化体系而言；故而，置身于世界文化体系之林这一宏大文化生态系统，它必然也会遭遇多元文化之普遍性价值即文明的碰撞、吸纳抑或约制。易言之，在普遍联系的现代世界，存在着一个文化的地域性或民族性与文明的世界性或普遍性如何更好地互动互融的严峻课题。

客观而论，对于置身全球化时代的人们而言，之于沉浸其中的本族本域的文化，所抱持的应当是基于自知的自信、自省以及由此产生的开放态度和融通四海的情怀，在坚守自身文化主体性的前提之下，将文化自觉与文明自觉有机结合起来，而非有所偏废，立于一极，排斥异己。[①] 只有把文化自觉与文化自省相统合，才能获取敢于和善于省思的不竭动能，以便在学理上检视民族文化传统之优劣，去伪存真，去粗取精，从而在具体文化经验之中去发现、提炼与别样文化足可会通的普遍性法则。费孝通先生在晚年曾提出著名的"全球社会"理念，强调在全球化过程中，不同的文明之间如何共生，特别是世界体系中的中心和边缘以及边缘中的中心与边缘的对话，越来越成为人类学所关注的重要领域。[②] 而"文明间对话"的基础，需建立以"和而不同"

① 此种文化观念实乃文化本质主义，即认为每个民族的命运均取决于这个民族自身的文化和宗教的观念。梁展：《东方不是东方，西方不是西方》，《中华读书报》2020 年 1 月 15 日，第 13 版。

② 费孝通：《创建一个和而不同的全球社会——在国际人类学与民族学联合会中期会议上的主旨发言》，《思想战线》2001 年第 6 期。

"美美与共"为核心理念的人类共生的"心态秩序"。①

以"和而不同"为核心理念的文化自觉，与以"美美与共"为核心理念的文明自觉，让我们抬头展望与察知世界文明及其大势，以之回观与省思本民族的文化，并在与他者文化和人类普遍性文明的比较中识见自身的优长及差距，进而或急起直追，或取长补短；而非陷于文化优越性之相对主义的自我满足与陶醉状态，以"祛普遍性"的自足自闭心态，盲目沉醉而不得自拔。在当下，就建设与传扬而言，中国文化所稀缺待补的是如下两个方面。一方面是谦逊的自我省思态度和精神："我们的文化对真理的追求相当弱，对自然的好奇整体上也是相当差。不仅以前差，现在恐怕还是不能盲目乐观。对真理和自然的态度成为文化传统的重要短板，今天可能不仅影响我们的科学技术，而且对我们的社会也有影响。"② 另一方面是因为过于执着于自我特性的彰显，而相对忽视了对自身所内蕴的普遍性原则的发掘与阐发。作为原发性文化，中华文化不乏超越民族界域的普遍性理念和价值，如尊重事物运行规律的"天道观"，"无为而治"的社会观，"己所不欲，勿施于人"的人道观，兼相爱交相利的"兼爱观"等，亟待进一步弘扬与创造性转化，以助益人类共同文明超验性客观准则的进一步凝练。③ 正因如此，在强调中华文化之独特性

---

① 麻国庆：《全球社会与 21 世纪海上丝绸之路》，《广西民族大学学报》2015 年第 5 期。

② 饶毅：《对真理和自然的态度，才是中国未来最大的挑战》，https：//www.163. com/dy/article/HFE4SEQJ055358JA. html，2024 年 5 月 20 日。

③ 黄玉顺认为，"人类文明共同体"所指的"人类文明"，应当是面向未来的单数的人类共同文明建构。既不能是某种既有的单一文明传统成为人类共同文明，也不能仅仅是从既有的诸多文明传统中抽绎出不同文明间的共性，而只能是通过综合创造，建构一种新型的人类文明（黄玉顺：《人类共同文明的建构——关于儒学与人类文明共同体的思考》，《儒学评论》2019 年第 13 辑）。此一新型人类文明构想的难题在于，以人类理性的有限性，如何有可能去建构一种不同于既往的新型人类文明？"道的学说颇有些神秘主义的味道，其称万物虽众，但却同道，如果能遵循道，那就天下无争了。"

的同时，勿忘其作为"轴心文化"之一种而承担的推扬普遍性价值的神圣使命。①

与之相应，亟待明晰的一个重大理论问题，是对于自我文化的主体性的欣赏与强调，不能以文化现代化进程的迟滞为代价，否则便陷于"独特性膜拜"，孤芳自赏而不自知，最终脱离开万川终究归一的人类文明演进大潮。置身全球化时代，追求更加美好的现代生活，是不分种族的人们的共同本性。而这个带有现代性色彩的"更加美好的生活"，则不限于物质层面的丰裕，更包括以之为基础的现代性制度文明与价值理念的型塑。在现代化的初始阶段，也许人们更加着意于物质文明的追求和满足；一旦这种追求达至由物质转向精神的临界点，对了现代性制度文明与精神文化的追求，便提上日程。而且，只有当人们拥有了现代思想观念及其制度性形态——规则与契约，现代化的成果方可不因社会政治环境的变动而有所遗失。

在这里，文化的现代化，实则体现于三个递进性层面：物质、观念与制度。首先，物质现代化因为具有基础性、功用性和易满足性特征，而被率先发动与实现；其次，人们以物质现代化作跳板，进而谋取精神或曰思想观念层面的现代化；最后，则是追求现代性思想观念的"物化转换"——制度规则的现代化，以使现代化观念成果得到持续性凝练与固化，不至于因环境变化而流失。如此三个层面的分步划分，只是因于表述的便利。就文化现代化的实际进程而言，三者之间并不存在如此分明的界限，而往往是交叠递进、互为促动的。

"历史者，叙述人群进化之现象，而求得其公理公例者

---

① 黄裕生：《论华夏文化的本原性及其普遍主义精神》，《探索与争鸣》2016年第1期。

也。"① 以事关人类命运与前途的"文明的普遍性"主张检视当下中国传统文化现代化的进程，可以从一个侧面说明，我们之于传统文化的继承，究当如何取舍。毫无疑问，传统文化作为一种文化系统，以及历经数千年层累而成的精神成果的杂糅，不免良莠并存。尤其是当我们立足于不乏现代性的时下，倡导对于传统文化的继承与弘扬，就必须以时代性和普遍性眼光予传统文化以回观与研判，对其所内含的成分进行细致的甄别，进而剔除那些经过时代检验陈旧过时的糟粕，保留与弘扬那些超越时空条件限制而带有普遍性价值的因子——这些要素，正是传统文化的精华即它的文明内核之所在；甚而至于，它们不仅是中华民族优秀传统文化的有机构成，更可为人类所共享。就此而言，我们所说的对于传统文化的继承与弘扬，实质上是对于传统文化的超验之文明因子的继承与弘扬，而非对于传统文化的整体性继承与弘扬，更不是盲目回归传统。由此，我们也就相应地找寻到了判定传统文化诸构成部分之优劣的衡量标准——是否具有超越时空条件限制的超验性普遍性价值。

其实，当下中国文化的体系结构及总体风貌，已经大不同于相对单纯的传统文化，而是百余年来古今中西交汇碰撞而成的一个现实果实。换言之，它本身就是传统中国文化或主动或被动地与外部文化相交融的产物。只是，这一交融过程，并非自然历史进程，内中不乏理性与感性相交杂的主观性选择。

五、 结语： 以人类命运共同体之共识性价值观检视文化与文明

当今世界历史，并非如亨廷顿所谓，进入了一个新阶段，从

---

① 梁启超：《新史学》，《梁启超经典文存》，上海：上海大学出版社，2003年，第208页。

此，意识形态不再重要；亦非福山所做自由民主制度是"人类意识形态发展的终点"，因而"历史终结"的判断。① 历史自身"路径依赖"的惰性，使得它仍会在既往的轨道上蹒跚，只是表现形式不同于既往而已。

正如国家主席习近平在第七十届联合国大会上所指："和平、发展、公平、正义、民主、自由，是全人类的共同价值，也是联合国的崇高目标。目标远未完成，我们仍须努力。当今世界，各国相互依存、休戚与共。我们要继承和弘扬联合国宪章的宗旨和原则，构建以合作共赢为核心的新型国际关系，打造人类命运共同体。"② 在倡扬人类命运共同体建构的全球化时代，宜秉持共识性价值观，以共性为前提看待个性，以普遍性为前提看待特殊性，以全球性知识为前提看待"地方性知识"。质言之，即以超验性共同文明作为看待全球各不同之文化共同体的逻辑基点，以普遍性文明看世界，而非以地方性文化观世象。③ 否则，人类命运共同体的建构便失却共识性价值基础和超验性客观准则，而成空中楼阁。此正如罗尔斯所谓："如果说人们对自己利益的爱好使他们必然相互提防，那么他们共同的正义感又使他们牢固的合作成为可能。在目标互异的个人中间，一种共有的正义观建立起公民友谊的纽带，对正义的普遍欲望限制着对其他目标的追逐。我们可以认为，一种公共的正义观构成了一个良序的人类联合体的基本宪章。"④

由此而论，以人类命运共同体之共识性价值观检视文化与文

---

① 弗兰西斯·福山：《历史的终结及最后之人》，黄胜强、许铭原译，北京：中国社会科学出版社，2003 年，"代序"，第 1 页。

② 《习近平出席第七十届联合国大会一般性辩论并发表重要讲话》，http：//cpc. people. com. cn/n/2015/0929/c64094 - 27644978. html，2024 年 4 月 20 日。

③ 刘京希：《以"人类命运共同体"价值观看本土话语体系建构》，《求是学刊》2019 年第 5 期。

④ 约翰·罗尔斯：《正义论（修订版）》，何怀宏等译，北京：中国社会科学出版社，2009 年，第 4 页。

明，也便成为全球化时代的必然逻辑选择。立足于人类命运共同体建构之视域，以共识性价值观省察之，文明并非无源之水，它经由对不同文化所潜含之文明因子的理性选择和抽绎而来，凝练而成超越个体与族群之主观意志的客观准则，彰显着人类不同文化共同体的竞合关系。相较于文化的地域性特征，文明犹如一个数学公理之于每一道具体题解，是公律性的、普遍适用的价值理念与行为规则，因而是可通约的"道"。① 道的学说颇有些神秘主义的味道，他们称万物虽众，但却同道，如果能遵循道，那就天下无争了。② 在这里，"道"即是全球化时代人类文明不约而同地在社会实践之中所经验与提炼而成的共有价值准则。换言之，基于直觉经验与实践理性之异彩纷呈的文化样态是人类文明共同的源泉，人类文明乃对于多彩文化的更高层次的本质性抽象与结晶，它始缘于人类不同族群之间善意的竞争与合作。③ 故此，任一文化形态不应因其特殊性便陷于"阿米巴真理"而自足自封，而应经由谦逊的外向寻求的理性学习过程，在多样态文化间的互鉴互融中不断进行目的性演进，增进自身的共通性文明质素，生发而成为具有扩展价值的伦理规范和文明秩序，以为全

---

① 罗尔斯有关"正义"作为人类行为通则和宪章的文明观阐述，可做一证："一个社会，当它不仅旨在推进它的成员的利益，而也有效地受着一宗公共的正义观调节时，它就是一个良序（well ordered）的社会。亦即，它是一个这样的社会，在那里，（1）每个人都接受、也知道别人接受同样的原则；（2）基本的社会制度普遍地满足、也普遍为人所知地满足这些原则。在这种情况下，尽管人们可能相互提出过分的要求，它们总还承认一种共同的观点，他们的要求可以按照这种观点来裁定。如果说人们对自己利益的爱好使他们必然相互提防，那么他们共同的正义感又使他们牢固的合作成为可能。在目标互异的个人中间，一种共有的正义观建立起公民友谊的纽带，对正义的普遍欲望限制着对其他目标的追逐。我们可以认为，一种公共的正义观构成了一个良序的人类联合体的基本宪章。"参见罗尔斯：《正义论（修订版）》，第4页。

② 罗素：《中国问题》，上海：学林出版社，1996年，第149页。

③ 作为人类共同文明的普遍性成果，1948年12月10日，联合国大会通过第217A（Ⅱ）号决议并颁布的《世界人权宣言》，便是兼顾与吸纳西方思想以外的多彩思想文化，包括儒家思想文化资源的结晶。它的诞生过程，形象地呈现了人类共同文明源自多元文化，进而规训多元文化共同体的文明本质。

球化时代的人类命运共同体建构贡献自己的力量。①

　　在当下时代，对处于相对弱势地位的诸文化共同体及其形态而言，面对西方中心主义这一既存结构，现实的恰当做法不是先忙着"去中心化"，因为即便在理论上解构了它，事实却仍然存在——只在理论上回避与抵制并非妙招，"中心"不会因为纸面上的否定而在现实生活世界自行消解。更为可取的做法是，在观念上，宜将普遍主义价值与它的传播方式和途径区别开来。简而言之，不能把西方的殖民扩张、征服、霸凌行为与普遍主义价值混同而一起否定；与之相反，"拎出婴儿再把洗澡水倒掉"才是更为得当的做法。在人类命运共同体建构过程之中，既要否弃西方文化的非道德性内容，又要对其所生产的普遍主义价值予以汲取，使之转化而为全人类共同追求与实现的美好价值，方为更加理性的选择。与之相应，由经验性文化而生发的超验式普遍性文明，其价值准则并非一成不变，而是在持续性稳态发展之中体现出充分的时代性，伴随着人类多样性文化的繁荣而进步。也因此，普遍性文明的使命在于不断地返身改造与提升特殊性文化，剔除其愚昧落后甚至野蛮的成分，进而为其植入更多带有通约性价值的理念内涵，以为文化的发展确立符合文明趋向的普遍性道路。只是，作为人类普遍性经验结晶的超验文明，在其走向或走进不同类型的文化也即面向不同族群进行传扬的过程中，也应放低"身段"和姿态，主动寻求融入不同族群的文化传统，置身于具体的文化情境，尊重不同族群的历史传统和经验，以民族文化的或本土化的方式，谋求普遍性价值和公理的落地与扩展。此即谓：只有民族的，才是世界的。在这里，个性化与多样性的文化存在是普遍性文明赖以孕生的源泉，普遍性文明又是个性化与

---

　　① "阿米巴"（Amoeba）在拉丁语中是单个原生体的意思，属原生动物变形虫科，虫体赤裸而柔软，其身体可以向各个方向伸出伪足，使形体变化不定，故而得名"变形虫"。"阿米巴真理"即借喻变形虫因时因地而变幻不定之义。

多样性文化进一步发展的内在价值指向。此乃本文所秉持之文化与文明的"双重自觉"，其内涵即个性化与共通性之互生共存、特殊性与普遍性之有机统一。当然，它以对于普遍理性的坚守为基础。质言之，文化为用，文明为本。需要引起我们警惕的是，在整个世界仍处于民族国家时代、文化与文明之间不乏张力的今天，超越民族界限的人类文明的普遍理性或普遍性价值正遭遇日益高涨的民族主义、民粹主义、技术主义乃至价值虚无主义思潮的强力对冲，全球多元文化发展正面临日益失去本质性共同价值基础的危境。在此背景之下，人类命运共同体的建构以及以之为前提的人类共同文明的演进，更见其弥足珍贵！

原文载《四川大学学报（哲学社会科学版）》2024 年第 4 期

"全球" 的局限： 论理论和诗学的关系

〔英〕 加林·提哈洛夫 撰 李采真 译①

一、 引言

从很多方面来看，本文都是对曹顺庆教授在跨文化比较文学领域所做重要工作的致敬。在此，笔者特别想到了曹教授的著作《比较文学变异学》（2013），在这部作品第五章的内容中，他对跨文明比较的可能性和局限进行了深入的思考。受到曹教授和其他西方及中国比较文学学者研究的启发，笔者将在下文更深入地探讨世界文学和文学理论之间的关系，以及理论和诗学之间的关系。笔者认为，去同义化有助于理解后两者的关系，也能够认识到形态不同、功能各异的文化区域的存在，而对此进行的分析则涉及一种现有西方理论可能并不具备的概念工具。②

"世界文学"作为一个具有反思性和研究性的领域，其诞生与学术性的文学研究关系不大。事实上，在 21 世纪这一话语开始获得正式的学术地位和知名度前，其起源可以追溯到 18 世纪，

---

① 作者简介：加林·提哈洛夫（Galin Tihanov），伦敦玛丽女王大学乔治·斯坦纳比较文学教授、英国科学院院士。

译者简介：李采真，四川大学艺术学院助理研究员、文学与新闻学院在站博士后。

② 在接下来的内容中，我借鉴并进一步扩展了我在《劳特利奇世界文学指南》（Theo D'haen, et al., eds., *The Routledge Companion to World Literature*, London and New York：Routledge，2023）第二版中的世界文学和文学理论章节中的观点。

那时的研究工作大多在大学之外进行，或是在主流文学领域之外。"世界文学"的话语（我用首字母大写表明，有别于作为文学文本体系的世界文学①）始于历史学家（施勒策）、律师（威廉·琼斯）和作家（维兰德和歌德）之手。在这一点上，"世界文学"与它的姊妹话语"比较文学"有很大不同。"世界文学"先于"比较文学"，但在19世纪的后三分之一里，"比较文学"有了快速发展的势头，并开始作为一门大学学科运作，这比"世界文学"成为一种被接受文学研究训练的学者所实践的体制化和学术化的专业话语提前了一个多世纪。20世纪的大部分时间里，"世界文学"仍是作家和出版商而非文学学者的关注焦点。② 作家们在整个20世纪继续兼任"世界文学"的评论家角色（其方式最初是以欧洲为中心的），仅举以下的例子就足以说明这点：米哈利·巴比茨和瑟尔伯·昂托，更早一些的泰戈尔和高尔基，随后是瓦勒里，还有今日的村上春树或卡达雷。此外，正如高尔基在1917年十月革命后的几年里所编辑的"世界文学"（"Vsemirnaia literatura"）项目所表明的那样，作家、出版商和译者身处大范围的教育和文化课题的中心，这些课题将"世界文学"作为一种社会改良的工具。

"世界文学"起初主要由作家、出版商、翻译家和散文家所实践和塑造，也深受哲学家、法学家和政治评论家的影响（尤其在18世纪和19世纪），这一事实对"世界文学"有何影响？对此，本文冒昧提出一个临时性的回答。这种在大学围墙之外、

---

① 译注：原文为 World Literature 表示"世界文学"话语，用 world literature 表示作为文学文本体系的世界文学，译文中分别用加引号和不加引号的翻译方式表示二者。

② Ton Van Kalmthout, "Scientification and Popularization in the Historiography of World Literature, 1850–1950: A Dutch Case Study", in Rens Bod, Jaap Maat and Thijs Weststeijn, eds., The Making of the Humanities, Vol. 3: The Modern Humanities, Amsterdam: Amsterdam University Press, 2014, pp. 299–311.

远离文学研究的狭窄专业化领域的特殊历史，加之"世界文学"作为学术话语最终在特定时间点（进入 21 世纪）开始体制化，意味着"世界文学"如今作为一个研究领域，必须比早期就实现学术体制化的比较文学更加自觉和直接地承认并面对其所处的跨学科联系。作为学术领域的"世界文学"必须主动回应人类学、社会学、经济学、发展研究和世界体系研究、传播学及数字人文等领域的发展。"世界文学"话语的体制化发生很晚，此时文学理论的顶峰早已过去，并已进入后理论的氛围中（将在稍后回顾这点），"世界文学"更有可能继续作为一个广泛的领域存在，能够容纳明显不同的方法，而不是寻求通过偏袒某一特定理论视角来强加统一性。在阐述新世纪的"世界文学"这一概念时，王宁教授认为"不存在单一形式的世界文学"，且"评判世界文学的质量固然有其普世性标准，这一标准又常常显示出其不可避免的相对性"。①

若要围绕世界文学和文学理论进行有意义的对话，应该从尝试说明理论的含义开始：这不一定要给理论下定义（德曼曾认为这将是一个注定失败的尝试），而是要限定理论的运作领域。在最近的一篇以《文学理论的诞生与死亡》（2019）一书为基础的文章中，② 笔者试图对理论的两种不同含义和课题进行区分。第一种含义（此处用"理论＊"表示③）将理论视为一个重要但被相对宽泛定义的思想体系，趋于与欧陆哲学的高度重叠。对于"理论＊"有两种主要理解值得一提，它们各以一部开创性

---

① 参见 Wang Ning，"'Weltliteratur'：From a Utopian Imagination to Diversified Forms of World Literatures"，*Neohelicon*，Vol. 38（2011），pp. 296，302.

② Galin Tihanov，"Romanticism's Long Durée：1968 and the Projects of Theory"，*Interventions*，Vol. 23（2021），pp. 463－480.

③ 译注：在论及理论的这一特定含义时，原文使用"首字母大写的理论"进行区别，有"高层理论"（High Theory）之意。译文使用"理论＊"这一译法，以避免混淆。这些区分只有在作者文中特意指出"这里是首字母大写/小写意义上的理论"时才有标注，凡是一般意义的理论作者均未特意标注。

的近期著作为代表。其一是将"理论＊"等同于法国后结构主义，在这一理解中，20世纪60年代的后半段"理论＊"在法国展开，随后在20世纪70年代传入美国。研究过这一迁移过程的弗朗索瓦·库塞曾对"法国理论"（引用他2003年在法国出版的书名，其中法文原版使用英文"French Theory"作为标题，恰恰是为了彰显他有关"理论＊"变革性力量的观点）有过令人信服的书写。① 第二种含义是将"理论＊"等同于辩证法，它被黑格尔细致阐述，这种方法早在中世纪的哲学和文学中就已经出现。② 正如安德鲁·科尔所言，在第二种含义中，"理论＊"允许我们展演一种从哲学内远离哲学的姿态。③

然而，对理论还有另一种理解（用"理论"表示④）。它侧重于一种带有时限性的知识体系和一种轮廓更加分明的领域，即文学或其他艺术：音乐、建筑、戏剧和电影等。在此，本文所指的知识体系是带有时限性的，因为它本身便是一种带有时间限制的相关性制度的产物，这一制度赋予文学（或其他艺术形式）一种自主和自足感，若没有这些，理论性反思所具有的永恒的表象便不会是可能的。

这两种关于理论的含义和课题必须被视为韦伯意义上的"理想类型"，它们之间的区别不过是一种启发式工具。事实上，理论的这两种含义和课题往往相互交织。一个典型的例子便是在20世纪60年代中期的德国知识界，这一认识受到德国人文科学早期发展的影响，倾向于将"理论＊"与辩证法完全重合的理

---

① François Cusset, *French Theory: How Foucault, Derrida, Deleuze, and Co. Transformed the Intellectual Life of the United States*, trans. Jeff Fort with Josephine Berganza and Marlon Jones, Minneapolis: University of Minnesota Press, 2008.

② Maryia Habib, *Hegel and the Foundations of Literary Theory*, Cambridge: Cambridge University Press, 2018.

③ Andrew Cole, *The Birth of Theory*, Chicago: University of Chicago Press, 2014.

④ 译注：原文使用"首字母小写的理论"区分这一更贴近一般性理解的含义，译文中使用"理论"表示。见前译注。

解，其在如今仍被称为"批判理论"的遗产那里依然非常活跃。"批判理论"这一思想课题始于 20 世纪 20 年代，到 20 世纪 50 年代末已经颇具影响力，主要是在 20 世纪 30 年代被迫离开德国的一些犹太裔哲学家和社会学家的流亡作品中形成的。对"理论 *"的另一种（在许多方面与前者是相互竞争的）理解从诠释学当中（因此也主要从德国国内的哲学传统当中）寻找灵感。因此，在很大程度上，在汉斯－格奥尔格·伽达默尔实践的版本中，诠释学与辩证法相结合。对于伽达默尔在 1960 年出版的巨著《真理与方法》中所展示的微妙的中介姿态而言，黑格尔无疑是十分重要的。有必要强调的一点是，在德国的语境中，"理论 *"和"理论"是在哲学诠释学和文学诠释学的领域相遇，并在后来的对话中发展出接受理论的（这可以说是 20 世纪 60 年代中后期至 20 世纪 70 年代初德国对文学理论唯一的原创性贡献）。特别值得一提的是 1963 年在吉森成立的"诗学与诠释学"研究小组，该小组后来以人文领域的重要学者为中心，其中多位学者来自康斯坦茨大学（见拉赫曼著作）。①

二、 世界文学与对理论的抵制

"世界文学"作为一种学术话语的兴起（它现已超越学术的高墙，渗透到传媒和出版业），是在一种新式的抵制"理论 *"的语境下发生的，并对其有促进作用（在此调用保罗·德曼 1982 年的同名文章《对理论的抵制》，仅是为了激发我们思考"世界文学"在这一新的、对"理论 *"的知识论质疑态度中扮演的角色）。近年来，人文学科领域中抵制"理论 *"的情绪日益高涨，这与全球转向新的知识生产体制有着密切的关系，这种

---

① Renate Lachmann, "Poetics and Hermeneutics (Poetik und Hermeneutik)", in Marina Grishakova and Silvi Salupere, eds., *Theoretical Schools and Circles in the Twentieth-Century Humanities*, New York: Routledge, 2015, pp. 216 - 234.

体制摒弃了西方几个世纪以来一直推崇的非具身的思维方式。我们不可避免地卷入了一场参与式知识的运动中，其中参与者的实际处境和自身利益发挥着非常重要的作用。我们不再试图掩盖而是乐于强调和促进这种作用，并突出这种新的认知模式的合法性。这种模式是实用的，而不是非具身和推断的，特别是在社会科学领域。① 此外，我们还应考虑到新媒体的巨大影响力，它们改变了我们对真理和权威的观念，并强化了日益以自我为中心的经验式探究模式。因此，我们无暇顾及以有约束力的理性和抽象方式提炼出来的规范和标准。

当谈到具体的文学理论（首字母小写的"理论"），我们完全有理由以一种能够妥善处理上文所描述的一系列特定因素的术语，再次申明和重新阐述其消亡。文学理论之所以不能再以20世纪80年代末之前那种集中和自足的形式存在，主要是因为文学本身已经转变为一种不同的相关性体制。文学不再是通过"理论抽象"和"超脱"进行思考的对象，但矛盾的是，它通过重现不言自明的（主要是欧洲的，有时是美国的，几乎从不是非西方的）文学经典来确保其地位，其中，一些文学经典可以通过人的记忆或其他制度性的重现方式随时获取。相反，文学被再次公开地工具化，这一横跨整个政治归属和文明认同谱系的实用主义立场重新定义了我们对待文学的态度。事实上，今日的文学似乎主要服务于三大功能，它们都与实用主义有关，并以生产某种使用价值为导向。今日的文学要么被用来阐明重要的社会和文化进程，要么就被用来阐述道德困境（发挥一种准认知功能），要么作为自我疗愈的工具，要么作为个人和集体身份斗争

---

① David A. Kolb, *Experiential Learning*, Englewood Cliffs: Prentice-Hall, 1984; 亦见 Theodore R. Schatzki, K. Knorr-Cetina, and Eike von Savigny, eds., *The Practice Turn in Contemporary Theory*, London and New York: Routledge, 2001; Jean Comaroff and John L. Comaroff, *Theory from the South: Or, How Euro-America Is Evolving Toward Africa*, Boulder and London: Paradigm Publishers, 2012.

的工具。

在此背景下，我们不妨回顾一下威廉·詹姆士和美国实用主义的重要教训：真理是无法通过客观的沉思或理论化程序进行论证或提炼的，因为真理永远与我们如何使用事物以及达到何种目的密不可分。在其存在的七十多年里，文学理论一直被一种疏离和超脱的观念支撑（这种态度最终维护了文学宝贵的自主性），这一支撑同时来自对共同文化遗产的热爱所带来的确定性，但它在这种新的体制面前崩溃了。这一新体制重新强调了文学的重要性，使其不再局限于美学或文学特征，不再以脱离现实和保持距离的主人翁姿态出现，而是进入了一个积极主动的私人和公共使用领域。但同样重要的是，这一新体制将文学置于一个充满不确定性和争议的、异质性极强的文化景观的竞技场中。"世界文学"作为一个领域的兴起（包括在教学层面考察世界文学全貌的那些课程）在这一过程中发挥了重要作用。①"世界文学"研究不仅将我们对文学的认识扩展到西方中心主义的舒适区之外，而且还凸显了西方文学经典以及西方文学框架和方法的临时性、权力影响和偶然性。

在此节点上，理论表面上的非具身性和客观性需要被进一步阐释。这种阐释需要既适用于首字母小写的"理论"（如文学理论），又适用于首字母大写的"理论＊"（主要与 20 世纪欧陆哲学重合）。作为西方现代性课题的理论，始终以坚信非具身性思维的可能性为基础；正是由于其非具身性，这种思维具有普世化意图，进而与各种扩张主义和殖民主义课题结成罪恶同盟。现代批判全球主义和普世主义概念的先驱者尼古拉·特鲁别茨柯伊在《欧洲与人类》（1920 年于流亡中在索菲亚首次出版）一书中传

① Vilashini Cooppan, "World Literature and Global Theory: Comparative Literature for the New Millennium", *Symplokē*, Vol. 9（2001）, pp. 15 - 43.

递了一个非常明确的信息：这种非具身性终究是虚幻的，这些概念不仅暴露了它们的西方起源，也暴露了西方对文化统治的野心。① 然而，理论的发展一直受到这一盲点的驱使：直到最近，其普世性的主张之所以可能，是因为它在历史上一直免于反思自身（西方）处境和嵌入性的必要性。

这种非具身性和普世化的思维一部分体现在黑格尔现象学中，而另一部分则体现在俄国形式主义者的作品中。形式主义者们确信他们所反思的材料具有普世的意义和适用性。因此，他们并没有想到，要认真地用其他文化背景下的写作样本来检验他们的假设，阿拉伯文学、中国文学、梵语或印地语文学在很大程度上被排除出他们的文学殿堂，同时代的年轻学者、初露头角的东方学家亚历山大·霍洛多维奇（当时正在彼得格勒攻读博士学位）对此提出了正确的批评。这位未来的朝鲜学者向形式主义者发问：鉴于他们分析依据的材料几乎都是西方的（欧洲文学，也有少量美国文学），又怎么能声称他们的理论见解具有普遍的适用性呢？俄国理论史学家一直忽视了针对俄国形式主义的这一系列反对意见，但相比苏联马克思主义所提出的标准意识形态指控，这些反对意见更为重要、更富成效，也更难以反驳。②

俄国形式主义对欧洲作品的偏好是其文学理论研究的基础，在 20 世纪 20 年代至 90 年代间，这一偏好在所有现代文学理论主要思潮和流派中一再重现：当文学理论以其纯粹和自给的形式

---

① Nikolai Sergeevich Trubetzkoy, "Europe and Mankind", in *Trubetzkoy*, *The Legacy of Genghis Khan and Other Essays on Russia's Identity*, ed. and trans. Anatoly Liberman, Ann Arbor: Michigan Slavic Publications, 1991, pp. 1 - 64.

② Galin Tihanov, "On the Significance of Historical Poetics: In Lieu of a Foreword", *Poetics Today*, Vol. 38 (2017), pp. 417 - 28. 对于苏联的俄国形式主义非马克思主义式的回应，见 Galn Tihanov, "Notes from the Underground, or: Why and How Was Non-Marxist Theory Resisted by Non-Marxists in a Totalitarian Society", in B. Kohlmann and I. Perica, eds., *The Political Uses of Literature: Global Perspectives and Theoretical Approaches*, *1920 - 2020*, New York: Bloomsbury Academic, 2024, pp. 150 - 160.

存在时，不论是在西方还是西方之外，它一直都是关于以欧洲语言写成的作品的理论。作为一个文学文本和制度的网络，也作为一个研究领域，我们对"世界文学"的现代理解（尽管可能存在争议），是在 20 世纪 80 年代起形成的新的后理论体系当中成为可能并得到认可的，而这种新的后理论体系在 20 世纪 90 年代已经显现；正是在现代文学理论的废墟下，一种关于文学的新思维才应运而生，这种新思维决心对文学进行反思，摆脱对西方语言写作经典的狭隘关注为文学理论强加的概念束缚。在这里，俄国形式主义对于文学性可被移植的理解，与"世界文学"早期在翻译中进行阅读和阐释的方法论辩护，二者之间存在着重要的连续性。①

　　21 世纪初，人们对"世界文学"的兴趣逐渐增强，并开始在学术项目、选集、专著丛书和会议中获得机构支持，这也反映了前所未有的移民潮所带来的新现实。移民将流动性置于大众体验的框架中，为我们提供了一个非常不同的视角来看待西方与众多强大的文化区域的相遇。在这些文化区域中，文学在数百年间以不同的方式运作，并使用一种与理论不同的方法论工具（即诗学而非理论本身）进行思考。如果我们看看什克洛夫斯基、雅各布森、特鲁别茨柯伊、卢卡奇、流亡伊斯坦布尔的奥尔巴赫（阿塔图尔克正在那里倡导亲西方的文化改革）的经历，甚至是后来的托多洛夫和克莉斯蒂娃（在那里，流亡与移民之间的界限变得更加模糊），就会发现他们对于流动的经历无疑也是一种

---

① Galin Tihanov, "World Literature, War, Revolution: The Significance of Viktor Shklovskii's A Sentimental Journey", in Andy Byford, Connor Doak, and Stephen Hutchings, eds., *Transnational Russian Studies*, Liverpool: Liverpool University Press, 2020, pp. 112 - 126, esp. 118 - 121; 亦见 Galin Tihanov, "World Literature in the Soviet Union: Infrastructure and Ideological Horizons", in G. Tihanov, A. Lounsbery and R. Djagalov, eds., *World Literature in the Soviet Union*, Boston: Academic Studies Press, 2023, pp. 1 - 23.

遭遇他者的经历，但这仍然发生在西方（欧洲和北美）相对单一的文化环境中。① 今天，大规模移民的现实令我们面临完全不同的经历。据联合国统计，目前全球移民和难民的数量已接近8000 万人；我们可以想象一个人口规模相当于德国或土耳其的国家，摆脱了束缚，开始迁移和分散（有时甚至是被迫的），并形成了广阔而不稳定的接触带，成为文化流动性和异质性的集合体。

因此，大规模移民是另一个促成因素，让人们清醒地认识到西方审美和文化经验及欧洲（或西方）文学经典的局限性。自20 世纪 60 年代以来，我们见证了西方经典所谓普世性的逐渐丧失；文学理论的危机和长期解体与西方经典的危机不谋而合，这并非偶然，后者在 20 世纪 80 年代中期就已经非常明显。在失去了其西方实证性基础的公理地位之后，理论（文学理论、社会学理论、人类学理论、历史学理论）遭遇了一个缓冲期，对于概念上无法被非具身性思维框架所定义的那些现象，理论对它们的识别和思考达到了自身有效性的极限。引用改进过的阿多诺和霍克海默的说法，全球化的辩证法是当前抵制理论的一个强大因素。全球化开辟了一个空间，超越了它最初带来的拉平差距、将差异商品化的效果，以欣赏高度复杂的文化构成。在这其中，欧洲和美国历史进程中形成的模式和典范并不具有强制性或普世

① 这里需要补充的是，奥尔巴赫认为这些亲西方文化改革过于迅速和不合适，它们把土耳其文化推向了"无足轻重"的地位，并且与世界其他地方一样，引领了一种令人遗憾的"世界语文化"（Esperantokultur）。此外，奥尔巴赫有一种本质化土耳其人和土耳其文化的明确倾向，这一倾向在爱德华·萨义德和他的追随者那里应当会引起不适；奥尔巴赫因此称安纳托利亚的土耳其人为"习惯了奴隶制、吃苦但工作缓慢的劳工"（gewohnt an Sklaverei und harte，aber langsame Arbeit）。参见他在1937 年 1 月 3 日写给瓦尔特·本雅明的信（Eric Auerbach, *Die Narbe des Odysseus. Horizonte der Weltliteratur*, ed. Matthias Bormuth, Berlin: Berenberg, 2017, pp. 130 - 134, 此处来自 p. 132）；在同一页上，他用一系列的负面特征将安纳托利亚的土耳其人与南欧人进行比较，但最终声称他们"容易忍耐且富有活力"（aber doch wohl gut zu leiden und mit viel Lebenskräften）。

性。简而言之，自 20 世纪 90 年代以来，尤其是进入 21 世纪后，我们一直生活在前所未有的（有形的，但同时很重要也是虚拟的）流动性之中。这种流动性让我们认识到，建立在西方文化遗产之上并繁荣发展的理论，其本质上是相当有局限和有条件制约的。理论在某种程度上深情地忠诚于这一遗产的丰富性，但自始至终都带有一种令人不安的天真。"世界文学"以其强大的（尽管并不总是具有结论性或一致性）超越西方中心主义的举动，已经将这一天真性暴露无遗。

三、（文学）理论作为一个西方产物：理论和诗学的对照

这正是过去几十年来理论（包括大写的"理论＊"和小写的"理论"）受到抵制的原因。参与性知识的增长以及强大的文化地图重绘，使得西方经典（哲学、文学、艺术、社会和政治思想）的约束力大大降低，二者均助长了对理论的怀疑态度。"世界理论"从来就不可能，因为我们虽然共处一个世界，它却不是一个统一体；相反，世界一直是一个由相互角逐的力量组成的力场，这些力量塑造了它的诸多组成部分，而我们无法将其依序排成一个无缝衔接的整体。那种认为"世界理论"的碎片可以被拼复成形、还原其往昔的完整性的善良误解应该退居其次，并认识到这项任务徒劳无功；它应该让位于对非西方文化区域提出命题的仔细研究。这并不是因为它们奇特、有些许异国情调，或是令人耳目一新的边缘性命题，而是因为它们为文学（包括世界文学）以及哲学、政治理论和其他领域提供了一种另类的思考模式。

在西方传统之外，文学理论并不是文学进行反思的主要方式。从历史上看，在其他同样强大的地区（中国和中东就是很好的例子），对理论的大量需求直到最近才出现（自 20 世纪 90

年代以来，理论在中国的学者及文学和文化批评者之间变得极为流行）。① 相反，文学在这些地方是通过同样具有启发性的诗学棱镜来进行反思的——这无疑是一个截然不同的角度［本文倾向于不同意雷瓦蒂·克里什纳斯瓦米（Revathi Krishnaswamy）和帕特里克·霍根（Patrick Hogan）的观点，二人强烈呼吁我们增进对非西方文学方法的了解，这值得欢迎，但他们同时将"理论"和"诗学"等同，并认为二者是可以互换的］。② 文学理论的特殊性在于，因为它是文学与国家及其机构、宗教以及其他重要社会因素之间的一种特定历史协商的产物，只有当它与这些更大范围的解放运动相结合时（有时又是在其无形的阴影之下），文学理论才会成为对文学进行反思的一种特定方式。这种协商（也可以说是解放斗争）在西方发生的方式直到最近才在中国或中东出现。即便在这些地方发生后，它的结果也不如在西方明确，而是更为谨慎。长期以来，中国和中东一直是成熟完善的诗学繁荣发展的文化区域（它对这些文化的影响经久不衰），但在欧洲（包括俄罗斯）意义上的文学理论中并没有占据重要的地位。

上述内容主要讨论了文学理论和诗学对于文学在社会中的地位和作用的两种不同观点。文学理论运作的前提是，文学已经发展成为一种自主自足的话语体系（文学理论本质上关注的是文学的这种新的、根本性的状态，即其自主性）。然而，诗学的观点则有不同，它认为文学作品始终是自足的，它是一种自我调节的产物，是按照某些固有的完美准则制造出来的艺术品。因此，

---

① Wang Ning, "French Theories in China and the Chinese Theoretical (Re) Construction", *Modern Language Quarterly*, Vol. 79, No. 3 (2018), pp. 249 – 267.

② Revathi Krishnaswamy, "Toward World Literature Knowledges: Theory in the Age of Globalisation", *Comparative Literature*, Vol. 62 (2010), pp. 399 – 419; Patrick Hogan, "Ethnocentrism and the Very Idea of Literary Theory", *College Literature*, Vol. 23 (1996), pp. 1 – 14.

只要作品符合工艺的内在要求，诗学就将其视为完整的、存在的，并认为它与更大的社会、政治和宗教领域是并存的，而不是与它们直接接触或是对它们形成挑战。从诗学的视角看，文本成为一种修辞上有效的沟通或说服手段，但这只是其作为艺术品被正确制造出来的副产品。因此，诗学将文学描述为这样一种写作体系：文学从来没有主动地与国家及其体制、宗教及其基础架构等发生直接作用，关键是也没有反抗它们。

通过对比可说明这一点。在柏拉图的《理想国》（尤其是第十卷）当中，诗人被认为是潜在的危险人物，而将他驱逐出城邦被认为是合适的。从很早开始，这种观点就将文学与国家、文学与政治，最终是文学与城邦及其集体事业（不论是道德的还是政治的，在很久以后又往往被披上国家的外衣）之间的关系塑造为一种深刻的对立关系（索福克勒斯的《安提戈涅》即是一个典型的例子）；这种对立关系作为其特征性的主题，在整个西方写作史中不断重现，这与孔子对文学在社会和国家中地位的理解大相径庭。在与柏拉图作品大致同时代的《论语》中，孔子说："诗，可以兴，可以观，可以群，可以怨，迩之事父，远之事君。"① 二者的区别再明显不过了：诗歌是处理积怨的一种手段，也是在家庭和国家之中展现权威的一种手段；诗歌的目的是融入国家，而不是与其形成对立关系。

在中国，诗歌与国家的这种结合通过科举制得以制度化，而古典诗歌在公元 7 世纪就成为科举制度的一部分，并一直延续到 1905 年。这一制度的目的不是质疑传统，更不是灌输一种自主意识，而是通过培养正确的治理技能（以及根据古典诗学的规范进行诗歌创作的技能）来维护国家的统治。在中国众多的文

---

① Confucius, Analects, Yang Huo chapter, Chinese Text Project, https：// ctext. org/analects/yang - huo.

学论著中，《文心雕龙》能在中国获得经典地位可能并非偶然，而且不仅仅是因为它的儒家基调（这大概可以与其更深层的佛学根基相媲美），或是因为它结合了描述性诗学、规范性诗学与美学及对创作活动的思考，最重要的是，它忠于经典且对文学有着一种更为广泛的理解，它强调文学从属于更大的道德（和宇宙论意义上的）世界，并规避了写作的纯艺术指向。因此，被欧洲浪漫主义凸显的想象力和独创性（这是反抗文学从属地位的源泉，也是自主观念的基石）在中国并不被视为必须具备的品质。① 莎士比亚被浪漫主义者重新塑造为不规则性、野性、创造性和创新性的典范（而非他常被指责连续剽窃和重复利用情节的事实）。② 而在中国，古典诗歌及其诗歌美学则被过分地尊崇，它所带来的规律性的、悦人的和具有约束力的模式长久地留存了下来。即使在过渡到现代中文写作之后，这种情况依然存在。③ 第一首现代汉语诗歌出现于 1917 年，这本身就是一场革命，虽然其原因与同年在相隔万里的彼得格勒爆发的那场革命截然不同。相反，在西欧出现了或长或短（但不是持续的主流）的遵循古典诗歌美学规则的浪潮，但这些浪潮在 17 世纪末就基本结束了。

　　同样重要的是文学与宗教之间在定位上的根本不同。在中

---

① Victor H. Mair, "Buddhism in The Literary Mind and Ornate Rhetoric", in Zong - qi Cai, ed., *A Chinese Literary Mind: Culture, Creativity, and Rhetoric in Wenxin Diaolong*, Stanford: Stanford University Press, 2001, pp. 63 - 81.

② 南森·席文向我们展示过，宇宙学遍布中国的科学，其中科学和迷信在很长一段时间里是共存的。根据席文的说法，中国科学"没有心灵和肉体、主观和客观的二分法"。（Nathan Sivin, "Why the Scientific Revolution Did Not Take Place in China- or Didn't It?", 2005, https://ccat.sas.upenn.edu/~nsivin/scirev.pdf, accessed 15 December 2023；席文修改后的同名文章，首次出版于 1982 年，见 *Chinese Science*, Vol. 5, pp. 45 - 66）。需要补充的是，这两者当中的后一种二分法直到 20 世纪 60 年代仍是西方文学理论的运作基础。

③ Michelle Yeh, "Why Modern Chinese Poetry? Challenges and Opportunities", *International Comparative Literature*, Vol. 3 (2020), pp. 211 - 222, esp. 217 - 218.

东，诗学对理论的统治与《古兰经》的主旨在内容上不得变更这一共识有关；这一主旨只能以不同的诗歌形式呈现，个人的发明和独创性只有投射到传统这一幕布之上才能得到认可，而传统有着既定的体裁、韵律、传统意象、修辞和创作手段等。在中国历史上，文学并没有像西方那样出现需要通过抵抗宗教以宣称自己领地的状况，这一状况在西方逐渐构成了一种世俗化的姿态（同时包含犹太教与基督教遗产继续发挥的残余影响）。在中国，宗教的架构使得文学无法进行如此激烈的反击；从某种意义上说，几乎没有什么可以反击的：既没有经文本身，也没有教会来守护经文的圣洁。正如杜德桥所论证的那样，儒、释、道三大教义的经典并没有围绕某一本经文而形成，它们也不是由教会而是由国家来保护的（国家有时会认为摧毁它们是合适的）。更重要的是，正教与异端之间的基本差别并不特别明显，只有在佛教传入后才开始变得更加清晰。在古典时代（前现代）的中国，不存在与"宗教"（这一概念从日本引进）、"神学"甚至"牧师"完全对应的词汇。① 还要考虑一点：很早之前，儒家经典就包括了古典中国诗歌，许多人甚至认为是孔子编纂和校订了这部经典中的诗歌部分，即所谓的《诗经》。②

由此可见，从起源和类型学的角度看，文学理论是西方的产物。因此，如果我们忽视了这样一个事实，即在中国或中东文化区域（出于各种原因，这里还应该包括波斯和南亚次大陆的广阔领域）对文学的反思并不一定是通过理论的棱镜进行的，那么这对中国或中东文化区域来说都是不公平的。

当然，这并不意味着中国或中东文学没有找到自己表达异

---

① Glen Dudbridge, *Die Weitergabe religiöser Traditionen in China*, Munich: Carl Friedrich von Siemens Stiftung, 2002.

② Martin Kern, "Early Chinese Literature, Beginnings Through Western Han", in Stephen Owen, ed., *The Cambridge History of Chinese Literature*, Vol. 1, Cambridge: Cambridge University Press, 2010, pp. 1 - 115.

议、抵制宗教和意识形态主流，或是从内部推广语言的方式。我
们也不应试图进行一种在道义上和政治上都站不住脚的分工：西
方做理论（剩存的部分），世界其他地方做别的事情（如诗学）。
实际上，诗学在西方对文学的思考中也一直占据核心地位，尤其
是在 18 世纪之前；更重要的是，在欧洲现代文学理论的早期阶
段，诗学和理论实际上是并存的。因此，"文化区域"这一帮助
我们描述独特历史轨迹的、富有启发意义的概念不应被本质化，
也不应该被用来将合法的、通常深刻的差异视为绝对。然而，我
们需要注意的是，捕捉这些历史条件下的差异，可以帮助我们识
别出"世界文学"与其他话语一起引发的对当前理论抵抗的不
同表现：试图从中国的视角提出一种文学"理论"，就有可能冒
着接受西方话语规则的风险，同时也接受西方整个看待文学的方
式，即通过各种对抗性的棱镜来审视文学，这些对抗性时而潜
存，时而非常明显。① 不将我们的期望强加给中国或中东，让他
们提出"中国的"或"中东的"文学理论，这会是一个良好的
开端，有助于我们认识到他们特定的历史和话语体系，以及独特
的文化资源。这与曹顺庆教授的担忧以及王宁教授有关西方理论
的局限性，以及将其直接应用于其他（东方）语境的危险性的

---

① 有关西方文学理论通过"场外征用"将重点从文本阐释转移到别处，一个
很能说明问题的反对意见来自张江 2018 年的文章［Zhang Jiang, "On Imposed
Interpretation and Chinese Construction of Literary Theory", *Modern Language Quarterly*,
Vol. 79 (2018), pp. 269 - 288；以下缩略为"IT"］。虽然张江试图构建一种只关注文
学文本的中国文学理论，但他似乎将理论与诗学视为同义词，并全篇坚称后者（而
非理论本身）是对西方理论的一种中国特有的回应。这点在他的这一主张中尤为明
显："文学文本永远是直接的"（"IT", p. 272）。此外，张江认为"理论来自实践，
文学理论来自文学实践"（"IT", p. 280），将理论规定为仅仅是对文学文本的实际创
造过程的仔细研究（而这事实上是诗学的范畴）。他呼唤一种"中国文学实践"的
回归和一种中国的分析方法论，"其精华在于对文学主体、文学意图、写作技巧、形
式和风格的理论化"（"IT", p. 283）。这实际上等同于回归诗学并将其作为西方理论
之外的选项，"我们应该系统地研究中国文学创作的规律，阅读文学文本并探索这些
文学作品的反响。只有这样，我们才能形成我们自己的中国特色文学理论体系"
（"IT", p. 283）。

看法不谋而合："目前，所有普世性的文学阐释理论都是在西方背景下产生的"，并且"它们在语言和文化上的局限性，意味着它们的支持者无法同时涵盖东西方文学及文学理论的范畴和经验"。①

当然，这对我们如何理解文学理论与诗学在西方历史上的共存具有深远意义。在欧洲，诗学也是伴随文本自足的概念运作的；从某种意义上说，诗学一直是一种密闭地看待文本的方式，仿佛它在很大程度上与文本外的现实隔绝。这一自给自足的观念源自20世纪初到20世纪70年代初诗学和文学理论在欧洲一度交汇时的共通领域，它们时而紧密合作，甚至给人留下了可以互换的印象。俄国形式主义视诗学为主要朋友；形式主义者最早发表作品的杂文集之一就以《诗学》（1919）为书名，托马舍夫斯基1925年出版的著作也以《文学的理论：诗学》为标题。② 然而，直面有关文学及其演变、文学和其他重要事物（政治、宗教、哲学、日常生活、其他艺术）关系的必要思考，是俄国形式主义逐渐走向成熟所经历的过程。在其最具开创性的作品中，俄国形式主义者摒弃了诗学所倡导的文本自主性这一较为静态自足的观点，转而采取一种逐渐动态化的理解方式。文学理论所设想的自给自足，是文学相对其他社会和话语形式获得解放的结果；而诗学运作的自给自足，则不过是文本近乎完美的自我组织的代名词。

四、结语

对于一种按其以往的运作方式重塑文学理论的尝试，我们或

① Wang Ning, "On the Construction of World Poetics", *Social Sciences in China*, Vol. 36 (2015), p. 193.

② Boris Tomashevskii, *Teoriia literatury: poetika*, Leningrad: Gosudarstvennoe izdatel'stvo, 1925.

许要抱有怀疑态度。作为欧洲（或西方）的一个课题，在当今这个文化景观截然不同的时代，"理论"只有在消除旧有观念、保持认识论上的谦逊的背景下才能发挥作用，这已使西方陷入了一个不再具有约束力的价值观和话语规则的不确定区域。"全球理论"并没有被提上日程，"理论"这一放诸四海皆准的真理和普世性阐释工具的可靠机器，解体后遗留的零件已无法重新被组装成一个有意义的整体。但是，在今天和将来，"理论"可以以卡尔·施米特所理解的"游击队"的方式无畏地存在，它被动员并通过局部的英勇行为，一次又一次地扰乱后真相和选择性孤立主义的恶劣状况。理论可以是最为卓越的破坏者，它在当前流行的特定话语中运作，能够在这个二度破裂的时代中重新唤起一种极为短暂的共通感。

世界文学以其不可还原的多样性和异质性以及不同的写作策略和结构，能够遏制理论对于终极性和普世性的任何残余的主张；"世界文学"作为一个研究领域，在文学理论达到顶峰之后的现代构成形式，很大程度上重新利用了文学理论的部分残片来构建自己的体系，它必须通过避免将单一视野强加于人，并在不同方法论的协商之中发展壮大，以保持文学探索的自由。

原文载《四川大学学报（哲学社会科学版）》2024年第4期